속죄의 마을로 가라
구약의 속죄에 대한 개념 연구

김호관 지음

속죄의 마을로 가라

지은이	김호관
초판발행	2010. 5. 4
펴낸이	배용하
책임편집	한상미
등록	제258호
펴낸곳	엘도론 www.eldoron.com
	대전광역시 동구 대동천좌안 8길 49 T.042.673.7424
ISBN	978-89-92257-41-1

책값은 뒤 표지에 있습니다.
※ 이 책의 내용 전부나 일부를 지은이의 허락 없이 복사하거나 복제를 금합니다.

| 차례 |

추천서 ················· 6
서평 ·················8
지은이 ·················11

1. 서론 ···············13

    1.1. 동기와 목적 ············· 13
    1.2. 범위와 방법 ············· 41

2. 본론 ···············47

    2.1. 제의 ················ 47
    2.2. 정결의식 ············· 107
    2.3. 제도 ··············· 161

3. 결론 ···············207

약어표 ················216
참고문헌 ··············· 219
영문초록 ··············· 235

| 추천서 |

매우 어려운 '속죄'를 다루니 기쁨은 배나 된다

만학晚學의 제자가 학위를 받고 또 책을 출판하게 된 것을 축하한다. 오랜 수고의 결실을 보게 되니 기쁘다. 그것도 매우 어려운 '속죄'를 다루니 기쁨은 배나 된다. '속죄' 개념은 구약과 신약의 중심 사상이다. 왜냐하면, 구속이 속죄를 통하여 이루어지기 때문이다. 구약에서 제사를 중심으로 속죄가 이루어졌다. 신약에서는 예수 그리스도를 통하여 속죄가 완성되었다. 본서는 구약을 위주로 속죄를 다루면서 예수 그리스도에서 완성되는 모습을 보려고 애쓴다.

구약에서 속죄는 제사제도를 통해 나타나지만, 그러나 다양한 방법이 보완적으로 나타나기도 한다. 본서는 '속죄'와 관련되는 다양한 것들을 광범위하게 다룬다. 저자는 먼저 속죄의 개념정리부터 시작한다. 그리고 제사에서의 속죄원리들을 다룬다. 제사제도 중에서는 속죄제가 가장 중점적으로 다루어진다. 다음으로는 다양한 정결의식출산, 문둥병, 유출병 등과 그 의식들에서 정결케 하는 방법, 그리고 그것들이 속죄를 이루는 효과를 다룬다.

또한, 저자는 여러 제도에서 나타나는 속죄의 개념들을 다룬다. 예를 들면 희년제도에 나타나는 속죄와 그 결과 누리는 안식을 다룬다. 흥미로운 부분은 도피성 제도이다. 도피성 제도의 근본 취지는 죄인에 대한 하나님의 자비에 근거해 있음을 밝히고, 대제사장의 죽음을 근거로 하여 사죄가 선언되는 특별한 방법의 의미를 부각시킴으로써 예수 그리스도 대속의 사역과 연결하려 노력한다.

본서의 목적은 구약에서 나타나는 다양한 속죄의 근거들을 제시하는 것으로 끝내는 것이 아니다. 저자는 속죄와 관련된 구약의 다양한 제도들은 모형이며, 결국 예수 그리스도에게서 어떻게 완성되는지를 밝힘으로써 본서의 목적을 제시한다. 그리고 속죄는 구원을 위한 방편이다. 그 궁극적인 구원의 목표는 영원한 안식이다. 본서는 안식의 완성을 바라보는 것으로써 결론을 맺는다.

본서는 학위논문을 기초로 하여 재편집한 책이므로 평신도에게는 어려운 감이 있을 것이다. 그러나 기독교 진리를 캐고자 하는 성도들에게 본서를 꼭 숙독熟讀해 볼 것을 권한다.

천안에서 **한 정 건**
신학박사, 구약학, 고려신학대학원 원장

| 서평 |

길고 지난至難한 과정을 통해
어렵지만 외침을 담고 있는 책

　목사에게 있어서 설교가 그를 가장 잘 드러내는 것이라면, 신학자에게 있어 자신을 가장 잘 표현할 수 있는 것은 강의이고 글쓰기일 것이다.
　목사이건 신학자이건 그들의 글 속에는 단순한 자기주장만 담겨있는 것은 아니다. 적어도 그의 삶과 인격과 고심과 구도의 과정이 담겨 있다. 그런 면에서 본다면 구약신학자인 김호관의 이번 책은 적어도 그의 삶의 궤적과 구도의 세월을 어렵지만 조금은 가늠해볼 수 있다. 저자 김호관은 적어도 메마르고 푸석한 종이나 인쇄된 종이의 묶음으로서의 책에 매여 있는 이가 아니다. 오랫동안의 타국생활을 통한 나그네의 여정을 익혔고 그림과 시를 통해 언어를 이해하고 있는 감성인이기도 하다.
　그러나 가장 큰 것은 그는 자기의 말과 글 속에 구도의 여정을 담고 있다는 것이다. 수많은 설교와 글을 통해서 오랫동안 들어온 '속죄'라는 단어 속에서, 그리고 구약신학적 통찰들을 통해서 오히려 우리는 그의 구도의 여정을 발견하게 될 것이다.
　가장 많이 이야기되고 있는 주제인 '속죄', 그러나 막상 말하고자 하면 가장 막연한 주제인 '속죄'를 저자는 왜 주제로 삼고 있는가? 그것은 그의 삶의 여정과 관련시켜야만 가능하다. 하나님 앞에 선 인간의 길을 주제로 한 이 책은 치열한 주해과정과 상당한 증거의 연구를 통해 '거룩'이라고 하는 위대하고도 신비로운 단어를 찾게 할 것이다. 인생이 하나님 앞에서 인간이 되어가는 과정을 그리고 있다.

그의 책에서

첫째, 그는 집요하게 속죄를 '정결'과 연결하고 있다. 고신신학이기도 하고 그의 삶의 신학이기도 하다. 죄의 처리와 그로 말미암은 정결 그리고 최종적으로는 안식이 거기로부터 나온다. 그 안식의 완성은 결국 십자가로부터 완성된 것이며 이것은 곧 새 출애굽인 것이다. 하나님의 안식이야말로 사람의 안식이 되는 것이다. 구약제사의 불충분성이 실제로 예수 그리스도의 희생제사에서 극복되었다고 결론짓는다. 크게 나누어진 속죄자와 속죄장소의 중요성 중 속죄자, 즉 속죄를 위해 속죄의 모든 것을 주신 하나님께 모든 초점을 맞추고 있다. 이것은 그의 책에서 가장 중요한 부분이다. 속죄를 통해 거룩해지는 것의 주체는 하나님이시라는 것이다. 그래서 그는 이 책에서 궁극적인 결론을 못 내리고 혹은 안 내리고 있다고 보인다. 모든 것의 결론은 하나님이시고 하나님은 우리의 언어로 완벽하게 서술하는 것이 불가능하기 때문이다. 아마도 김호관은 길고 지난(至難)한 과정을 통해 그걸 말하고 싶어 하는 것일 것이다.

둘째, 그의 글의 모양이다. 서술방식이다. 일반적으로 이런 구약신학을 다루는 책은 어렵다고 생각한다. 실제로 그렇기도 하다. 물론 내용이나 주제도 어렵겠지만, 서술방식이 그런 경우도 많다. 주로 복문이나 중문을 사용하며 필요 이상으로 까다로운 단어나 문체를 사용하는 경우를 말한다. 그러나 김호관은 저널리스트 출신답게 문장을 단순하고 정확하게 사용한다. 학술 서적이라도 간명하게 쓸 수 있다는 것을 보여주고 있다. 이는 읽은 자들에게도 앞으로 학술적인 글을 써야 하는 자에게도 상당한 도움과 도전이 된다고 믿는다.

셋째, 치열성이다. 그의 글이 간명하기도 하지만 과정에서 나타나는 학문적인 치열성을 주목하게 된다. 평소의 성격대로 철저하게 그리고 끈질기게 그의 주제를 향해 차분하게 전진한다. 그래서 그의 글을 읽다 보면 어느새 주제에 도달하게 되는 것을 알게 될 것이다. 보수신학자로서 철저한 주해과정과 학자들의 견해를 충분하게 검토하는 기본적인 과정을 대단히 충실하게 수행하고 있다. 학자들의 모든 견해는 근거가 있어야 하고 그 근거를 학문적으로 충분하게 증명해내는 작업을 김호관은 어느 책보다 충실하게 감당하고 있다는 점이다. 이것을 단순한 성실함이라기보다 치열성이라고 표현하고 싶다.

현대 교회나 성도들에게 일반적이거나 익숙하지 않은 주제를 다루는 이 책은 그러나 가장 중요하고 필요한 외침을 안고 있는 책이다. 특별히 하나님과 말씀의 본질, 거룩과 의 같은 주제에 대해 고민하는 이들에게 또 하나의 친구가 될 것이다.

하나님을 향한 구도의 길, 거룩을 평생의 화두로 안고 가는 구약신학자, 김호관의 학술적이지만 신앙적이고, 어렵지만 외침을 담은 이 책, 골치 아픈 문제를 우리에게 던지고 있다.

이 기 성 목사
시카고 새언약교회

| 지은이 |

58년의 궤적(軌跡)
나에게도 하나님은 계셨다

'속죄'를 주제로 글을 쓰게 된 동기는 새벽기도 중 하나님께서 나의 생명을 원하신다는 어떤 뜨거웠던 한 순간이 있었기 때문이다. 지금도 그 느낌은 있다. 언젠가 기회가 된다면 책을 낼 때 개인사를 꼭 한 번은 쓰고 싶었다. 다소 흐름에 맞지 않을 수 있지만 여기에 싣는다.

나의 유년시절 밀양, 집사님이신 담임선생님 때문에 교회를 갔고 중학교 때 전학 온 목사 아들과 짝지가 되는 바람에 교회를 다시 다니게 되었다. 철야도 하고, 부흥회도 쫓아다니고, 성경 외에는 책보기가 두려울 정도로 몰입되었다. 어린 나이에. 마산중학교를 다니면서 무학산기도원에 자주 올라갔다. 꼭대기에서 도시 야경을 바라보며 사는 것이 슬퍼서 울기도 하였다. 어린 마음에 종교와 현실 사이에서 피가 마르는 것 같은 고통을 느꼈다. 부산고등학교에 다니면서 미술부와 기독교학생운동 활동을 하면서 누구나처럼 조금씩 청년이 되어가고 있었다. 미대, 철학과, 신학 중 망설이다 부산 송도 바닷가 언덕배기에 있는 고신대학 신학과에 진학했다. 그곳에서 대학생활이 시작되었지만, 자신의 체질적인 지식욕구가 채워지지 않아 방황하기 시작하였고 혼자서 실존철학 주변을 맴돌면서 그 세계를 막연히 좋아하기도 하였다. 이때 시작詩作을 시작하였다. 현실적인 부적응이 4학년 초에 자퇴를 가져왔고, 군에 갔다 와서, 결혼, 아내를 따라 시카고에 이민 갔다.

1년 내로 돌아오려고 했지만 안 됐다. 시카고에서 한국계 신문사에서 10여 년 넘게 마음 깊은 곳의 어떤 갈증을 느끼면서 또한 한편으로는 보통 남정네로 살며 일했다. 직장 생활의 마지막 직함은 시카고 조선일보 편집국장이었다. 기자생활을 하면서 내면으로부터의 서러움과 괴로움이 이민 초기 시절에 처녀시집 『이어지기 사랑법』을 만들어냈다. 타의 반으로 신문사를 관두고 자연인이 되어 그림의 세계로 다시 돌아갔다. 예술가들과 함께 노가다도 하면서 약 5년 동안 20여 차례 그룹전을 가졌다. 유대인 화랑주인을 통해 그림이 팔리기도 하였다. 좋은 세계이기는 하였지만 모든 예술가들은 가난했다. 이민 초기에 시카고 루프칼리지, 나중에 아트 인스티튜트, 무디신학교를 다니기도 했다. 한 때 경험부족의 사업으로 심한 재정적 압박에 시달렸다. 때가 되어서인지 97년 어느 날, 지는 석양을 보다가 이제 다시 한국의 '아버지 집'(신학교)으로 돌아가겠다는 생각이 순간적으로 스쳐갔다. 고신대학교 신학과 3학년에 재입학이 되었다. 45세였다. 거의 20년 만에 되돌아왔다. 역이민의 재충격을 받을 수밖에 없었다. 그러나 다시 중도하차를 할 수가 없어서 오로지 한 길을 바라보며, 12년 노심초사 끝에 고신대학교에서 구약학박사를 받았다. 몇 군데로 나뉘었지만 2010년 1학기에 9과목 강의를 맡았다. 58년의 꿈틀거렸던 삶의 궤적을 되돌아보면 나에게도 하나님은 계셨다. 그것이 '하나님의 작정 하심'이라는 것으로 이해되었다. 그 힘으로 여기까지 온 것 같다. 심호흡을 하며 자신에게 가끔 묻는다. 앞으로 제대로 할 수 있을까?

2010. 4.
부산 초량동에서 지은이

1. 서론

1.1. 동기와 목적

구약의 속죄와 관련된 연구는 크게 두 갈래로 나누어진다. 한 갈래는 속죄개념의 신학적 의미를 규명하는 일이고, 다른 한 갈래는 속죄제贖罪祭가 개인의 죄 사함보다 죄로 오염된 성막을 정화하는 정화제淨化祭라는 주장을 둘러싼 논쟁이다.[1] 즉 '속죄 연구'와 '속죄제 연구'로 나누어지는데, 넓게는 이 둘 다 속죄 개념 연구에 속한다. '정화제'의 논쟁을 연구의 한 갈래로 분류한다면, 다른 한 갈래의 속죄 개념은 다시 구약제사제도를 중심으로 한 속죄 연구와 복음과 연관된 속죄 연구로 세분할 수 있겠다. 이 둘은 제의의 속죄 개념과 교의학의 속죄 개념을 뜻하나 접근 방식이 다르다. 제의의 속죄가 그리스도의 상징과 모형[2]에 대한 연구라면, 교의학의 속죄는 주로 그리스도의 사역을 다

---

1) Nobuyoshi Kiuchi, *The Purification Offering in the Priestly Literature*, JSOTSup 56 (Sheffield: *JSOT* Press, 1987), 11-16.
2) 예를 들어 유월절의 피 바름이 그리스도 십자가 죽음을 상징(symbol)한다면, 유월절 자체는 그리스도의 죽음과 성육신을 예표한다. 예표는 예언과 같이 예고적이지만 예언보다는 덜 구체적인 예고이다. 예언은 언어적인 예언과 예표적(모형적)인 예언으로 나누어진다.

루는 분야의 연구로 구원의 중심 교리가 되는 속죄론Doctrine of Atonement 에 해당한다. 이런 분류 하에서 본 논문에서는 제사를 중심으로 정결 의식과 제도 등 3가지의 큰 범주로 나눠 구약의 속죄 개념을 다루게 될 것이다.

제의를 논할 때 속죄에 대한 연구가 핵심을 이루는 것은 당연하다.[3] 그 이유는 희생제사[4]의 독특한 형태와 의미 때문이다.[5] 희생제사의 특이성은 그리스도의 십자가 죽음에 대한 의미를 해석하는 이론의 바

그리고 상징과 예표는 원형(antitype)에 대해 모형(type)에 속한다. 그런 점에서 모세의 사제도는 그리스도의 일에 대한 예언이 아니라 예표이다. Daniel P. Fuller, *The Unity of the Bible; Unfolding God's Plan for Humanity* (Grand Rapids, Michigan: Zondervan Publishing House, 1992), 378-80; Cf. Geerhardus Vos, *Biblical Theology: Old and New Testaments* (Grand Rapids, Michigan: Wm. B. Eerdmans Publishing Co. 1948), 144-48. 달리 말하면 상징은 추상적인 개념을 시각적인 수단으로 표현해주는 것이며, 나중에 그것이 상징하는 실재(實在)의 것에 의해서 대체되는 수가 있으며, 이때 그 상징은 모형이 되며 실재의 것은 원형이 된다. William Sanford Lasor and David Allan Hubbard and Frederic WM. Bush, *Old Testament Survey: The Message, Form, and Background of the Old Testament* (Grand Rapids, Michigan: William B. Eerdmans Publishing Company, 1992), 160-61. 도표로 표시하면 다음과 같다.　　　원형 ＝ 실재
　　　　　　　　　　　　　↑　　　⋮
　　　　　　　　　　　　모형 ⋯ (내재화)
　　　　　　　　　　　　↗　↖
　　　　　　　　　　　상징　예표

3) Cf. Julius Wellhausen, *Prolegomena to the History of Ancient Israel* (Gloucester, Mass: Peter Smith, 1973), 52-76.
4) 제사(祭祀, sacrifice)를 희생제사라고 하는 것은 살아있는 동물을 제물로 바치기 때문이다. 희생 제사를 뜻하는 "sacrifice"는 "초자연적인 힘을 사용하기 위해 세속이나 부정으로부터 '분리된' 것을 의미하는 sacer와 '만들다'를 의미하는 facere라는 말과 결합된 라틴어 sacrificum에서 파생되었다(The term sacrifice derives from the Latin sacrificium, which is a combination of the words sacer, meaning something set apart from the secular or profane for the use of supernatural power, and facere, meaning "to make"). "Rites and Ceremonies", *NEB*, 15 ed., (Chicago, 2007), 791; 히브리어로는 "(제단) 가까이 무엇을 가져온다"는 "korban" 이라는 단어를 사용한다. תורה *The Torah*, A Modern Commentary III (New York: Union of American Hebrew Congregation, 1979), 3; 제사에 대한 인류학적인 연구는 다음의 책을 참고하라. Lester L. Grabbe, "The Book of Leviticus" *CR* 5 (1997), 98-99; 그리고 1964년 이전의 구약제사연구는 다음의 책을 참고하라. Roland de Vaux, *Studies in Old Testament Sacrifice* (Cardiff: University of Wales Press), 1964.
5) N. Zohar, "Repentance and Purification: The Significance and Semantics of Hattat in the Pentateuch", *JBL* 107 (1988), 609-18.

탕이기 때문에 제사제도를 중심으로 한 구약의 '속죄'에 대한 개념 연구는 곧 제사제도의 전체 이해와 함께 속죄에 대한 복음의 핵심부분을 파악하는 길이 될 것이다.[6] 독자는 구약에 나타난 제사에서 누가 누구에게 어떻게 속함을 받는지 궁금할 것이다. 그러면 속죄는 속함의 수단인지, 아니면 목적 그 자체인지, 이 문제부터 밝혀져야 할 것이다. 이 문제를 해결하려고 가장 많이 다루는 것이 레위기에 나타난 제사[7]에 관한 기록이다. 이 가운데 크게 눈에 띄는 것이 속죄제[8]와 대속죄일[9]에 진행되는 제의[10] 절차이다. 분명히 이것들은 죄를 사(赦)하는, 속죄와 관련이 있다.[11] 왜냐하면, 용어선정이 반영해주듯이 실제로 제

---

[6] 이것을 도표로 그리면 다음과 같다.

```
                ┌ 속죄개념의 신학적 규명 → 제사제도의 속죄연구
  속죄연구                              ↘ 교의학적 속죄연구
                └ 속죄제의 정화제 논쟁
```

[7] 모세시대의 완전한 제사제도는 히브리인들이 고안해 낸 것이 아니라 하나님의 계시(레 1:1)에 의한 것으로 신적 기원을 가진다. Gleason L. Archer, Jr., *A Survey of Old Testament Introduction* (Chicago: Moody Press, 1985), 246.

[8] 속죄제는 고의성 없이 혹은 우발적으로 지은 죄에 대하여 드리는 제사(레 4:13,22)이며, 속건제는 고의적으로 지은 죄에 대해 드리는 제사(레 6:1-7)이다. 그러나 속죄제는 속건제와 방법의 차이는 있지만 다른 제사로 보지 않는다(레 7:7).

[9] 속죄일 앞에 "대(大)"자를 붙이는 것은 일 년에 한번 치루는 중요한 속죄제사이기 때문에 한글 어법상 통칭해서 사용한 것으로 보인다. 그러나 '성경전서 개역한글판'(이하 '개역성경'으로 표기)에는 "대"자를 사용하지 않는다. 한편 영어로는 'The Great Day of Atonement'라고 표현한다. Gary W. Demarest, *Leviticus*, CC (Dallas, Texas: Word Books, Publisher, 1990), 7.

[10] 일반적으로 종교에서의 제의(cult)라는 용어는 공식적으로 임명된 집례자가 일정한 형식을 갖추고 회중이나 공동체가 함께 경험하는 종교적 표현이다. W. Eichrodt, *Theology of the Old Testament* 1 (Bloomsbury Street, London: SCM Press Ltd, 1975), 98; 제의는 단순히 부수적인 현상이 아니라 인간의 삶 전체를 꿰뚫고자 하는 살아있는 종교의 표현이라고 할 수 있다. 제사나 제식의 의미보다 포괄적이다. 제의는 삶의 영적이고 인격적인 측면만이 아니라 육체적 측면까지도 제의 활동의 도구와 매개물이 된다. 이 말은 구약제사보다는 고대 근동에서의 일반적이고 보편적인 광의로서의 표현이다. Merrian-Webster Dictionary는 제의를 보다 넓은 의미로 사용하고 있다. "공동체에 의해 엄격하게 규정된 예배와 관련된 모든 행위나 활동"으로 정의한다. 이보다 좁은 의미의 제식이나 의식은 "예배와 관련된 종교의식이나 정형화된 종교 행위"로 규정한다. 노세영·박종수, 『고대근동의 역사와 종교』(서울: 대한기독교서회, 2000), 115.

[11] 사전적 정의로서 사죄는 죄를 용서하여 죄인을 놓아주는 것이고, 속죄는 어떤 대가를 지불하고 죄를 없애는 것이다.

사와 속죄가 불가분의 관계가 있기 때문에 '속죄제'와 '대속죄일'이라는 용어를 사용했을 것이다. 본 논문은 구약의 속죄 개념을 파악하기 위해 서두에 언급된 '정화제' 논쟁을 예비적 고찰의 측면에서 먼저 살피겠다. 그 이유는 '정화제' 논쟁이 속죄제 이해에 중요한 관심사이기는 하지만 속죄의 신학적 측면과는 방향이 달라서 그것을 미리 정리해 두는 것이 속죄제를 명확히 드러낼 수 있기 때문이다.

1.1.1. 정화제 논쟁

레위기 제사제도의 핵심은 대속죄일로 집약된다.[12] 레위기 16:20에는 속죄일에 속죄를 위해 대제사장이 지성소와 회막[13]과 단을 정화하는 내용이 기록되어 있다.[14] 이 구절에는 인간의 죄에 대한 속죄기록이 빠져 있다. 그러나 레위기 16:30 이하에는 속죄일의 속죄제사는 지성소와 회막과 단보다 앞서 인간의 죄를 정화하는 것으로 나타난다.[15] 여기서 문제는 왜 이중으로 목적을 기록하였냐하는 것이다. 그러다 보니 독자는 자연히 속죄일에 속죄의 대상이 성소인지, 사람인지, 아니면 둘 다를 가리키는지 궁금해진다. 그리고 사람과 성소가 동시에 속죄의 대상이라면 양자의 비중이 같은가라는 질문도 생긴다. 대속죄일이 일 년에 한 번씩 치러지는 만큼 속죄일 이해는 속죄 개념을 파악하는 데 중대한 영향을 미치게 될 것이다. 이 점에 대해 이 속죄제사

---

12) Chester K. Lehman, *Biblical Theology Old Testament*, Vol. 1 (Scottdale, Pennsylvania / Kitchener, Ontario: Herald Press, 1971), 160.
13) '개역성경'에 의하면 (지)성소와 회막을 분리해서 지칭한다. 이때 회막은 성소와 뜰에 놓여져 있는 번제단을 포함한 전 영역을 말할 것이다. 그리고 회막문은 장막 입구에서 번제단 사이, 혹은 장막 입구에서 성소 입구까지인지 확실치 않다.
14) "지성소와 회막과 단을 위하여 속죄하기를 마친 후에 산 염소를 드리되"(레 16:20).
15) "이 날에 너희를 위하여 속죄하며 너희로 정결케 하리니 너희 모든 죄에서 너희가 여호와 앞에 정결하리라…지성소를 위하여 속죄하며 회막과 단을 위하여 속죄하고 또 제사장들과 백성의 회중을 위하여 속죄할지니"(레 16:30-33).

가 사람의 속죄라는 측면보다는 성소와 회막과 단의 정화라는 측면이 더 본질적이라는 주장들이 보편화함에 따라 그동안 'חַטָּאת' 핫타트인 '속죄제' sin offering를 '정화제' purification offering로 부르기 시작하였다.[16] 그러나 이 중에서 'חַטָּאת'를 정화제라고 부르나 성소 정화기능만을 주장하는 학자들(대표적 학자-Milgrom)[17]과 속죄와 정화기능을 동시에 인정하는 학자들(대표적 학자-Kiuchi)[18]로 구분할 수 있다. 이와는 반대로 'חַטָּאת'의 기능을 인간의 속죄기능으로만 주장하는 학자들도 있다.[19] '정화제'라는 용어 사용은 Milgrom의 레위기 주석에서 가시화되었다.[20] 그 이전에 Barr가 그의 논문[21]에서 레위기 8:15와 에스겔 43:20~23의 근거로 정화제가 용어상 'חַטָּאת'[22]의 목적에 더 적

---

16) 자신의 주석이나 저서에서 '정화제'(the purification offering)라고 표기하는 학자들은 다음과 같다. Jacob Milgrom, *Leviticus 1-16, AB*, A New Translation with Introduction and Commentary (New York: Doubleday, 1991), 253; Gordon J. Wenham, *The Book of Leviticus* (Grand Rapids, Michigan: W. B. Eerdmans Publishing Company, 1979), 88-89; Kiuchi, *The Purification Offering in the Priestly Literature*, 12; John E. Hartley, *Leviticus*, WBC Vol. 4 (Dallas, Texas: Word Books, Publisher, 1992), 55; R. Dillard & T. Longman III, *An Introduction to the Old Testament* (Grand Rapids, Michigan: Zondervan, 1994), 79; Philip Peter Jenson, *Graded Holiness: A Key to the Priestly Conception of the World*, JSOTSup 106 (England: Sheffield Academic Press, 1992), 156.

17) Milgrom, *Leviticus 1-16, AB*, 253-57.

18) 그는 'חַטָּאת'가 레위기 4장에서는 '속죄'(expiation)를 다루고, 레위기 12장에서는 '정화'(purification)를 다루기 때문에 기능의 동일성을 주장한다. Kiuchi, *The Purification Offering in the Priestly Literature*, 16.

19) J. H. Kurtz, *Offerings, Sacrifices and Worship in the Old Testament*, trans. James Martin (Hendrickson Publishers, 1998); Zohar, "Repentance and Purification", 609-18.

20) Milgrom, *Leviticus 1-16*, 226, 253-54.

21) J. Barr, "Sacrifice and Offering", *Dictionary of the Bible*, eds. F. C. Grant and H. H. Rowley (Edinburgh: T & T. Clark, 1963), 874.

22) '개역성경'에서 "속죄제"로 번역된 'חַטָּאת'는 동사 חטא의 강세 능동태 Piel형 חִטֵּא("to remove sin" "죄를 없애다", "깨끗하게 하다")로부터 형성된 명사이다. Zohar, "Repentance and Purification", 615-16. 여기서 Zohar는 'חטא' 동사의 기본적인 의미를 'replace, displace, transfer'로 규명하였다; Hayes는 자신은 정화의 의미를 선호하지만 'חַטָּאת'에 대한 전통적이고 보편적인 번역은 "속죄제"라고 밝혔다. John H. Hayes, "Atonement in the Book of Leviticus", *Interpretation* 52 (1998), 7-8; 한편 Tanakh의 새번역 NJPSV에는 레 4:3을 "sin sacrifice"으로 번역하고 각주에는 "offering of purgation"이 더 정확성이 있다고 밝혔다. Cf. Baruch A. Levine, *Leviticus, The JPS Torah Commentary* (Philadelphia: JPS, 1989), 19.

합하다고 주장하였다. 그는 '속죄' atonement라는 말은 의식적儀式的 차원과 신학적 차원에서 그 개념이 적합지 못하다고 주장하였다. 속죄의 대상이 죄나 사람이 아니라 하나님의 임재와 관련된 성막의 기구들을 거룩하게 유지하고자 속죄가 필요하다는 것이다. 이러한 관찰을 뒷받침하는 것이 아무런 죄도 범하지 않을 때(예를 들면 여인의 출혈)도 속죄가 필요한 것은 정결 때문이라는 지적을 했다. 그 후에 Milgrom이 Barr의 견해를 지지하였다. 그는 "죄는 독기miasma가 자석과 같이 성소에 달라붙기 때문에 죄가 쌓이면 하나님은 더는 성소에 거할 수 없어 성소의 정화가 중요하므로 'יְחַטֵּא'는 속죄제 기능보다는 정화제의 기능이 있다"고 주장하였다.[23] 그에 의하면 속죄는 일반적으로 '속죄시키는 것' 레1:4, to make atonement [24]이지만, 헌제자가 제사를 드리려고 성소로 나아올 때 제의적 정결이 먼저 요구되기 때문에 속죄제의 기능도 정결에 강조를 두고 있다.[25] Wenham도 그의 주석[26]에서 "거룩한 하나님은 부정한 곳에 임재하실 수 없어서 정화제를 통해 예배의 장소를 정화함으로써 하나님이 그의 백성 가운데 임재하시도록 해야 한다"는 견해를 피력하였다. 이런 이유로 학자들은 속죄를 '정결케 함' purification 혹은 좀 더 전문적으로 '정화' purgation라는 번역을 선호하는 추세를 보이고 있다.[27] 이러한 관점으로 속죄제는 정화제라는 주

---

[23] Milgrom, "The Function of the Hattat Sacrifice," *Tarbiz* 40 (1970), 1-8 ; *Studies in Priestly Theology and Terminology* (Leiden: Brill, 1982), 75-76; "Israel's Sanctuary: The Priestly 'Picture of Dorian Gray'," *Studies in Cultic Theology and Terminology, SJLA* 36 (Leiden: E. J. Brill, 1983), 76-78.
[24] 본 논문에서 별도의 표시가 없는 영어본문은 *NIV*를 사용한 것이다.
[25] Milgrom, *Leviticus 1-16*, 153; 2000년 초에 10년 가까이 걸려 완성, 발간된 Milrom의 레위기 주석(3권)의 3가지 강조점은 제의적 정결, 도덕적 정결, 제사로 분석되고 있어 '정결' 이 그의 주된 연구임이 나타나고 있다. Jonathan Klawans, "Ritual Purity, Moral Purity, and Sacrifice in Jacob Milgrom," *RSR* 29, (2003), 19-28.
[26] Wenham, *The Book of Leviticus*, 89.
[27] John H. Walton & Victor H. Matthews, *The IVP Bible Background Commentary Genesis-Deuteronomy* (Dowers Grove, IL: IVP, 1977), 144-45.

장이 제기되었다. 정화의 대상이 성소인지 헌제자인지,purgation of sanctuary or offerer 혹은 두 가지를 동시에 가리키고 있는지 문제는 속죄제 혹은 정화제를 통해 누가 무엇을 깨끗이 하느냐는 물음과 같이 속죄 제사의 속죄 개념 이해에 대해 중대한 문제로 다루어진다. 이 점에 대해 Gane은 이렇게 결론을 내린다.[28]

> "나는 Milgrom의 견해에 동의한다. 제단의 정화출29; 레8와 속죄일출30:10; 레16의 חטאת 제사는 성소를 깨끗하게 하는 기능을 가지며 (지)성소를 위하여 헌제자들을 정화한다. 그러나 כפר의 구문론적인 분석은 정화제의 다양한 종류의 목적과 기능과 의미들을 제시하므로 모든 정화제들은 성소의 정화보다는 오히려 헌제자(들)로부터 죄를 없앤다. 나는 Gammie의 견해에 기본적으로 동의하며, 나는 어떤 점에서 Kiuchi와 Milgrom 사이에 있다."

Gane은 비록 Milgrom의 제자이지만 스승의 속죄제가 '궁극적인 성소 정화'라는 견해에 완전히 동의하지 않는다. 또 다른 각도에서 이상란李相蘭은 그의 학위논문[29]에서 이와 관련하여 하나의 결론을 내린다.

> "חטאת의 기능은 상황에 따라 세 가지로 나타난다. 성소 정화와 헌제자의 속죄 그리고 헌제자의 정결을 수납함으로써 이루어지는 헌제자의 완전정결 기능이다. 헌제자 속죄는 정결로 이루어지기 때문에 이 세 가

---

28) Roy Gane, *Cult Character: Purification Offerings, Day of Atonement, and Theodicy* (Winona Lake, Indiana: Eisenbrauns, 2005), 106-43. 저자는 이 책을 자기의 스승 Milgrom 에게 헌정했다.
29) 이상란, "핫타트(חטאת)의 機能에 關한 硏究" (박사학위 논문: 세냉내학교, 1999), 125-26.

지 기능을 압축하면 공통 인자는 정결로 볼 수 있다. 따라서 הַטָּאת의 명칭은 정결을 의미하는 '정화제'가 합당하다. 그러나 Milgrom이 말한 정화제와는 내용이 다르다. Milgrom의 הַטָּאת 기능은 어디까지나 성소의 정화에 있다는 의미에서 'purification offering'이다."

이상란은 'הַטָּאת'를 정결제보다 일종의 최종정결의식으로서 완성제라고 부른다. 예를 들면 나실인의 서약기간이 끝났을 때 드리는 'הַטָּאת' 민6:13~20는 죄 때문에 드리는 것이 아니라 완전정화제사의 의미가 있다고 보기 때문이다. 김의원 교수는 그의 논문[30]에서 Milgrom의 주장에 대해 이렇게 밝힌다.

"'הַטָּאת'가 정화시키는 것이 성소만으로 볼 때 문제가 된다…성소의 정화뿐 아니라 죄인의 개인적 정화도 'הַטָּאת' 제의에 포함되어야 한다."

역시 김의원도 속죄제가 성소만을 위한 정화제라는 주장에 난색을 표명한다.

이렇게 정화제의 용어 사용에 대해 찬반이 엇갈리고, 찬반 안에도 또 다른 견해들이 있다. 속죄제에서 사람의 속죄보다는 성소의 정화가 본질적이라면 속죄제는 죄의 처리보다는 성막의 정화가 목적인 셈이다. 사람의 죄보다 성소의 오염이 더 시급한 문제라는 것이다. 이런 점에서 '속죄제'와 '정화제'에 대한 용어사용의 적합성 문제는 제사제도에서 다시 다룰 것이다. 그리고 정화제 논쟁에 이어 속죄와 관련하여 구약 학계의 오래된 관심 중 또 하나는 'כָּפַר' 키페르에 대한 해석이다. 이 해석에 따라 속죄의 개념이 달라질 뿐만 아니라 성경해석에

---

30) 김의원, "레위기의 속죄제 연구"『광신논단 11집』(광신대학교출판부, 2002), 7-32.

도 영향을 미치기 때문에 예비적 고찰 두 번째로 이 문제를 다루겠다.

1.1.2. 'כִּפֶּר' 해석 문제

속죄 개념 연구에서 '정화제' 논쟁과 함께 오래된 또 하나의 문제는 'כפר' 동사에 대한 해석이다. 제사장의 사역에 사용되고 있는 이 히브리 동사 'כפר'는 일반적으로 가장 흔하게 쓰는 "속죄하다"(레1:4; 4:20; 5:16)는 뜻이다.[31] 'כֹּפֶר'[32]의 Piel형인 'כִּפֶּר'는 몇 가지의 어원으로 논란이 된다. 사전의 해석[33]을 보면 kpr는 Piel형에서는 '속죄하다' to atone라고 해석하지만 '덮다', '취소하다', '깨끗이 하다', '더러움을 제거하다', '정화하다' 라는 뜻을 담고 있다.[34] 아카드어 kuppuru는 'to uproot' (근절하다), 'wipe away' or 'efface' (닦다, 훔치다, 닦아 없애다, (얼룩을) 빼다, 삭제하다, 지우다)의 뜻과 'to cleanse' (주로 제의적인 용어로 사용하여 정결하게 하다, 씻어 깨끗이 하다, 고치다) 라는 뜻이 있다. 또 아랍어의 kfr는 'to cover' (덮다), 'hide' (보이지 않게 하다, 덮어 가리다)라는 의미로 사용된다. 또 명사적 용법으로 쓰이는 'כֹּפֶר'로 'ransom' (몸값, 속전)의 의미가 있다.[35] 또한 같은 명사적 용법의 kippūim은 kpr Piel형에서 비롯되었는데 속죄를 지칭하

---

31) B. Janowski, *Sühne als Heilsgeschehen: Studien zur Suhnetheologie der Priesterschrift und der Wurzel KPR im Alten Orient und im Alten Testament*, WMANT 55 (Neukirchen-Vluyn: Neukirchener-Verlag, 1982); B. Lang, TDOT 7 (1995), 288-303; Milgrom, *Leviticus 1-16*, 1079-84; Hayes, "Atonement in the Book of Leviticus", 9.
32) *BDB* (Hendrickson Publishers, 1997), 497.
33) *TLOT*, Vol.2, Ernst Jenni & Claus Westermann, trans., Mark E. Biddle (Hendrickson Publishers, Inc, 1997), 624-35.
34) 이 kpr는 "도말" (렘 18:23), "(죄를) 없이 함" (사 27:9), "정함"이나 "정결" (레 14:48,52,53), "덮음" (느 4:5)과 동의어로 사용되고 있다. Hayes, "Atonement in the Book of Leviticus", 9.
35) 또 다른 한 가지의 기원은 창 6:14절에 단 한번 기록에 남아 있는 어구(hapax legomena) kōper는 "asphalt" (역청)를 뜻한다.

는 'atonement'를 나타낸다고 정리하고 있다.

이 'כָּפַר'의 의미에 대한 초기 논쟁은 Dodd의 논문에서 야기되었다.[36)] 그는 'כָּפַר'가 유화expiation보다는 죄로부터의 자유가 더 적합함을 주장하였다. 그 후 Eichrodt는 'כָּפַר' 단어의 원래 의미는 바빌로니아나 앗시리아에서 유사한 예들을 찾아 '씻다' to wipe away의 의미가 있다고 주장하였다.[37)] 그는 여기서 죄는 물질적인 부정으로서, 이적의 힘을 부여받은 거룩한 물질인 피가 죄의 흔적을 자동으로 말끔히 씻어버릴 수 있다고 생각되었다고 설명하였다. 그래서 바빌로니아에서 사용된 kupperu[38)]는 제의 행위에서 정화, 치유, 축귀와 관련이 있었다고 제시하였다. 그러나 'כָּפַר'는 '덮다'라는 의미가 있는 아랍어 어근으로부터 파생되었을 가능성이 있기 때문에 '죄를 덮는다' to cover라는 측면을 배제할 수 없음을 아울러 지적하였다. 그런 이유로 그는 속죄와 함께 유화라는 단어를 속죄 개념으로 사용한다. 그에 의하면 유화는 서로 용서하고 화합함을 뜻하는데, 이유는 속죄일이 회개의 큰 날이 됨과 아울러 민족 전체의 화해 요구를 표현하는 매개체가 되었다고 보기 때문이다. 이 속죄일이 희생제사의 율법 전체를 지배한 속죄 개념을 장엄하게 완성하는 의식이 되었다고 설명한다.[39)] Wenham도 'כָּפַר'의 기원에 대해서 두 가지를 주장한다. 한 가지는 '덮다'라는 의미의 아랍어 kapara에서 왔다는 설이고, 다른 한 가지

---

36) C. H. Dodd, "ἱλασκεσθαι, Its Cognates, Derivatives, and Synonyms in the Septuagint", *JTS* 32 (1931), 352-60; Cf. Lang, "כָּפַר", *TDOT*, Vol.VII, eds. G. Johannes Botterweck, Helmer Ringgren and Heinz-Josef Fabry, trans. David Green (Grand Rapids, Michigan: William B. Eerdmans Publishing Company, 1995), 288-303.
37) Eichrodt, *Theology of the Old Testament* 1, 162.
38) *The Assyrian Dictionary*, eds., G. Johannes Botterweck and Helmer Ringgren, translater David E. Green (Graduate Theological Union/Grand Rapids, Michigan: William Eerdmans Publishing Company, 1980), 310.
39) Eichrodt, *Theology of the Old Testament 1*, 138, 158.

는 '씻다' 라는 아카드어 어근의 *kuppuru*에서 왔다는 설이다. 특히 레위기 16:33절이 아카드어 *kuppuru*에 아주 잘 어울린다고 말한다.[40] 또 'כִּפֶּר'는 히브리어의 '속전'을 뜻하는 'כֹּפֶר'와 어떤 연관이 있을 가능성도 지지를 받는다고 말한다.[41] Wenham은 '속죄하다'는 의미를 결정짓는 것은 단어의 역사적인 어원보다는 단어의 용법에 있다고 강조한다.[42] Kiuchi는 '속죄하다'는 'כִּפֶּר'는 몇 가지의 부수적인 개념을 가진 포괄적인 개념이라고 설명한다.[43] 예를 들면 제사장과 제단의 성별속죄,출29:33,36~37 출산 여인과 문둥병 환자의 정결속죄,레12:7~8; 14:20 회중의 범죄속죄,레4:20 제사장의 제육속죄레10:17 등 다양하게 사용되고 있음을 지적한다. 또 Milgrom은 'כִּפֶּר'에 대한 어원에 대해 'כִּפֶּר'의 통례적인 해석은 '속죄하다' 이며, 동의어로서 "닦아 없애다",렘18:23 혹은 "제거하다"사27:9를 사용하며, "정결케 하다"나 "정화하다"레14:48,52,53로도 쓴다고 지적한다. 다른 측면에서는 "덮는다"느3:37는 의미와 '문질러 없애다' 라는 개념을 가질 수 있다고 주장한다.[44] Vriezen은 이스라엘에서 제사는 인간과 하나님 사이의 교제를 유지하고 정결하게 하기 위하여 행해졌다고 보고, 제사란 속죄를 위하여 행해진 것으로 말했다. 즉 희생제사의 전체는 바로 속죄사상이 지배하고 있다는 생각을 한다. 원래 속죄만을 가리키는 'כִּפֶּר'는 일부 본문에서 화해의 의미 혹은 용서하고 용서받는 의미로 사용되고 있음을 지적하였다. 그 이유는 레위기 1:4에서 'רָצָה' 하나님의 마음에 들다 동사와

---

40) Wenham, *The Book of Leviticus*, 28.
41) 출 30:15와 민 31:50절이 이 경우에 해당한다.
42) Wenham, "The Theology of Old Testament Sacrifice", *Sacrifice in the Bible,* edited by Beckwith, Roger T. and Selman, Martin J., Carlisle (United Kingdom: Paternoster Press and Grand Rapids, Michigan: Baker Book House, 1995), 81.
43) Kiuchi, *The Purification Offering in the Priestly Literature*, 87-109.
44) Milgrom, "Kipper"(Heb. כִּפֶּר), *EJ*, Vol.12 (Thomson Gale, 2007), 180; *Leviticus* 1-16, 1079-84.

'כָּפַר' 동사가 함께 쓰이고 있음을 제시하였다.[45] 비슷한 주장이지만 학자들의 견해는 조금씩 다르다. Lasor은 영어의 '속죄' atone라는 단어는 하나 됨 at one이라는 단어로부터 파생되었다고 설명한다.[46] 그래서 속죄를 뜻하는 atonement는 세 가지가 모여 '하나 됨' at-one-ment 이라는 뜻이 되므로 화해 reconciliation를 의미한다고 본다.[47] Kidner는 'כָּפַר'의 개념을 세 가지로 제시한다.[48] '속죄하다'라고 할 때 일반적으로 'כָּפַר'라는 동사를 사용하지만, 다음과 같은 의미가 있다고 주장한다. 첫째, '덮다'(cover, כסה)는 뜻이 있다.[49] 둘째, '없애다'(erase, מָחָה)는 의미를 지닌다.[50] 셋째, '속전'(ransom, כֹּפֶר)의 의미가 있다는 것이다.[51] Martens는 '속죄'와 '유화'의 두 가지 개념을 동시에 받아들인다.[52] 이처럼 속죄 개념을 나타내는 동사 'כָּפַר'에 대한 의미는

---

45) Th. C. Vriezen, *An outline of Old Testament theology* (Boston 59, Massachusetts: Charles T. Branford company, 1958), 280-88. "the cult exists for the sake of the atonement."
46) Lasor, Hubbard and Bush, Old Testament Survey, 156.
47) Cf. *John Wicklif by the Rev. W. L. Watkinson,* published by R E publication post office Box 66212 (Mobile, Alabama 36606 n.d.), 98-99. 한편 고신대 이상규 교수는 "성경번역 때문에 화형당한 윌리엄 틴데일"이라는 소논문(2007, 코람데오닷컴)에서 "위클리프가 예수 그리스도가 십자가에 달려 죽는 그 '한 순간' 우리를 구속했다는 점에 착안하여 'At one ment'라는 합성어를 만들었다"고 말한다.
48) Derek Kidner, "Sacrifice-Metaphors and Meaning" Tyn.B 33 (1982), 119-36.
49) 야곱이 형 에서에게 말하기를 예물을 보내 형의 감정을 푼 후에 대면하면 자기를 용서하리라(let me cover over his face by the present)는 대목이다(창 32:20). 그 다음은 대속죄일 날 지성소에 들어간 대제사장이 죽음을 면하기 위해 향연으로 속죄소를 가리는 예식이다 (레 16:13). 그는 여기서 죽음과 삶의 기로에 서 있었다. 이와 같이 속죄는 용서받고 죽음을 면하는 덮는 행위이다.
50) 이사야가 하나님 앞에서 이스라엘의 죄악을 용서하시리라는 소망의 예언을 하고 있다. "나 곧 나는 나를 위하여 네 허물을 도말하는 자니 네 죄를 기억하지 아니하리라"(사 43:25). 그리고 이어서 말하시기를 "내가 네 허물을 빽빽한 구름의 사라짐같이, 네 죄를 안개의 사라짐 같이 도말하였으니 너는 내게로 돌아오라 내가 너를 구속 하였음이니라"(사 44:22). 다윗은 밧세바와 동침한 후 선지자 나단이 그에게 올 때 하나님 앞에 "네 죄과를 도말 하소서" 하고 회개하였다(시 51:1). 이처럼 속죄는 자신의 죄를 제거하는(씻, 없애는) 것이다.
51) 자손의 수효에 따라 계수된 20세 이상은 성소의 봉사를 위해 반 세겔에 해당하는 인두세를 생명의 속전으로 바치도록 했다(출 30:12-16). 속전은 생명에 해당하는 값을 대리하는 것으로 돈이나 생명으로 지불한다(삼하 21:1-4; 민 35:31-32).

다양하게 제시된다.

지금까지 열거된 주장을 보면 'כָּפַר'는 ① 씻다, 닦아 없애다, 문질러 없애다 ② 덮다, 덮기, 덮개 ③ 달래다, 화해, 유화 ④ 정화하다, 정결케 하다, 세척하다 ⑤ 속전 ⑥ 제거하다 ⑦ 포괄적 개념 등으로 정리된다. 'כָּפַר' 해석에 대한 학자들의 견해는 다양하지만 대별하면 일차적으로 '씻거나 덮는' 행위와 '속전'으로 나눌 수 있다. 그리고 이차적으로는 이런 행위와 결과로 화해가 이루어진다고 설명할 수 있다.

앞에서 언급된 'כָּפַר'에 대한 다양한 개념 이해 때문에 명시되는 속죄이론도 여러 가지로 제시되고 있다. 속죄에 대한 개념을 연구한 Gese는 그의 소논문 「Die Sühne」 1977 [53]에서 속죄에 대한 두 가지 중요한 모습을 그리고 있다. 첫째는 희생제물의 안수를 통한 죄의 전가와 도살이 속죄의 길이고, 둘째는 하나님과 만남을 이루는 하나 됨at one이 속죄의 개념이라고 주장한다. 그래서 속죄는 인간을 대신한 동물의 도살과 동물의 대리적인 피로 말미암은 하나님과의 만남이라고 정의한다. Harrison은 희생제물이 죄인인 인간을 대신해서 죽는다는 대속의 이론을 내세운다.[54] 즉 "피가 생명을 위해 대속을 한다(the

---

52) E. A. Martens, *God's Design: A Focus on Old Testament Theology* (Grand Rapids, Michigan: A Division of Baker Book House Co/Apollos, 2nd ed., 1994): N. Richland Hills, Texas: BIBAL Press, 3rd ed., 1998), 59-60. Martens의 입장을 정리하면 다음과 같다. 혹자는 '속죄하다' 라는 말이 본질적으로 하나님의 얼굴을 가린다는 의미라고 주장한다. 이 말은 죄에 대한 하나님의 분노가 달래지거나 가라 앉혀져야 하는 성질로 보는 것이다. 이에 정반대의 입장도 있다. 즉 제사가 하나님의 분노에 찬 얼굴을 가리는 것이 아니라 죄인의 죄를 가린다는 것이다. 이 양자는 다 성경의 지지를 받고 있다. 앞의 주장은 '유화 견해' (창 8:20; 출 32:30; 민 25:3-9; 신 21:1-9)에 속하며, 뒤의 주장은 '속죄 견해' (민 35:33; 겔 16:63; 사 6:7)에 속한다. 따라서 '속죄하다' (כָּפַר)라는 표현은 죄가 속죄될 때 죄로 인해 야기된 하나님의 분노가 가라앉고 멈춘다는 점에서 "유화"와 "속죄"의 두 견해를 동시에 받아들인다.

53) Hartmut Gese, "Die Sühne", *Zur biblischen Thelogie. Alttestamentliche Vortäge* (2nd ed.; Tübingen: Mohr Siebeck 1983, reprinted), 85-106; Cf. Eberhart, Christian A., "A Neglected Feature of Sacrifice in the Hebrew Bible: Remarks on the Burning Rite on the Altar, *HTR* 97 (2004), 487.

54) R. K. Harrison, *Introduction to the Old Testament* (Grand Rapids, Michigan, W. B. Eerdmans Publishing Company, 1969), 602-603.

blood makes atonement by reason of the life-RSV)"는 뜻에 동조한다. Harrison은 희생제사의 목적은 제사 드리는 사람의 속죄 효과를 내는 것으로 규정한다. 이것을 '대속의 효과'라고 지칭하였다. Harrison 자신이 주장하는 대속이론을 포함하여 제시된 속죄이론은 해방과 형벌이론,[55] 간구와 청결이론[56] 등 모두 5가지이다.[57] 이런 이론들 가운데 성경의 속죄 성격[58]과 어떤 것이 가장 근접하는지를 규명하는 작업도 필요할 것이다.

Wenham의 말대로 'כָּפַר'에 대한 해석은 단어의 역사적인 어원보다 단어의 용법에 있다는 주장이 타당해 보인다. 또 Kiuchi가 강조한 이 단어가 몇 가지의 부수적인 개념을 가진 포괄적인 개념이라는 분석도 가능하다. 따라서 이 개념에 대한 보다 폭넓고 정확한 이해는 제사제도 저변에 깔려있는 전반적인 속죄 개념을 세부적으로 다룰 때 더 뚜렷해질 것이다. 속죄는 일반적으로 하나님과 인간 사이에 소원

---

55) 레 17:11의 "육체의 생명은 피에 있음이라 내가 이 피를 너희에게 주어 단에 뿌려 너희의 생명을 위하여 속하게 하였나니 생명이 피에 있음으로 피가 죄를 속하느니라"는 해석함에 있어서 희생제물의 죽음이 단지 그 피 속에 있는 생명을 해방시켜 생명을 대속한다는 해방이론과, 희생제물의 죽음이 그 자체로 형벌을 이룬다는 이론을 말한다.

56) 희생의 제물이 인간의 죄를 속죄한다는 의미 외에 하나님의 "진노를 누그러뜨린다(propitiation)."는 측면이 간구이론이다; Lasor는 "진노를 누그러뜨림"이란 개념을 지지해 주는 증거를 찾기란 극히 어렵다고 본다. 이 개념은 주로 비교문헌적인 연구(comparative studies)들을 통해서 지지를 받고 있으며 이스라엘 밖의 종교들에서 자주 나타남을 주장한다. Lasor, Old Testament Survey. 156; Noth는 메소포타미아의 제의력(祭儀曆)에도 신들을 위한 "마음을 진정시키는 날"이 있음을 주장하였다. M. Noth, Leviticus, OTL (Bloomsbury Street, London: SCM Press Ltd, 1962), 24; 간구이론은 희생제물 없는 속죄개념으로 출애굽기 32:30과 민수기 16:41 이하에 나타난다. 또 한 가지는 성막의 제의 기구들과 관련해서 "깨끗하게 하다"는 것이 청결이론이다. 이 의미는 출 29:36b-37에 기록되었다.

57)

이론	내용	성경구절
해방이론	희생제물의 죽음이 생명을 해방시킨다	레 17:11
형벌이론	희생제물의 죽음이 형벌을 이룬다	레 17:11
대속이론	희생제물이 인간을 대신해서 죽는다	레 17:11
간구이론	모세가 기도함으로 백성의 죄를 속한다	출 32:30
청결이론	속죄제를 통해 제의기구를 깨끗하게 한다	출 29:37

58) 성경의 속죄에는 희생(고전 5:7), 화목(롬 3:25), 대속(마 20:28)의 요소가 나타난다.

해진 쌍방 간의 관계를 화해시키는 것으로 말한다면,[59] 죄의 보편적인 문제를 인간이 해결할 수는 없을 것이다. 죄로 말미암아 하나님과 피조물 사이에 완전한 조화가 깨어져 그 결과로 분리[사59:2]와 죽음[롬 5:12; 6:23]을 가져왔다면 속죄는 하나님의 방법으로 그 간격을 메우고 생명을 살리는 것이라는 견해가 설득력이 있어 보인다. 이 점을 본 논문이 다루게 될 것이다. 그리고 속죄 개념을 다룰 때 단어 사용의 시작, 교부들의 견해와 그 이후 학자들의 견해, 그리고 현대의 비평학자에 이르기까지 어떻게 다루어졌는지를 살펴보는 것이 구약의 속죄 개념을 아는 데 도움이 될 것이라는 판단에서 세 번째로 속죄에 대한 연구사적인 고찰을 하겠다.

1.1.3. 연구사적인 고찰

그리스도의 '속죄'를 나타내는 영어의 'atonement'는 주후 16세기에서부터 사용하기 시작하였다.[60] The Oxford English Dictionary 는 처음으로 이 단어가 atone+ment의 두 개의 단어로 되어 있다고 설명한다.[61] '개역성경'의 신약에서 히브리서(8회)를 제외하고는 '속

---

59) *EDB* edited by David Noel Freedman (Grand Rapids, Michigan/Cambridge, U. K., 2000), 127.
60) 영어의 "atone"과 "atonement"는 "make at one" 과 "at onement"를 나타낸다. "[at]onement 는 Jonn Wycliffe(1330-1384)의 초기 저술에 등장한다. 1611년 *KJV*는 "atonement"를 사용하되 구약에서의 사용은 전적으로 제한했다. "atonement"를 롬 5:11절에 한번 사용하였다. NRSV는 롬 5:11절을 "reconciliation"로 읽는다. 반면에 NRSV는 롬 3:25절과 히 2:17절을 "atonement"로 읽고, *KJV*는 "propitiation"과 "reconciliation"으로 읽는다. 16세기 후반과 17세기 초반에 이미 이 속죄의 단어는 만족이나 달램을 강조하는 관계적인 용어보다는 사법적인 용어로 쓰여 졌다. 레위기에서 *KJV*는 "atonement"를 '속죄하다' 는 뜻의 "make atonement"를 49번을 사용하고, NRSV는 *KJV*가 "reconcile"와 "reconciliation"로 읽는 레 6:30절과 8:15절을 포함하여 51회 사용한다. 대부분의 경우, "atonement"라는 단어는 문헌학적으로 혹은 신학적인 관점에서 최상의 번역이라는 주장에는 의심을 받고 있다. Hayes, "Atonement in the Book of Leviticus", 5-6; Henri A. G. Blocher, "Atonement", *DTIB*, ed. Kevin J. Vanhoozer (Grand Rapids, Michigan: Baker Academic, 2005), 72-76.
61) *The Oxford English Dictionary*, 2nd ed., Vol.1 (Clarendon Press: Oxford, 2000), 754-55.

죄' 라는 단어가 나타나지 않는다.62) 그러나 '화목'은 히브리서에서 전혀 나타나지 않으나 신약의 다른 책에서 17회나 나타난다. 즉 신약에서는 속죄의 의미를 화목으로 번역하고 있음을 알 수 있다. 그래서 구약의 속죄는 신약에서 대부분 '화목'을 나타내는 'καταλλαγή' reconcile를 사용한다.63) 이 화목이 속죄의 의미를 담고 있다는 예가 사도행전 7:26에 나타난 "화목 시키려"(εἰς εἰρήνην)라는 어구이다. 왜냐하면, εἰς+대격은 "…을 위하여"라는 의미가 있으므로 "평화peace나 화합harmony을 위한"라는 것이 속죄의 목적으로 풀이할 수 있기 때문이다. 영국의 작가 Thomas More주후 1478-1535는 1513년에 reconcile을 속죄의 의미로 사용하였다. 그리고 영국의 종교개혁자이며 성경번역자인 William Tyndale1492-1536은 고린도후서 5:18과 로마서 5:11에 나타난 '화목'(καταλλαγή)을 속죄의 단어로 설명하였다.64) Bromiley는 사실 성경에서 속죄의 개념은 구약의 'כפר'나 신약의 'καταλλαγή' 사용보다 훨씬 더 넓게 퍼져 있다고 말한다. 그리고 속죄의 중요성은 이미 사도적 교부들the Apostolic Fathers 65)과 변증가들Apologists시대부터 언급되었으며, 여러 양상으로 하나님 화해사역에 대해 속죄를 언급하고 있음을 강조하였다. 이러한 역사적인 속죄이론들66)은 교부들로부

---

62) 히브리서에서는 "속죄제"(περί ἁμαρτίας, sin offerings, 10:8)와 "속죄"(λυτρωσις, redemption, 9:12)라는 표현을 쓴다.
63) 속죄의 개념과 관련하여 구약의 "כפרה"라는 "속죄소"를 롬 3:26에서는 "ἱλαστήριον"이라는 "화목제물"로 번역함이 "ἱλαστήριον"도 '화목'이라는 의미를 담고 있음이 나타난다. Cf. *TDNT*, 318-23.
64) Geoffrey W. Bromiley, "Atone, Atonement", *ISBE* (Grand Rapids, Michigan: William B. Eerdmans Publishing Company, 1979), 352-62.
65) 사도적 교부란 사도들의 제자로서 사도들의 가르침을 조작하지 않고 순수한 상태로 후세에 전한 사람들을 말한다. P. Bernhard Schmid, 『교부학개론』(Grundlinien der Patrologie, 정기환 역, 서울: 컨콜디아사, 1989), 49.
66) 그리스도의 속죄론에 대한 계통적인 연구는 다음의 책을 참고하라. Gustaf Aulen, 『贖罪論 硏究-勝利者 그리스도』(Christus Victor: An Historical Study of the three Types of the Idea of the Atonement, 全景淵 編著 福音主義 神學叢書 第4卷, 韓神大學出版部, 1989〔1945〕).

터 시작한다.

1.1.3.1. 교부들의 개념

속죄에 대한 교부들의 개념을 정리하면,[67] 첫 번째가 고난과 관련된 속죄 개념이다. 교부 Ignatius는 서머나 교인들에게 편지하면서 그리스도의 참된 고난에 대해서 언급했다. 그의 고난은 우리를 위한 진짜 고난임을 강조하는 데서 속죄의 의미가 드러난다고 말했다. 즉 영생을 얻는 참다운 속죄는 그리스도의 참된 육신의 고난에 근거한다는 것이다.[68] Justin은 전체 시편이 그리스도를 가리킨다고 언급하면서 십자가의 고난이 참 인간으로서 당한 것이며, 그렇다고 해서 그리스도께서 고난당하는 것을 몰랐던 것이 아니라고 했다. 그리고 그가 버림받은 것이 우리의 구원 근거가 됨을 설명하면서 속죄를 통한 구원을 시사했다.[69]

두 번째는 죽음의 개념이다. Tertullian은 속죄 개념을 그리스도의 죽음에 대한 보상과 결부시켜서 이해했다. 특별히 예언의 성취를 논하면서 언급했다.[70] 동방의 Athnasius는 그리스도는 모든 사람들을

[67]	개념	교부들
	고난	익나티우스(고난), 저스틴(버림받음)
	죽음	터툴리안(보상), 아타나시우스(해방), 시릴(심판의 근거), 아우구스티누스(자유), 네토리우스(대리), 안셀무스(전가), 아벨라르(계몽), 크리소스톰(제물)
	피	이레니우스(희생), 클레멘트(구원)
	속전	오리겐(사탄에게), 나지안주스의 그레고리(하나님에게)
	사역	닛사의 그레고리(교환), 암브로스(대리), 토마스 아퀴나스(공적), 카프리안(희생)

[68] Ignatius, "To the Smyrnaeans", *Early Christian Fathers, LCC*. Vol. 1, Newly translated and edited by Cyril C. Richardson (Philadelphia: The Westminster Press, n.d.), 112-16.

[69] Justinus, "Letter to Diognetus", *Early Christian Fathers, LCC*. Vol. 1, 220.

[70] Tertullian, "The Prescriptions against the Heretics", *Early Latin Theology*, Selections from Tertullian, Cyprian, Ambrose and Jerome, Translated and edited by S. L. Greenslade, *LCC*. Ichthus Edition, Vol. V (Philadelphia: The Westminster Press, n.d.), 31-64.

대신하여 죄로부터 해방을 위해 죽으셨다고 했다. 그러나 모든 사람을 위해 죽는 것으로는 충분치 않고 사망 자체가 멸해져야 하기 때문에 부활을 통해 자신의 육체가 부패할 수 없다는 것을 보여주었다고 주장했다.[71] 알렉산드리아의 Cyril은 그리스도의 육체가 우리와 동등하므로 그의 속죄는 우리의 모든 육체를 위한 것이고, 이 속죄의 죽음은 곧 심판의 근거가 된다고 말하였다.[72] Augustine의 대속에 대한 관점은 그리스도의 죽음이 사탄의 노예가 된 우리의 상태를 자유롭게 하는 것으로 천명한다.[73] 콘스탄티노플의 Nestorius는 우리의 형벌을 대신한 그리스도의 죽음은 우리의 죽음을 위한 대리임을 밝혔다.[74] 스콜라 시대로 진입하기 전 속죄에 대한 서로 상충하는 두 가지 큰 재해석이 있었다. 처음의 경우는 캔터버리의 Anselm의 주장으로서 무한한 하나님에 대한 도전이 죄이기 때문에 속죄는 역시 무한해야 한다고 주장하였다. 속죄에 대한 그의 저작 『왜 하나님은 인간이 되셨는가』Cur Deus Homo를 통해 성육신과 속죄론에 대해서 동일한 방식을 추구하였다. 그는 인간의 구원이 그리스도의 죽음으로부터 일어나는 가장 큰 이유는 보상보다는 전가에 있음을 지적하였다. 즉 인간의 구원이 그리스도의 죽음으로부터 일어나는 큰 이유는 그리스도가 보상을 필요로 하지 않지만, 그리스도께서 구원을 위해 인간이 되셨던 '그의 친족들과 형제들'에게 이를 전가할 수 있고 전가해주시기 때문이라는 해석이다.[75] Anselm는 속죄 절대 필요론doctrine of the absolute necessity of

---

71) Geoffrey W. Bromiley, "Athnasius", *Historical Theology: An Introduction*, (Edinburgh: T&T Clark, 1994), 76.
72) Cyril of Alexandria, *The Later Christian Fathers*, 264-65.
73) Augustine of Hippo, *The Later Christian Fathers*, 220-23.
74) G. W. Bromiley, "Atone, Atonement", *ISBE*, 356.
75) G. W. Bromiley, "Anselm of Canterbury", *Historical Theology*, 177-79. Cf. George Cadwalader Foley, *Anselm's Theory of The Atonement* (New York: Longmans, Green, and Co, 1908), 120-93.

the atonement 또는 속죄 만족설satisfaction theory: commercial theory을 주창하였다. Abelard도 속죄에 대한 견해를 새롭게 하였다. 그리스도가 사람이 되신 것은 그의 지혜와 그 자신의 사랑요15:13; 눅12:4~9; 롬5:5 이하에 의해 세상을 계몽하려는 것이기 때문에 그의 죽음은 교육과 본보기였다고 강조하였다.76) 그는 도덕 감화설the moral influence theory을 주장하였다. Chrysostom은 그리스도가 단번에 제물로 드려진 것히9:28은 그 자신에 의한 것이라고 말하고, 그는 제사장일 뿐 아니라 희생 제물이었으며, 그리스도 죽음의 보편적 특성은 우리 모두의 죽음과 동등함을 뜻한다고 강조하였다.77)

세 번째는 피에 관한 개념이다. Irenaeus는 그리스도를 하나님께 드리는 희생으로 표현하고 그 희생은 우리의 구속을 위한 것이라고 했다. 그는 또한 그리스도의 죽음이 우리와 같은 육신의 죽음임을 강조하면서 우리의 속량redemption과 속죄the remission of sins는 그리스도의 피를 통해서 이루어진다고 강조했다.78) 알렉산드리아의 Clement는 구원은 하나님께 소망을 두며 하나님을 믿는 자들에게 임하는 것으로 그리스도의 피에 의해 분명히 구원이 주어짐을 강조했다.79)

네 번째가 속전의 개념이다. Clement의 후계자 Origen은 속죄 개념을 하나의 전략에 의해 악마를 물리친 것에서 찾는다. 즉 악마의 지배로부터 우리의 자유를 보장하기 위해 그리스도가 인간이 되심을 말한다.80) 그는 그리스도의 죽음이 인간에 대한 사탄의 정당한 요구를

---

76) G. W. Bromiley, "Peter Alelard and Atonement", *Historical Theology*, 185-87.
77) John Chrysostom, *The Later Christian Fathers*, 173.
78) Irenaeus, "Redemption and the world to come", *Early Christian Fathers, LCC*, 385-89.
79) Clement, "Clement's First Letter", *Early Christian Fathers* Vol. I, Edited by Cyril C. Richardson, The Library of Christian Classics (Philadelphia: The Westminster Press, n.d.), 49.
80) Origen, "On Prayer", *Alexandrian Christianity*, Selected Translations of Clement and Origen with Introductions and Notes by John Ernest Leonard Oulton and Henry Chadwick, *LCC* Ichthus Edition, Vol. II (Philadelphia: The Westminster Press, n.d.), 291-95.

무효화 하기 위해 지불한 사탄속전설the ransom-to-satan theory81)을 옹호하였다. 나지안주스의 Gregory는 그리스도의 속전은 악마에게 지불한 것이 아니고 오히려 하나님께 하였다the ransom is God himself는 견해를 피력하였다.82)

다섯 번째는 사역에 대한 개념이다. 니케아 시대Nicene age는 동방과 서방에서 속죄에 대해 중요한 사색들을 하게 되었는데, 닛사의 Gregory는 '그리스도의 사역'이라는 글을 통해 악마로부터의 구속, 화목, 회복, 인간의 반응, 십자가의 중요성에 대해 말하면서 구속 그 자체는 하나의 교환이며, 그리스도 안에서 하나님이 우리와 함께 하심에 의해서만 가능한 것이라고 표현했다.83) Ambrose는 대속을 그리스도가 대신 짐을 져주심으로 지체된 이자가 없어지고 새롭고 좋은 신용자가 되는 것으로 비유했다.84) Thomas Aquinas는 그리스도의 화목사역이 7가지의 중요한 양상이 있음을 제시하였다. 이것은 그리스도의 풍성한 공적과 우리의 결점, 머리 되신 그리스도와의 연합, 배제된 악마의 책략, 반응하는 사랑, 달래는 희생, 대리 속죄나 형벌, 능력 있는 죄의 용서를 뜻하였다.85) Cyprian은 인간의 피는 오점을 씻을 수 없으며, 수난도 중범죄와 불화의 깊은 죄악을 정화할 수 없으며, 또한 교회에 속해 있지 않으면 순교자도 될 수 없음을 지적하면서 그리스도의 주된 사역으로서의 희생은 성례전의 효력을 가져오는 원천

---

81) 이 설(說)은 교부속상설, 대속설, 속전이론이라고도 한다.
82) Gregory of Nazianzus, *The Later Christian Fathers*, 111-12.
83) Gregory of Nyssa, *The Later Christian Fathers*, A selection from the writings of the Fathers from St. Cyril of Jerusalem to St. Leo the Great, Edited and translated by Henry Bettenson (Oxford University Press, 1977), 141-48.
84) Ambrose, *The Later Christian Fathers*, 181.
85) Thomas Aquinas, *Aquinas on Nature and Grace*, Selections from the Summa Theologica of Thomas Aquinas, translated and edited by A. M. Fairweather, *LCC* Ichthus edition (Philadelphia: The Westminster Press, n.d.), 183-202, 278-85, 336-41.

임을 강조하였다.[86]

위에서 살펴본 결과 교부들의 속죄 개념은 고난과 죽음과 피와 속전과 사역으로 구분되었는데, 이 가운데 죽음으로부터 발생하는 갖가지 혜택의 은총을 속죄의 의미로 규정하는 것이 가장 많다. 다음으로, 그리스도의 사역임을 강조하는데, 역시 사역으로부터 혜택의 은총이 주어짐을 밝히고 있다. 이 밖에 고난과 피를 속죄로 보는 견해가 있고, 속전이라는 개념도 선명하게 주장된다. 교부들의 집약적인 속죄 개념은 '그리스도의 사역과 죽음을 통해 나타나는 구원행위'에 초점을 두고 있다.

1.1.3.2. 교부들 이후의 이론

Schaefer의 논문에 의하면 종교개혁자들 가운데 Luther의 속죄이론은 지불의 의미보다 승리의 자유 측면을 더 강조하였다. 그리스도의 죽음은 율법의 대리 성취이며 이는 곧 우리의 대리 죽음이기 때문에 지불보다는 자유의 성취라는 면을 강조하였다. 그리스도의 죽음 그 자체는 개인의 축복을 이룸에서 충분하지 않으며, 오직 믿음에 의해서 의롭게 된 사람만이 진정한 축복을 얻을 수 있음을 역설하였다.[87] Schaefer에 의하면 Calvin은 Luther의 견해와 기본적인 요소는 같지만, 더 조직적으로 속죄이론을 전개하였다고 보았다. 그는 주장하기를 Calvin에게 있어서 속죄의 필요성은 하나님의 예정설에 기초해 있고, 이것은 선택하시는 은혜 속에서 표현되며, 이는 하나님의 삼위일체 사랑 안에서 그 기원과 원인이 차례로 발견된다고 보았다.

---

86) Cyprian, *Early Latin Theology*, Selections from Tertullian, Cyprian, Ambrose and Jerome, Translated and edited by S. L. Greenslade, The Library of Christian Classics (Philadelphia: The Westminster Press, n.d.), 132-33.

87) Cf. Harry Schaefer, *Doctrine of the Atonement in the Writing of Luther and Calvin* (The University of Chicago, 1920), 2 20.

그의 주장에 따르면 Calvin은 신정 작정과 주권적 죄의 용서로서의 속죄의 필요성을 강조하였다. 특히 그는 의로움을 얻는 것에 대해 두 가지의 방법을 제시하였는데, 첫째는 율법에 의해서며, 두 번째는 그리스도를 통한 믿음에 의해서 주어진다고 말한다. 그러나 첫 번째 방법은 불가능한데, 그 이유는 누구도 율법을 완전히 지킬 수 없기 때문에 의로움은 오직 두 번째의 방법에 의해서만 가능함을 역설하였다.[88]

이와는 달리 Duns Scotus는 속죄는 본질상 필연적인 것이 아니라 하나님의 전횡적 의지에 의해 결정되었다고 주장하였다. 그는 그리스도 고난의 무한한 가치를 부인하고 이를 단지 하나님께서 기꺼이 받고자 하셨던 적당한 속전에 해당하는 것으로 간주했다.[89] 일부 아르미니우스파Arminians의 학자들은 그리스도의 대속을 지지하지만, 만약 그리스도의 사역이 없었다면 믿음과 순종으로 죄 사함을 받았을 것이라고 제시하였다.[90] Socinus도 속죄이론을 전개하면서 자비의 희생으로 정의를 지지하는 것은 실수를 범하는 것이라고 언급하였다. 이유는 속죄는 개인의 형벌을 위한 것이지 형벌이 속죄가 아니라는 것이다. 그리고 그리스도의 죽음은 하나의 순종이라는 모범에 지나지 않는다고 말하였다. 소시누스주의Socinianism는 그리스도의 속죄를 부인하고 처음부터 불필요한 일이었다고 말한다. 하나님의 공의에 대한 만족이 전혀 이루어지지 않았을지라도 하나님께서는 능히 죄를 용서하실 수 있으며 또한 기꺼이 용서하시기를 원하시므로 속죄는 처음부터 전혀 불필요한 것이었다는 주장을 한다.[91] 그들의 주장을 모범설

---

88) Cf. Schaefer, *Doctrine of the Atonement in the Writing of Luther and Calvin*, 25-45.
89) Cf. Louis Berkhof, *Systematic Theology* (Grand Rapids, Michigan: WM. B. Eerdmans Publishing Co, 1981), 368.
90) Cf. G. W. Bromiley, "Atone, Atonement", *ISBE*, 358.

the example theory이라고도 하는데 속죄의 불필요성을 지적하는 부정적 측면을 지니고 있다.[92]

독일 신해석German Neology은 그리스도의 죽음은 하나의 예(例)와 영감이라고 가르쳤다. Kant는 특별히 객관적인 속죄를 공격하고 거절하였다. 그의 주관주의적 인간의 개념에 따르면 인간은 그의 의무를 통해 용서함을 획득해야 한다고 주장한다.[93] Schleiermacher는 종교의 본질은 우리들의 '절대의존의 감정'에 있기 때문에 죄란 하나님의 상실이며 구속은 절대의존 감정의 회복으로 해석하였다. 그는 나사렛

---

91) Francis Turrettin, 『개혁주의 속죄론』(Turrettin on the Atonement, 이태복 역, 서울: 개혁된 신앙사, 2002), 13.
92) 이와는 반대의 입장이 속죄의 필연성이다. 이 속죄의 필연성에는 우선 절대적 필연성(absolute necessity)이 있다. 이는 하나님께서는 자신의 공의를 만족시킬 만한 배상이 이루어지지 않아도 기꺼이 죄를 용서해 주겠다고 생각하신 적도 없고 또 그렇게 하실 수도 없으셨다는 것이다. 이 견해는 정통 신학을 따르는 사람들의 공통적으로 취하는 입장이다. 이것은 Augustine가 그의 책 『삼위일체론』(On the Trinity)에서 취했던 견해이다(Cf. F. Turrettin, Turrettin on The Atonement, 13-35). 그리고 속죄의 상대적 필연성(hypothecical necessity)을 주장하는 견해가 있다. 이는 속죄의 절대적 필연성은 부인하지만 소시누스주의자들과는 달리 속죄의 조건적 필연성(상대적 필연성)을 주장하는 것이다. 즉 하나님께서는 그리스도의 속죄를 통하지 않고서도 죄를 용서해 줄 수 있는 다른 방법들을 얼마든지 고안해 내실 수 있다는 입장이다. 이러한 속죄의 이론들을 좀 더 세분하면 대개 5가지로 정리된다. Erickson은 교부시대로부터 종교개혁 시대에 이르기까지 속죄의 이론들은 대개 5가지로 정리하였다. 모범으로서의 속죄를 나타내는 소시니언이론(the Socinian theory), 하나님 사랑의 증명으로서의 속죄인 도덕-감화이론(the moral-influence theory: 주관적 속죄론이라고 하며, 속죄를 하나님의 편에서의 변경된 태도라기보다는 인간에게 일어난 변화로 보는 견해. 참고. G. Aulen, Christus Victor, 8.), 신적 정의의 증명으로서의 속죄인 통치이론(the governmental theory), 죄와 악을 전멸시킨 승리로서의 속죄인 대속이론(the ransom theory), 하나님에 대한 배상으로서의 속죄인 만족이론(the satisfaction theory: 객관적 속죄론이라고도 하며, 이는 하나님이 그리스도의 속죄 행위의 대상이라는 것과 하나님의 공의에 대하여 만족시킴으로써 하나님께서 화해를 받으셨다는 견해) 등이다. Millard J. Erickson, Christian Theology (Grand Rapids, Michigan: Baker Book House, 1985), 781-800. 참고. G. Aulen, Christus Victor, 7-8)등이다. Erickson이 지적한 속죄이론들이외에도 만족이론을 수정, 보완한 종교개혁자들의 형벌대속설(the penal substitution theory)이 있다.
93) Immanuel Kant, Religion Within the Limits of Reason Alone (1793). 칸트는 도덕적인 최고의 원리는 의지의 자율적 원리라고 보았다. 이 의지의 자율이 바로 인간의 의무를 뜻한다. Cf. S. P. Lamprecht, 『西洋哲學史』(Our Philosophical Traditions: A Brief History of Philosophy in Western Civilization, 김태길 · 윤명노 · 최명관 역, 서울: 을유문화사, 1989), 537.

예수에 따라 이루어진 보편적이고 완전한 구속의 성취는 결코 분리될 수 없는 종교의 본질적인 요소임을 강조하였다.[94] Ritschl은 예수의 역사적인 죽음은 화목 행위의 가치를 지녔다고 했다. 그런데 이 가치는 하나님보다 인간을 위한 것이라고 주장한다.[95] Emil Brunner는 『중보자』The Mediator라는 책에서 "속죄의 십자가를 바르게 이해하는 사람은 성경을 바로 이해할 수 있고, 그리고 예수 그리스도를 바로 이해할 수 있다"고 요약했다.[96] Karl Barth는 그의 『교회 교의학』Kirchliche Dogmatik-Church Dogmatics 제Ⅳ권 「화목」Versöhnung-Reconciliation, 1953에서 그의 관심사는 그리스도의 죽음이었으며 그리스도의 화해사역이 삼중직의 기본요소임을 강조하였다.[97]

여기까지 정리하면 Luther와 Calvin은 속죄를 통해 믿음과 의로움을 가지게 되는 은혜의 과정을 설명하고 있는데 반해 Scotus와 Socinus는 속죄의 조건적 결과를 들어서 속죄의 은혜의 측면을 주관적으로 해석하고 있다. 독일의 신해석 경향의 학자들은 속죄의 수혜자는 인간이므로 인간의 측면에서 속죄를 이해하려는 시도를 보이고 있음을 알 수 있으나 몇몇 신학자들은 속죄의 긍정적인 측면을 잘 지

---

94) Friedrich Schleiermacher, *Speeches*, V; Cf. Karl Barth, *The Theology of Schleiermacher*, Lectures at Göttingen, winter semester of 1923/24, edited by Dietrich Ritschl, translated by Geoffrey W. Bromiley (Edinburgh: T.&T. Clark, 1982), 197-205.
95) Albrecht Ritschl, *Die christliche Lehre* von der *Rechtfertigung und Versöhnung* III (1874), 13ff.
96) Emil Brunner, *The Mediator* (London: Lutterworth, 1934), 435-36.
97) Karl Barth, *Church Dogmatics*, IV.1-3, Translator, G. W. Bromiley, Editors, G. W. Bromiley, T. F. Torrance, "The Doctrine of Reconciliation", IV.1 (Edinburgh: T&T Clark, 1994), 3-21.
98) 앞에서 언급된 신학자 외에도 Morris, Mozley, Denney 등과 같은 학자들은 이런 은혜의 측면을 비교적 잘 대변하고 있다고 하겠다. Morris는 그의 저서 "십자가에 대한 사도의 설교"(*Apostolic Preaching of the Cross*, 1965)에서 속죄에 대한 확신을 갖게 한다. 객관적이면서 대속적인 교리가 되는 속죄는 후대에 꾸며낸 신학도 아니고 사도바울의 특성도 아니며, 이것은 전체적인 사건과 기록의 한 부분이고 그리스도의 구원사역의 해석이라고 설명한다. Mozley는 그의 책 "속죄의 교리"(*Doctrine of Atonement*, 1915, 1947, 216)에서 "그리

적하였음을 보았다.[98] 우리는 하나님 중심의 객관적인 속죄 과정을 인간 중심의 주관적 해석으로 이끄는 시도에는 동의하기 어렵다. 왜냐하면, 속죄는 구원을 베푸시는 하나님의 전적인 은혜로 생각되기 때문이다.

1.1.3.3. 비평학자들의 견해

현대로 들어서면서 제사제도에 나타난 속죄 개념 연구에 여러 비평 방법이 등장하였다. 대표적인 학자들은 Wellhausen, Gunkel, Eichrodt, von Rad, Janowski, Noth 등이다. Wellhausen은 속죄의 핵심이 되는 속죄제의 형성시기를 문제 삼았다. 그는 역사비평[99]의 관점에서 속죄제, 속건제가 추가된 것은 포로기 시대를 거치면서 죄의식과 제의를 통한 죄 씻음의 소망에 기원을 두고 있다고 보았다.[100] 이 속건제와 속죄제는 에스겔 시대에 처음 시행되었다(왕하12:16)고 주장하고, 이때부터 속죄제의 피 뿌리는 신비로운 의식이 새로운 종교의

스도가 우리를 대신하여 그리고 우리를 위해 형벌의 고통을 당한 것에 대해 위축될 하등의 이유가 없다"고 결론을 내린다. Denney도 역시 그의 책 "그리스도의 죽음"(*Death of Christ*, p. 126)을 통해 "만약 '대리'나 '대속의'라는 단어를 모른다면 바울의 교훈을 이해하기 힘들 것"이라고 말하였다. 이 밖에도 R. L. Ottley의 성육신을 다룬 "성육신의 교리" (*Doctrine of the Incarnation*, 1896)와 함께 W. Temple의 "토대"(*Foundations*, 1912), G. Aulen의 "그리스도의 승리"(*Christus Victor*, 1935), Moberly의 "속죄와 인격"(*Atonement and Personality*, 1901), T. Forsyth의 "십자가의 중대성"(*Cruciality of the Cross*, 1090, 1965)이라는 제목의 책들을 통해 그리스도의 속죄에 대해 그 중요성을 비중 있게 다루고 있다. Cf. G. W. Bromiley, "Atone, Atonement", *ISBE*, 359.

99) 성경본문의 실제 역사의 내용을 다루는 연구 분야를 일컫는다. Harrison, Waltke, Guthrie, Fee, *Biblical Criticism: Historical, Literary and Textual* (Grand Rapids, Michigan: Zondervan Publishing House, 1978), 3-7.

100) Wellhausen, *Prolegomena to the History of Ancient Israel*, 52-82. 그는 렘 7:22의 "만군의 여호와 이스라엘의 하나님이 이같이 말씀하시되 너희 희생에 번제물을 아울러 그 고기를 먹으라. 대저 내가 너희 열조를 애굽 땅에서 인도하여 낸 날에 번제나 희생에 대하여 말하지 아니하며 명하지 아니하고"라는 구절을 근거로 하여 광야 생활에서는 제사제도가 없었다고 주장한다. 이유는 하나님께서 사람이 먹을 수 없는 번제물을 먹으라고 한 것은 광야시대에는 아직 제사제도가 제정되지 않았기 때문에 번제물을 먹을 수 있었다는 것이다. 그래서 그때에는 희생 제사를 아직 명령하지 않았다고 해석한다.

무대에서 풍부하게 사용되었다고 말했다.[101] 그는 레위기와 다른 제사 자료들을 주전 5세기의 것으로 여겼고[102] 예루살렘 성전의 제의에 대한 첫 번째 기록이 에스겔에 의해 이루어졌다는 가정에 따라 P문서는 그 후에 계속하여 이루어진 작업의 결과가 집적된 것으로 주장한다. 그런 이론에 의해 제사법을 담은 레위기 1~7장은 출애굽기 40장과 레위기 8장 사이에 뒤늦게 삽입된 것으로 간주하여 포로기 시대의 산물임을 증명하려고 하였다.[103] Gunkel은 그의 창세기 주석[104]에서 창세기 8:21의 노아가 드린 번제를 중심으로 그가 주창한 양식비평[105] 방법을 통해 제의법 형식들sakrale Rechtsformen의 유형 분류에 따라 제사의 본질을 '화해적인 것'으로 주장한다. 그는 제사제도의 형성시기보다 삶의 정황에서 이루어진, 제사 본질에 규명에 관심을 나타내었다. Eichrodt는 종교사적 접근방식religio-historical approach에 의해 제의에 대한 이해를 시도하였다.[106] 특히 비교종교학적인 접근을 통해 제의 속에 나타난 속죄의 개념을 이해하였다. 예를 들면 오래된 정결 의식들과 액厄막이와 카타르시스 의식들이 속죄의 희생제사 분야에 널리 침투해 있기 때문에 성경에도 속죄할 때 일상생활의 물건들과 접

---

101) Wellhausen, *Prolegomena to the History of Ancient Israel*, 74.
102) P의 늦은 연대를 지지하는 한 논점은 역대기와 열왕기의 차이에 둔다. 열왕기는 아마도 주전 550년경에 쓰여 졌을 것으로 보는 반면 역대기는 열왕기보다 훨씬 늦게 쓰여 졌을 것으로 추정한다. 역대기는 P문서와 여러 모양에서 유사한 매우 정교한 제의를 기록하고 있는데, P문서와 역대기의 유사성이 P문서의 늦은 연대를 증명한다고 주장한다. Wellhausen, *Prolegomena to the History of Ancient Israel*, 404-405; Cf. O Eissfeldt, *The Old Testament: Introduction* (New York: Haper & Row, 1965), 238-40; E. Sellin and G. Fohrer, *Introduction to the Old Testament* (Nashville: Abingdon, 1968), 185.
103) Wellhausen, *Die Composition des Hexateuchs und der Historischen Bücher des Alten Testaments* (Berlin: Walter de Gruyter & Co, 1963), 135.
104) Hermann Gunkel, *Genesis*, trans., Mark E. Biddle (Macon, Georgia: Mercer University Press, 1997), 79-84.
105) Gunkel, *Genesis*,[7]. 머리말을 쓴 Nicholson에 의하면 양식비평(type or form criticism)은 한 주제에서 서로 다른 문학적 형태와 양식을 통해 각기 다른 종류를 찾거나 독립적인 본래의 문학 단위를 찾아내는 비평방법이라고 설명한다.
106) Eichrodt, *Theology of the Old Testament 1*, 158-59.

촉하는 것을 금지하고 있음 등을 제시하였다.[107] 문헌비평에 기초한 전승사 Überlieferungsgeschichte 적인 방법을 사용하여 von Rad는 속죄에 대한 논의를 제안한다. 먼저 죄의 본질에 관한 이스라엘 표상들이 언급되어야 한다고 말한다. 그 이유는 죄는 제의 규례의 위반이기 때문에 제례법과의 이스라엘의 정치, 사회, 가정 등에 대한 관계에 대하여 역사적 선이해가 필요하다는 전제를 강조한다.[108] Janowski도 문헌분석에 기초한 전승사적 방법을 사용하였다.[109] 그는 P자료에서 'כִּפֶּר'의 의미를 전승사적인 방법을 사용하여 법궤의 '속죄소'에 초점이 맞추어져 있음을 주장하고 정화보다는 속죄를 강조한다.[110] Noth도 이 방법을 사용하였다.[111] 그는 레위기에 전제된 역사적 정황, 통일성, 제의적인 규정, 제사의식의 집중에도 책의 기술에서 순차적인 형성의 전역사를 가졌다는 결론을 얻게 됨으로 문학비평적인 물음이 제기된다고 주장했다.[112] 이처럼 비평방법을 통해 속죄(제)의 역사성이나 개념들을 찾아 나름의 속죄에 대한 관점들을 표명하였다.

지금까지 정화제 논쟁과 'כִּפֶּר' 해석 문제와 연구사적인 고찰을 통해 속죄에 관련된 문제와 개념들을 살펴보았다. 정화제 논쟁에서는 레위기 16장의 바른 해석을 위해 여전히 논쟁의 여지를 남겨놓고 있

---

107) 출 12:10; 23:18; 34:25; 레 6:11; 20f, 7:6; 15ff; 8:31 등.
108) von Rad, *Theologie des Alten Testament Band 1: Die Theologie der geschichtlichen Überlieferungen Israels* (München: Chr. Kaiser Verlag, 1969), 276-84.
109) Janowski, 『대속』(*Stellvertretung: Alttestamentliche Studien zum einem theologischen Grundbegriff*, SBS 165; Stuttgarter: Katholisches Bibelwerk, 김충호 역, 서울: 한국신학연구소, 2005(1997)), 47-52.
110) Janowski, *Sühne als Heilsgeschehen*, 232-33.
111) Noth, *Leviticus*, 10-15.
112) Noth는 레위기의 8-10장만이 독자적인 전승의 민담이며 나머지는 첨가된 P자료로 보았다. 따라서 레위기 4-5장의 속죄제의 속죄의식은 예루살렘 성전의 제사 의식적 관습에서 비롯되었다고 분석한다. 문헌비평과 전승사 방법으로 속죄제를 해석하는 Noth의 레위기 주석에는 정화제 논쟁과 관련하여 'הַטָּאת'를 통한 '성소 정화개념'은 강조되지 않는다.; Cf. R. Laird Harris, "Leviticus" *EBC with NIV of Holy Bible* Vol. 2 (Grand Rapids, Michigan: Zondervan Publishing House, 1996), 504-507.

다. 'כָּפַר' 해석은 주장마다 의미의 적합성을 부각시키고 있다. 역사적인 측면에서 교부들의 견해는 이해할만한 속죄의 개념들을 보여주었다. 교부들 이후의 이론에서는 비교적 성경중심의 객관적 해석과 인간중심의 주관적 해석으로 크게 나누어 볼 수 있었다. 비평학자들은 성경해석의 방법론에 따라 새로운 견해들을 제시하여 논의의 장들을 넓혔다. 그러나 아쉬운 것은 구약의 속죄가 그리스도 중심의 구속사적 관점으로 연결되어 한 눈에 나타나지 않는다는 것이다. 구약신학 방법론에서 적절한 것으로 인정되는 계시사적인 방법이 충분하게 적용되고 있지 않다는 것이다. 구약의 속죄 개념이 계시의 점진성과 서로 잘 연결되지 않고도 속죄에 대한 원만한 해석적 이해가 가능한가 라고 묻게 된다. 상징과 예표를 통해 구약의 속죄 모형이 실재적 원형에 어떻게 도달하는가를 살피는 것이 그리스도 중심의 구속사적인 해석이라면 구약의 내재화된 '속죄' 개념이 구속사적인 해석의 관점에서 어떻게, 어떤 의미로 궁극적으로 원형에 도달하는지 규명해 보고자 하는 것이 본 논문을 쓰려고 하는 동기이자 목적이다.

1.2. 범위와 방법

속죄의미와 이론들을 규명하고자 구약 히브리어에 사용된 속죄 개념을 지닌 단어들을 중심으로 먼저 일차적인 의미를 찾으려고 한다. 정화제 논쟁에서 논의된 문제점은 대속죄일의 속죄제가 사람보다는 성막의 정화를 더 우선한다는 주장이다. 본 논문에서는 '속죄 없는 정화는 없다'는 기본적인 관점에서 정화보다는 속죄가 우선적이고 근본적이고 본질적인 개념이라는 전제를 하고 내용을 살필 것이다. 그리고 'כפר' 동사에 대한 해석은 성경에서 언급된 이 동사의 용례를 통해 죄를 씻는 것인지, 덮는 것인지, 아니면 다른 의미가 있는지, 또 단일 의미인지, 복합적인 개념인지를 파악해 나갈 것이다.

본론에서는 먼저 제사의 기능과 특성을 먼저 다룰 것이다. 이와 관련하여 레위기에 몇 가지 정결의식[113]이 나타나는데 이것은 속죄 개념과 어떤 관계가 있는지 고찰하겠다.[114] 그 이유는 속죄와 정결이 같은 상태인지, 즉 정결의식이 곧 속죄의식인지, 혹은 정결의식이 속죄의식에 속한 것인지, 아니면 두 의식은 별도인지를 살펴보아야 하기 때문이다. 그리고 속죄의 개념이 사회 제도를 통해서도 나타난다고 판단되어 이에 대한 의미를 도출하겠다. 따라서 본 논문은 제의와 정결의식과 그 밖의 사회제도에서 나타난 속죄 개념을 크게 3가지로 나눠 다루겠다.

연구의 범위는 오경을 중심으로 한 구약 전체로 하되 계시의 점진성과 통일성을 위해 신약히브리서의 일부도 포함하겠다. 다루고자 하는 전체적인 범위를 세분하면 첫 번째로 제의라는 카테고리 안에 제사의 특성을 다루고, 레위기 4~6장에 나타난 속죄제의 기능과 의미를 살필

---

113) 출산한 산모(12장), 문둥병 환자(13-14장), 유출병 환자(15장).
114) 이때 싱길은 죄에 대한 인격체의 정결임으로 비인격체인 성막의 정결과는 다르나.

것이다. 그리고 레위기 16장의 대속죄일은 제사의 정점이라는 차원에서 비중 있게 다룰 것이다. 특히 이날 가지는 속죄소의 피 뿌림과 아사셀을 위한 속죄염소는 특이한 속죄제식이기 때문에 관심 있게 살펴볼 것이다. 두 번째 정결의식115)에 서는 관련된 용어들과 각종 개념을 살피고, 특히 정결 매체로서 피와 기름과 물에 대해서 사용 용례들을 자세히 검토하겠다. 그리고 나서 부정의 문제와 거룩에 대한 각종 의미를 레위기를 중심으로 다루겠다. 특별히 거룩과 관련하여 회막과 언약의 관계구도를 잘 나타내는 출애굽기 29:43~46을 도표를 통해 상호관계를 규명하겠다. 세 번째 제도에서는 레위기 25장과 27장을 통해 희년제도116)에 나타나는 속죄정신에 대해서 다룰 것이다. 그리고 민수기 35장의 도피성 제도를 통해 그 의미를 추적하면서 최종적으로 대제사장의 죽음과 그리스도의 죽음이 어떤 연관이 있는지를 본론의 결론으로 도출하겠다.117)

연구 방법은 제사의 핵심이 되는 '피'에 주목하되, 특히 '언약의 피'118)를 축으로 하여 유월절 제사, 시내산 언약, 새 언약을 중심으로 구속사적인 속죄의 의미에 비중을 두고 다룰 것이다.119) 이 가운데 속죄의 개념과 연관된 최초의 사건은 출애굽기 12~13:16에 나타난 유월절

---

115) 정결의식 뿐 아니라 정화의식, 성별의식에 대한 개념사용도 아울러 살핀다.
116) 레위기에서는 속죄를 중심한 제사법(1-16장)과 속죄 후 어떻게 거룩한 삶을 유지하며 살아야하는지에 대한 정결법(17-27장)을 다루고 있다. 이 정결법 안에 희년법(25, 27장)이 포함된다.
117) 도피성 제도는 "대제사장의 죽음"이라는 독특한 사면기준을 갖고 있다. 레위기 끝 부분에 언급된 희년제도와 역시 민수기 끝부분에 언급된 도피성 제도는 속죄개념을 담고 있는 히브리법이다.
118) 창 15장, 출 24: 4-8, 마 26:26-29.
119) 언약에 대해서는 다음의 논문들을 참고하라. J. Barton Payne, "The B'rith of Yahweh," *New Perspectives on the Old Testament* (Waco, Texas. London, England: Word Books, Publisher's, 1970), 240-64; *TMSJ* 10/2(Fall 1999) 191-280; Keith H. Essex, "The Abrahamic Covenant"(191-212); William D. Barrick, "The Mosaic Covenant"(213-32); Michael A. Grisanti, "The Davidic Covenant"(233-250); Larry D. Pettegrew, "The New Covenant"(251-70).

제사이며, 이는 그리스도의 대속의 역사를 보여주는 원형적 사건이자 제사의 원형으로 보이기 때문에 대제사장의 죽음과 관련하여 주목하여 살펴볼 것이다.[120] 본 논문의 연구방법론은 구속사의 한 중심 주제[121]로 여겨지는 '속죄' 문제를 계시사적 방법으로 서술할 것이다. 성경에서 그리스도의 구속을 다루기 위해서는[122] 속죄 개념을 다루는 것이 필수적이라고 생각한다. 그래서 속죄를 다루면서 대속하여 구원하는 구속을 연관적으로 논하게 될 것이다. 속죄는 구속의 바탕이 되며, 구속은 속죄의 결과에 해당한다고 말할 수 있다. 그런 차원에서 주석 방법으로서의 구속사를 활용하고자 한다. 이것은 계시역사, 언약사, 구원사, 하나님 중심, 그리스도 중심, 기독론적 접근 방법으로 표현되기도 한다.[123] 구속사는 특히 언약[124]이라는 구조 속에서 선명하게 두드러진다고 판단된다. 언약의 진전과 구속역사는 함께 진행된다

---

120) 레위기는 구조적으로 출애굽기의 속편(Leviticus is the sequel to Exodus)역할을 하고 있다. Wenham, *Leviticus*, 29. 왜냐하면 출애굽기에서 성막이 지어지고 이 성막에서 무엇을 해야 하는지를 가르치는 것이 레위기법이기 때문이다. 출애굽기는 출애굽기사와 성막기사로 크게 나뉘어 진다. 출애굽 기사는 1-24장까지, 성막 기사는 25-40장까지다. 레위기의 제사제도 연구는 출애굽기 25장부터 시작된다.; 한편 제사와 예배라는 관점에서 레위기를 본다면 출애굽기는 구속에 관련된 책이고 레위기는 예배의 책이라고 말할 수 있다. Eleanor Herr Boyd, *The Gospel in Leviticus* (New York City: The Book Stall, 1920), 13.
121) 구약신학의 주제 방법론에 대한 논의는 다음의 책을 참고하라. Gerhard Hasel, *Old Testament Theology: Basic Issues in the Current Debate* (Grand Rapids, Michigan: W. B. Eerdmans Publishing Company, 1972), 28-114.
122) 그리스도의 구속사(Heilsgeschichte)의 관점에 관해서는 다음의 책들과 논문을 참고하라. E. W. Hengstenberg, *Christology of the Old Testament and a Commentary on the Messianic Predictions* (Grand Rapids, Michigan: Kregel Publications, 1976); Sidney Greidanus, *Preaching Christ from the Old Testament*, (Grand Rapids, Michigan: Wm. B. Eerdmans Publishing Company, 1999); 신득일, "구약 중심주제의 논쟁점과 신학적 주석관점으로서의 구속사",『고신신학4』(부산: 고신신학회, 2002), 39-64. 저자는 이 논문에서 구속사를 구약신학 주제로서만 다루지 말고 주석적 관점으로 다루는 것이 바람직하다는 전망을 제시한다.
123) 신득일, "구약 중심주제의 논쟁점과 신학적 주석관점으로서의 구속사", 54.
124) 언약의 구속사적인 관점에 대해서는 다음의 책들을 참고하라. 한정건,『모세오경』강의안, (천안: 고신대학교 신학대학원, 2005), 204-10; W. J. Dumbrell, *Covenant and Creation, A Theology of the Old Covenants* (Paternoster Press, 2002); O. Palmer Robertson, *The*

고 본다. 그래서 전체적으로는 구속사적인 관점[125]에서 속죄 개념을 살피되 언약의 약속과 성취를 염두에 두고 서술하겠다.[126] 그리스도 중심의 구속사적 이해에는 무엇보다도 야훼의 주권에 대한 안목이 요청된다는 것이 본인의 관심이다. 이것은 속죄의 주체는 무엇인가 혹은 누구인가를 밝히는 것과 같은 맥락이다. 그리스도를 통해 받는 죄 사함과 용서는 종국적으로 누구로부터 비롯되는가 하는 문제는 속죄론에서 근본적이고 중심적인 질문일 것이다. 죄에 대한 심판과 용서가 하나님으로부터 비롯된다면 당연히 속죄의 핵심에 야훼의 주권적 의지가 있다고 말할 수 있다. Vos는 야훼가 구약성경의 주체이시며 동시에 객체이시기 때문에 속죄문제도 이와 같다고 말한 바 있다.[127] 그 같은 대답은 실제로 성경의 계시사적인 흐름을 통해 속죄 개념을 살펴볼 때 얻을 수 있는 개별적이고 체험적인 답변이 될 것이다. 이런 이유로 말미암아 본문마다 나타나는 '야훼' Yahweh[128]라는 주어에 항상 관심을 둘 것이다. 본 논문은 구약신학의 계시사적 방법에 따라 구약

Christ of the Covenants (Phillipsburg, New Jersey: Presbyterian and Reformed Publishing Co, 1980); Willem VanGemeren, *The Progress of Redemption: The Story of Salvation from Creation to the New Jerusalem* (Zondervan Publishing House, 1998); Thomas Edward McComiskey, *The Covenants of Promise* (Grand Rapids, Michigan: Baker Books, 1985).

125) Vos는 "성경신학은 주경신학의 한 분야로 성경에 담겨진 하나님의 자기 계시의 과정을 취급하는 것"으로 정의한다. Vos, *Biblical Theology Old and new Testament*, 5; Hasel은 "성경신학은 이 시대에 이중적인 의미로 사용되고 있는데, 그것은 성경의 가르침에 뿌리를 둔 신학이거나 혹은 성경 자체가 담고 있는 신학을 가리킬 수 있다"고 설명한다. Hasel, *Old Testament Theology: Basic Issues in the Current Debate*, 11.

126) 구속사를 중심으로 논문을 쓰는 본인의 입장에서 성경해석에 대한 개인적인 입장을 밝히라고 한다면 '계시에 의한 정경을 내재적인 규범으로 삼고 있는 언약중심의 구속신학을 지향한다.'고 말하겠다.

127) Cf. Vos, *Redemptive History and Biblical Interpretation* (Phillipsburg, New Jersey: Presbyterian and Reformed Publishing Co, 1980), 365.

128) 본 논문에서는 히브리어 모음의 음역에 따라 "야훼(Yahweh)"로 발음하는 것을 원칙으로 한다. 그러나 '개역성경'의 본문을 인용할 때는 "여호와"라는 표기를 그대로 사용한다. 한편 레위기 4:27절에서 "야훼"를 MT는 יהוה로, LXX는 κυρίου 표기하나 Qumran(Cave 4 IV)은 'Ιαω'로 쓰고 있다. 이것은 쿰란 사본가운데 고대 헬라어가 "야훼"를 어떻게 발음했는지를 보여주는 결정적인 자료에 속한 것으로 보여진다.

에 나타난 속죄 개념을 추적해가면서 속죄에 대한 '야훼'의 주체적인 행동과 사상이 무엇이며, 이것이 속죄와 어떤 관계로 연결, 발전하는 지를 찾아 그 결론의 적절성을 표명하는 것으로 마치게 될 것이다.

2. 본론

2.1. 제의

2.1.1. 제사제도

2.1.1.1. 회복의 예시

제사제도는 이스라엘의 회복을 위한 것이며 동시에 상징과 예표를 통해 그리스도의 속죄를 이해시키기 위한 하나의 의식법이다.[129] 그런 의미에서 구약의 제사는 예시적이고 예비적이다. 그래서 제사제도를 모른 채 그리스도의 속죄개념을 제대로 이해하기 어려울 것이다. 제사 모델은 사죄의 과정을 생생하게 보여주는 하나의 유용한 방법이며, 구원을 설명하는 중요한 방법이다.[130] 바울은 구약의 역사는 "우리의 교훈을 위하여 기록된 것"이라고 말한다.롬15:4 구약의 희생제의

---

129) Cf. Fuller, *The Unity of the Bible*, 381-84.
130) Martens, *God's Design*, 69.

는 하나님께 영광을 돌리며, 교제와 회복을 통해 신분을 유지하며, 죄악을 씻는다는 세 가지 목적을 가진다.[131] 구약의 5대 제사 중에 번제와 소제 그리고 화목제는 하나님과의 교제를 유지하는데 역점을 둔다면, 시내산 언약으로 생긴 속죄제와 속건제는 범죄로 말미암아 언약 관계가 깨어졌을 때 관계의 회복을 위해 죄의 용서를 위해 제정된 제사들이라고 말할 수 있다.[132] 이스라엘의 희생제사제도[133]는 이러한 교제와 속죄를 통해 하나님께 영광을 돌리며 거룩하심을 좇아 '이스라엘의 거룩'이라는 공동체 목적이 있다. 이런 관계 가운데 제사를 통해 하나님께서는 인간에게 오시며, 인간도 하나님을 향하여 나아간다.[134] 일반적인 희생제사의 개념은 제사장 직분을 통해 죄와 부정을 처리하고 하나님과의 관계를 유지, 강화해 나가되 그 질서가 깨졌을 때 그것을 회복하는 역할을 한다.[135] 제사는 이스라엘의 하나님이 자기의 유익을 위하여 제사를 요구하는 분이 아니라, 반대로 자기 백성이 속죄를 통해서레17:11 자기와 계속해서 교제할 수 있도록 제사를 시여하시는 존재[136]이시다. 그분은 언약 아래서 인간과의 교제를 이어가신다.

2.1.1.2. 언약적 제의

Davies는 제사[137]는 언약의 크고 작은 법령들이 파기되었을 때 회

---

131) Vriezen, *An Outline of Old Testament Theology*, 286.
132) Cf. Martens, *God's Design*, 61; Lehman, *Biblical Theology Old Testament*, 148; Edmond Jacob, *Theology of the Old Testament* (New York and Evanston: Happer & Row, Publishers, 1985), 269.
133) 실질적인 제의법(ritual legislation)은 출 20:24부터 시작하여 레 26:11-22에서 끝나는 것으로 주장된다. Jonathan Klawans, "Pure Violence: Sacrifice and Defilement in Ancient Israel", *HTR* 94 (2001), 150.
134) Vriezen, *An Outline of Old Testament Theology*, 281.
135) Jenson, "The Levitical Sacrificial System", 32.
136) Ibid.

복하는 행위라고 정의한다.[138] 출애굽기 32:30에 의하면 언약이 파기되는 경우에는 어떤 제사도 효용이 없었음을 시사하고 있다. 시편 50:5에서는 "성도는 제사로 야훼와 언약한 자"my consecrated ones, who made a covenant with me by sacrifice라는 표현을 쓴다. 이는 성도의 정체성은 언약의 제사로 맺어진 자들이라는 의미가 있는 것이다. 이런 점에서 제사는 언약을 기념하고the cult was the commemoration of covenant 지키는 수단이 되는 셈이다.[139] 그런 점에서 이스라엘의 속죄제사는 야훼와의 올바른 언약 관계를 유지하도록 제정된 것이다.[140] 구약이 언약의 종교라고 한다면 희생제사는 '언약적 제의'의 성격을 지닌다. 이것은 시내산에서 하나님과 이스라엘 백성 사이에 언약을 맺을 때출24:1~11 희생제물의 피로써 비준한 것으로 알 수 있다. 이로 말미암아 제사에서는 희생제물의 피가 언약의 중심에 서게 되었다. 그래서 그 뒤로 성막에서의 제사는 언약의 주체가 되시는 '야훼 앞에서'(לִפְנֵי יהוה) [141] 드려지도록 하였고 계속 제물의 피가 바쳐지게 되었다. 그러므로 죄의 용서를 위해 드리는 피의 희생제사는 언약 관계를 유지하고 회복하는 핵심이 되는 것이다. 나중에 그리스도의 죽음이 언약파기의 형벌로 드려진 제사라면 이는 언약에 따른 제의가 되는 것이다.

---

137) 제사에 해당하는 히브리어는 'עֲבֹדָה'인데, 이는 신을 섬기거나 숭배함을 뜻한다. Cf. HALOT, 262.
138) D. J. Davies, "An Interpretation of Sacrifice in Leviticus", AAOT edited by Bernhard Lang, issue in RT 8 (Philadelphia: Fortress Press, 1985), 151-162: ZAW 89 (1977), 387-399. Davies 는 이스라엘 제사는 하나님과 이스라엘, 백성 상호간의 관계를 회복시키는데 관심을 가지고 있다고 주장한다.
139) Jacob, Theology of the Old Testament, 269.
140) Cf. Davies, "An Interpretation of Sacrifice in Leviticus", 151. Davies는 문화인류학적인 관점에서 제사제도가 죄를 제거하는 측면 보다 언약으로 인해 죽음이나 질병 등이 이스라엘 공동체를 위협할 때 마다 제사를 통해 언약을 회복하고 유지하는 것으로 보았다.
141) 이 어구는 오경에서 122번 사용될 정도로 빈번성이 높다. 출 17회, 레 57회, 민 47회(단어의 순서 바뀐 것 1번 포함), 신 11회 나타난다.

2.1.1.3. 대리적 특성

제사가 지니는 여러 가지 요소들은 구약의 제사가 가지는 특성이기도 하다.[142] 이런 특성적 요소들은 상황과 여건에 따라 각종 제사가 가지는 의미의 고유성과 함께 상호 연관성을 갖는다. 모든 제사는 독특한 기능을 가질 뿐 아니라 공통점이 많아 그 의미와 기능이 상당히 중복되는 요소를 지니지만[143] 이는 곧 속죄의 다양한 모형을 지니신 그리스도의 사역을 의미한다고 볼 때 제사는 일단 대리적인 특성이 있다고 하겠다. 제사의 특성들을 통해 어떤 속성이 가장 포괄적인가를 알아본다.

2.1.1.3.1. 보완성

속죄제와 번제[144]가 함께 드려지는 경우가 있다.레12:6; 15:15 레위기 12:6에 여인이 출산하고 난 뒤의 부정을 정결케 하는 내용이 나타난다. 출산이 부정하다고 보는 것은 피의 유출과 관련이 있을 것이다. 유출된 이 피 속에 있는 생명의 씨가 남자의 생명의 씨와 결합할 때 인간

---

142) 번제는 전적인 헌신을, 소제는 변하지 않는 마음을, 화목제는 화해를, 속죄제는 죄의 처리를, 속건제는 죄의 보상을 의미하는 요소들을 지닌다. 그래서 제사는 친교(번제, 소제, 화목제)와 회복(속죄제, 속건제)의 기능을 담고 있다고 볼 수 있다.
143) Jenson, "The Levitical Sacrifice System", 27.
144) 'עֹלָה' 혹은 'כָּלִיל' (entire or whole offering, 전번제, 레 6:22)이라는 번제(burnt offering)가 죄와 관련이 있을 경우 "속죄"(일반적으로 죄를 해결하는 수단일 때는 "expaite"를 사용)의 목적이 명확하게 드러난다(레 1:4; 14:20; 16:24; 창 8:20-21; 욥 1:5). 그러나 창 22장의 모리아 산의 번제사건은 순종과 헌신을 위한 제사이며, 노아홍수사건 직후의 번제는 하나님의 진노를 누그러뜨린 결과를 감안 할 때 번제는 속죄기능과 함께 순종, 헌신, 진노의 완화(propitiation)와 관련된 제사임을 짐작케 한다. 그리고 회막문에서 아침저녁으로 늘 드리는 번제는 상번제(twice-daily sacrifices)이다(출 29:42; 민 28:3,6). 이 상번제의 목적은 국가적인 차원에서 이스라엘 백성 전체의 속죄를 목적으로 드리는 제사로서 이스라엘이 하나님과 온전한 관계를 유지하도록 하는 것이다. Kindner, "Sacrifice-Metaphors and Meaning", 131; 장미자, "언약의 규정들(토라), 안식일 계명", 『Hermeneia Today』 Vol. 33.1. Winter (서울: 한국신학정보연구소, 2006), 94; 그리고 이 상번제가 시편과 예배에 어떻게 적용되었는지에 대한 연구는 다음의 글을 참고하라. Walter Hampel, "The Morning and Evening Sacrifice: A Sacrifice of Praise through the Psalms, ATJ 34 (2002), 1-11.

이 탄생함으로 그렇게 생각하는 것이다.[145] 출산의 부정은 생리할 때의 부정과 같다.레12:2 여인이 임신하여 남자아이를 낳으면, 칠일 동안 부정하다. 칠일이 지난 팔일 째 남자아이는 할례는 받는다.[146] 임산부는 삼십 삼일이 지나면 흐르는 피가 깨끗해진다. 이 기간에는 성물을 만져서도 안 되고 성소에 들어가서도 안 된다. 낳은 아이가 여자일 경우에는 부정기간이 남자아이보다 두 배인 14일이다. 그리고 산혈이 깨끗해지는 기간도 남자아이의 두 배인 66일이 된다. 남자아이와 여자아이의 두 경우 다 임산부의 정결기간(즉 부정기간)이 차면 번제와 속죄제를 각각 드려야 한다. 번제를 위하여서는 일 년 된 어린양을 드리고 속죄제를 위하여서는 집비둘기pigeon 새끼나 산비둘기dove를 드린다.[147] 여기서 한 가지 질문이 생긴다. 왜 두 가지의 제사를 동시에 드려야 하는가 라는 것이다. 우선 속죄제는 부정도 죄이기 때문에 정결제인 속죄제를 드리는 것은 이해가 된다. 그런데 왜 번제를 드려야 되느냐는 것이다. 번제는 죄와 관련이 있을 때는 속죄하는 것레14:20이고, 죄와 관계없이 드릴 때는 전적인 헌신과 관련이 있다.창22:2 그러나 기본적으로는 번제는 속죄의 기능을 가진다고 말할 수 있다.[148] 여기서 여인의 출산이 헌신이 아니라 속죄와 관련이 있다면, 이 경우는 속죄를 두 번 하는 셈이다. 과연 이중으로 속죄의 제사를 드릴만큼 출산이 심각한 죄인가 하는 점이다. 여기에 대한 성경의 뚜렷한 설명은 없으나 레위기 15:15의 경우도 속죄제와 번제가 동시에 드려지게 되어 있

---

145) Milgrom, *Leviticus 1-16*, 744.
146) 출 4:22-26에 의하면 할례는 유월절의 구속과 심판의 피와 연관하여 하나님의 소유가 되는 의미를 담고 있다.
147) 예수의 모친 마리아도 이 결례를 행하였다(눅 2:22-24). Cf. Eveson, *The Beauty of Holiness*, 169.
148) 속죄제와 속건제가 있기 때문에 번제는 속죄보다는 하나님에 대한 진노해소(창 8:20-21)나 복종과 헌신(창 22장)이나 감사의 행동(출 18:11-12)으로 보려는 경향이 많다. 그래서 Keil은 번제의 목직을 "완전한 복종이나 결단"으로 보았다. Keil, *Manual of Biblical*

다. 이 경우는 남자의 유출병discharge을 정결케 할 때 두 제사를 동시에 드려야 한다. 제사가 동시에 드려지는 것에 대한 결론을 유추해보면 접촉으로 말미암은 부정보다는 몸에서 흘러나오는 직접적인 부정이 더 심각하기 때문에 더 철저한 제사가 요구된다는 점이다. 즉, 각 제사는 완전한 속죄를 위해 서로 보완적인 요소가 있음을 알 수 있다. 따라서 속죄제가 단독으로 드려지는 경우보다 번제와 같이 드려질 때는 죄와 부정이 심하다는 것을 알 수 있고, 이에 따라 제사도 요구도 많아진다는 것을 짐작할 수 있다. 죄의 경중에 따라 제사의 요구와 여건이 달라지는 것은 속죄제 정화에 따른 등급성에서도 나타난다.[149]

2.1.1.3.2. 등급성

여인의 출산으로 드리는 속죄 제물의 등급이 다르다. 제물의 등급이 다른 것은 여인들의 경제적인 사정을 고려해서, 그녀에게 가벼운 제물을 지정했을 가능성이 있다는 것은 쉽게 발견된다. 이유는 양을 바칠 만한 경제적 여유가 없을 때는 산비둘기 둘이나 집비둘기 둘을 동일하게 바치도록 규정을 완화하고 있기 때문이다. 레12:8 이처럼 속죄제를 드릴 때 왜 '제물의 차이' different grades offering가 있는가? 단지 죄의 경중에 따라 다른 것인가? 다른 의미가 있는가?[150] 이 점이 또한 속죄제 이해에 필요하다. 우선 레위기 나타난 제물[151]의 종류를 보면 예물

Archaeology 1 (Edinburgh: Clark, 1887-1888), 317. 또한 de Vaux도 이와 유사한 견해를 피력하였는데, 그는 "예물에 의한 존경의 표시"(an act of homage, expressed by a gift)로 표현했다. de Vaux, *Studies in OT Sacrifice* (Cardiff: University of Wales Press, 1964), 37. 그러나 레 1:4에 의하면 "그를 위하여 속죄가 될 것이다"라고 'כפר' 동사를 사용하고 있기 때문에 본질적인 면에서는 죄의 용서에 있다는 것을 간과 할 수 없다. 또한 대속죄일에서도 대제사장 자신을 위한 번제와 백성의 번제를 드려 자기와 백성을 위하여 'כפר'하라(레 16:24)고 말하고 있는 것을 보면 번제의 속죄기능은 확실하다. 다만 속죄제와의 차이는 피에 대한 자세한 절차가 번제에는 없다는 것이다.

149) Jenson, *Graded Holiness*, 157.

을 드릴 때 생축의 제물은 소나 양,레1:2 염소,레1:10 산비둘기나 집비둘기레 1:14 등 4종류가 있다. 소제의 예물로는 고운 가루레2:1 한 종류다. 이 고운 가루도 속죄제의 예물이 된다.레5:11 그래서 제사의 예물은 총 5가지다. 또한, 사람에 따라 등급별로 제사로 드리는 것이 속죄제의

---

150) 이는 남성 우월주의(male chauvinism)를 뜻하지는 않는다. 왜냐하면 하나님이 남녀를 동등한 가치로 창조하였기 때문이다(창 1:26-30). Eveson, The Beauty of Holiness, 167; 동물의 구분은 주로 그 비용과 성(수컷은 암컷보다 제사에 더 합당하다)에 달려 있다. Jenson,, "The Levitical Sacrifice System", 33.

151) 성경의 제물은 피가 있는 동물과 피가 없는 곡물로 나눌 수 있다. 총칭해서 '예물' 즉 'קָרְבָּן'(레 1:2, an offering)이라 부른다. 'קָרְבָּן'은 동물(조류 포함)과 곡식, 그리고 금패물(돈)등을 포함한다. 제물(מִנְחָה)은 하나님께 드리는 예물이다. 'קָרְבָּן'은 'הִקְרִיב'(가져다 바치다, 가져가다)라는 능동태 사역형에서 파생된 명사이며, 동사는 'קָרַב'(가까이 가다, 접근하다)로서 군사적인 문맥(신 2;19)나 성적인 관계(신 22:14)도 포함한다. 그러나 'קָרְבָּן'은 제의적인 전문용어로 예물, 혹은 선물이나 조공을 뜻을 가진다. Walter C. Kaiser, Jr., The Book of Leviticus, NIB, Vol.1 (Nashille: Abingdon Press, 1994), 989; 사역형 'הִקְרִיב'는 LXX에서 모세오경에 모두 149의 경우에 사용되었다. 이 가운데 '접근하다'의 뜻을 가진 'ἐννίξς'는 창세기(12:11)에 1회, '가져오다'는 뜻의 'προσάγω' 출애굽기에 7회, 레위기에 38회, 민수기에 21회 각각 나타났다. 그리고 '제물을 가져오다'라는 뜻의 'προσχέρω'는 출애굽기에 1회(29:3), 레위기에 49회, 민수기에 27회, 신명기에 1회 나타남으로서 사역형의 'הִקְרִיב'는 '제물을 가져오다'라는 뜻이 가장 많은 셈이다. 그래서 '접근하다'와 '제물을 가져오다'라는 이 단어는 레위기에 총 89회 쓰임으로 제사와 관련된 용어임을 알 수 있다. 'קָרְבָּן'은 신약에 한번 사용된다(막 7:11). 그리고 피 있는 동물은 'זֶבַח'(민 6:17, sacrifice)이며, 피 없는 곡물은 'מִנְחָה'(창 4:3, gift tribute, offering)이다. 이 'מִנְחָה'는 '예물'이나 '제사', 그리고 '제물'로 번역되나, 주로 곡물 제사인 소제(레 6:14, the grain offering)를 뜻하고 있다. 제사의 역사를 보면 창세기 4장의 가인이 땅의 소산으로 제물을 드린 것도 'מִנְחָה'이고, 아벨이 드린 동물제사도 'מִנְחָה'이다. 레위기 2장에서의 'מִנְחָה'는 소제로 밀가루와 기름과 유향으로 된 곡물제사이다. 제사사(祭祀史)에서 'מִנְחָה'는 짐승의 제물이건 곡물이든 제물 전체를 'מִנְחָה'라고 불렀고, 사람끼리의 선물도 'מִנְחָה'로 이해했다(창 32:18; 43:11). 그리고 이 'מִנְחָה'는 속죄제의 속죄제물로도 사용되었고(레 5:11), 아내의 부정과 관련하여서는 '의심의 소제' 혹은 '생각하게 하는 소제'로 특별히 취급되기도 하였다. 이처럼 다양한 'מִנְחָה'가 어떻게 레위기 5대제사에서는 곡물제사로 자리를 잡게 되었을까하는 의문이 제기된다. 'מִנְחָה'의 이런 다양한 성경의 흔적은 두 가지 단계로 해석된다. 첫째는 모든 제사의 예물은 본래 'מִנְחָה'의 개념이며, 둘째는 'מִנְחָה'가 곡물제사로 자리 잡게 된 이유는 번제, 화목제, 속죄제, 속건제는 모두 제물을 바치기 때문에 곡식제사는 그냥 'מִנְחָה'로 남겨졌을 가능성이다. 제물은 'מִנְחָה'에 예속된 부속적 개념이기 때문에 제물제사가 아니면 당연히 본래의 이름인 'מִנְחָה'로 남게 되었다고 말할 수 있다. 한편 예물은 값이 비쌀수록 가치의 측면이 강조될 때도 있다(삼하 24:24). 제물은 전체적으로나 부분적으로 태우거나 소멸시킨다. de Vaux는 "한번 바쳐진 제물은 취소되지 않는다. 그리고 보이지 않는 하나님의 영역으로 넘어간다"고 말한다. de Vaux, Ancient Israel: Its Life and Institutions, 433.

한 특징이기도 하다. 이런 차이는 헌제자들의 등급에 따른 죄의 비중이 다른 것에 기인한다. 즉 제물의 종류가 다른 것은 사람도 거룩의 차이가 보이는 것을 의미한다.[152] 예를 들면 제사장을 위한 속죄제와 평민을 위한 속죄제의 절차와 방법, 그리고 제물이 다르다. 레위기 4장은 속죄제를 헌제자들의 등급별로 나눠 기록되었다. 속죄제를 드려야 하는 등급의 신분을 보면 제사장,레4:3 전체 회중,레4:13 족장,레4:22 [153] 평민레4:27 [154] 등 4등급이다. 예물의 차이는 신분의 차이와 죄의 경중과 경제적 이유를 따져 규정된 것이다.[155] 왜냐하면 속죄제의 규례레4:1~35를 보면 신분에 따라 제물이 다르고 처리과정도 다르기 때문이다.[156] 신분을 중심으로 차이점을 보면 우선 제사장과 회중의 모든 조건은 한 가지를 빼놓고는 같다. 이 말은 회중 전체와 제사장의 비중이 같다는 의미이다. 한 가지 다른 조건은 피를 바를 때 제사장은 향단 뿔

---

152) John G. Gammie, *Holiness in Israel* (Minneapolis: Fortress Press, 1989), 43-44.
153) 레 4:1-35
154) 족장은 'אִישׁ'로 지도자를 의미한다. 민 1:16에는 지파의 우두머리를 "족장"이라고 표현하고 "이스라엘 천만인의 두령"이라고 칭하였다.
155) 평민은 'נֶפֶשׁ'다. 본래 이 단어는 영혼, 존재, 생명, 자신, 사람(개인), 욕망, 식욕, 감정, 열정 등을 나타낸다. 이에 반해 '$\psi\nu\chi\eta$'는 생명, 영혼, 정신 등의 한정적 의미를 지닌다. 따라서 'נֶפֶשׁ'를 '$\psi\nu\chi\eta$'로 고정, 번역하는 것은 'lexical Hebraism'의 영향으로 고착된 기계적 번역일 수 있다. 여기서 'נֶפֶשׁ'는 이스라엘 공동체의 한 개인을 뜻한다. 평민은 문자적으로 "그 땅의 백성"(עַם הָאָרֶץ)을 말하며, 이 개념에는 대제사장과 족장은 제외되나 제사장들과 레위인은 포함될 것이다.
156) 신분과 예물의 차이(레 4:1-35)

신분	예물	피 뿌림	피 바름	기름	고기처리	잡는 곳	피 처리
제사장	수송아지	성소 7회	향단 뿔	불사름	진 바깥	야훼 앞	제단 밑
회중	수송아지	성소 7회	제단 뿔	불사름	진 바깥	야훼 앞	제단 밑
족장	수염소	×	제단 뿔	불사름	진 바깥	야훼 앞	제단 밑
평민	암염소,양	×	제단 뿔	불사름	진 바깥	번제소	제단 밑
비고	차이 남	차이 남	차이 남	같음	같음	차이 남	같음

한편 레위기 4장의 속죄제와 민수기 15:22-31의 속죄제는 절차가 다르다. 절차가 다르지만 속죄의 개념이 상이한 것은 발견되지 않는다. 이 예물의 차이는 주로 회중과 평민(본토인과 타국인 포함)을 중심으로 설명되어 있다. 민수기에서 제사장과 족장에 대한 제물의 언급이 없는 것으로 보아서 백성 전체에 대한 속죄제의 규례를 상기시키고 있는 것 같다.

에 바르고, 회중은 제단 뿔에 바른다. 이것은 하나님의 임재에 대한 접근 영역의 차이[157]이기도 하고, 회중과 다른 제사장 직분을 나타내기도 한다. 족장은 예물의 값이 내려간다. 이것은 속죄의 비중이 다르다는 것을 나타낸다. 그리고 피 뿌림의 의식이 생략되었다. 이것도 속죄의 비중이 다르다는 것을 말한다. 평민은 족장보다 예물의 값이 더 적은 암 염소나 암양을 바친다. 여기서 속죄의 비중을 달리하면서 경제적인 면도 배려하고 있음을 알 수 있다. 평민은 피 뿌림도 생략되고 동물을 잡는 곳도 회막문 야훼 앞이 아니고 번제소at the place the burnt-offering로 지정함으로 속죄의 비중을 달리하고 있다. 따라서 속죄는 동일하나 신분에 따라 예물이나 과정은 다름을 알 수 있다. 같은 장소에서 제물을 잡아도 제사장과 회중은 '여호와 앞에서', 족장은 '여호와 앞 번제 희생을 잡는 곳에서', 평민은 '번제소에서' 라고 표현한다. 이러한 차이의 이유는 무엇인가? 그것은 신분에 따라 죄의 영향력이 클수록 속죄 제물과 제사의 절차가 달라진다는 것을 나타낸다. 따라서 완전한 속죄제는 평민보다는 족장이, 족장보다는 회중 전체가, 회중 전체보다는 제사장이, 제사장보다는 대제사장[158]이 드려야 한다는 결론을 얻는다. 이러한 점을 볼 때 제사에는 죄의 경중과 신분에 따라 제사를 동시에 보충해서 드려야 하는 보완성과 죄의 경중을 세분하는

---

157) Gorman, Jr., *The Ideology of Ritual*, 55-59.
158) '개역성경' 에서 "대제사장"(הַכֹּהֵן הַגָּדוֹל)이라는 표기는 레 21:10에 처음 언급된다. 그러나 앞에서는 MT의 경우 그냥 정관사 הַ를 사용하여 "그 제사장" (הַכֹּהֵן)으로만 번역하였다(레 4:3). 그러나 LXX는 레 4:3부터 "대제사장" (ἀρχιερεύς)으로 번역하였다. 이것은 앞 문맥에서 "기름 부음을 받은" 이라는 수식어구 때문에 이는 대제사장으로 볼 수 있었기 때문이다. 왜냐하면 모세가 아론에게만 관유를 그의 머리에 부었다는 기사가 나타나기 때문이다(레 8:12). LXX가 제사장의 직분 앞에 '시작' 과 '첫째', '머리' 등을 뜻하는 'ἀρχή'를 사용한 복합명사는 레 4:3에서 처음 발견된다. 그리고 레 6:19에 "아론과 그 자손이 기름 부음을 받는 날에"라는 말과 이어지는 6:22에 "아론의 자손 중 기름 부음을 받고 그를 이어 제사장 된 자"라는 표현을 볼 때 제사장 가운데 기름 부음을 받은 사는 대제사장을 나타냄이 거의 확실하다. 그리고 히 3:1에는 예수를 "대제사장" (ἀρχιερέα)으로 표현한다.

등급성이 있는 것으로 정리할 수 있다. 제사의 보완성이나 등급성은 결국 죄의 해결을 위한 보상이 완벽해야 한다는 '값 치름'의 의미가 있다.

2.1.1.3.3. 보상성

속죄제의 제물을 보면 수송아지,레4:3 수염소,레4:23 암염소,레4:28 어린 암양,레4:32 159) 산비둘기와 집비둘기레5:7 등 5종류이다. 여기서 수양과 어린 수양은 빠져 있다.160) 번제에는 수양을 사용한다.레1:10 화목제에는 암수 관계없이 양과 어린 양을 바친다.레3:6~7 그러나 속죄제에는 수양과 어린 수양을 제물로 사용하지 않는다. 그러나 속건제161)의 제물을 보면 속죄제에서 바치지 않는 수양을 바친다.레5:15,18; 6:6 또 어린 수양도 바친다.레14:12~13 162) 속건제에는 "흠 없는 수양" 한 종류의 제물만 바치도록 되어 있다.레5:15~18 성경에는 속죄제와 속건제는 일례163) The same law applies to both the sin offering and the guilt offering, 레7:7 라고 말한다. 또 속죄 제물과 속건 제물은 일례레14:13라고 말한다. 이 말은 속죄제와 속건제는 율법에 대해 한가지로 취급됨을 뜻한다. 그러나 한

---

159) 여기서 "כֶּבֶשׂ"라는 "어린 양"(lamb)은 암컷이라야 한다. 왜냐하면 수양은 속죄제의 제물의 리스트에 나타나지 않기 때문이다.
160) Cf. Gane, *Leviticus, Numbers*, NIV-AC, 97.
161) "אָשָׁם"이라는 속건제에 대한 사전의 정의는 허물을 씻기 위한 제사이다. 상업적인 관점에서 다른 이에게 손해를 입힌 것을 배상하는 것을 상징한다(레 5:6, 15). 즉 우리가 지은 죄에 대하여 완전한 배상과 보상이 이루어져야 하는 것을 나타낸다. 죄의 결과로 남아 있는 부채의 해결을 뜻한다. 이 제사는 속죄제에 해당하는 여러 경우들 중에서 하나를 중점적으로 다룬다. 속건제는 속죄제는 같은 기능의 제사(레 7:7)이기 때문에 당연히 속죄의 기능을 가진다(레 19:21). 죄에 대한 대가를 지불함으로써 하나님께 만족이나 보상을 가져온다. 이 제사는 하나님께 빚진 것에 대해 보상하며 제의적인 빚을 갚는 것이다. Jenson, "The Levitical Sacrifice System", 30; Cf. N. Kiuchi, *The Purification Offering in the Priestly Literature*, 31-34; D. Kidner, "Sacrifice-Metaphors and Meaning", 134-36.
162) 출 12:5에 의하면 유월절 어린양은 흠 없고 일 년 된 수컷의 양이나 염소 중에서 취하도록 규정되어 있다. 이런 점에서 유월절의 어린양은 속죄제(물)와 관련이 있다고 말할 수 있다.
163) "일례(一例)"라는 말은 하나의 예, 혹은 한 가지의 실례를 말한다. 여기서 일례는 한 가지의 예로 취급할 수 있다는, 같은 범주와 적용과 경우를 말할 것이다.

가지 제사이기는 하지만 두 제사는 의식의 절차와 제물에서 다르므로 별개로 볼 수 있다. 그렇지만, 레위기에서 두 제사는 하나의 제사임을 말한다. 레위기 4~5장에 인용된 예문들을 보면 두 제사의 경우, 'חַטָּאת' 속죄제는 넓은 의미가 있지만, 'אָשָׁם' 속건제은 하나님과 제사장 또는 이웃에게 무슨 손해를 입혔을 때의 범죄와 관련하여 보상하는 인상을 받는다. 특히 속죄제에서 수양의 제물을 제한하는 한편 속건제에서는 수양만 드리도록 제한하는 이유는 무엇일까? 제한을 하면서도 이 두 제사는 한 제사임을 나타내는 것은 한 제사가 두 가지의 기능(제사)으로 나뉘었다고 말할 수 있겠다. 더욱 속죄제와 속건제가 시내산 율법 수여 이후부터 시작된 제사(들)라는 점에서 더욱 그러하다. 이사야 53장은 고난받는 메시아를 묘사하고 있다. 특히 53:10에 메시아를 가리켜 'אָשָׁם'이라는 '속건제물'164)로 묘사한다. 그런 점에서 속죄제는 속죄를 담당하고, 속건제는 고난을 통해 하나님께 죗값에 대한 보상을 뜻한다고 볼 수 있다. 그리스도의 죽음이 하나의 제사였다히 9:26는 사실은 속죄제와 속건제가 하나이면서 두 가지의 기능을 동시

---

164) 제물에 대한 성경 기록의 차이가 발견 된다. 예를 들면 '개역성경'에 "속죄제물"이라는 "속죄"와 "제물"을 붙여 번역한 복합명사는 14번 기록되었다. 이것은 민수기에만 국한되어 있다. 그리고 속죄와 제물을 띄어서 "속죄 제물"로 표기된 곳은 구약 전체에 18회. 여기서 붙여서 쓴 "속죄제물"과 띄어서 쓴 "속죄 제물"이 다른가? 히브리어를 보면 "속죄제물"(민 7:16)은 속죄제를 나타내는 "חַטָּאת"이다. 그리고 "속죄 제물"(민 6:11)도 역시 속죄제를 나타내는 "חַטָּאת"이다. 두 곳의 뜻이 같다. 그러면 왜 한글표기에서 띄어쓰기를 다르게 하느냐는 것이다. "속죄제물"이라고 붙여 쓴 민수기의 구절들을 살펴보면 제물의 숫자를 (속죄)제사와 구별하기 위해 표현하고 있다. 예를 들면 "수염소 하나", "수송아지 하나"와 같은 표현이다. 그리고 "속죄 제물"처럼 띄어서 쓸 때는 속죄제를 드릴 때 나타내는 일반적인 서술적 표현이다. 예를 들면 "흠 없는 수송아지"(레 4:3), "나라와 성소와 유다를 위하여"(대하 29:21)와 같은 표현을 할 때이다. 그러므로 붙여 쓴 속죄제물과 띄어 쓴 속죄제물은 둘 다 속죄제를 가리킨다(레 5:11). 참고로 각 제사에 제물을 붙인 단어는 '개역성경' 전체에 "속건제물" 3회(레 19:21; 민 18:9; 사 53:10) "번제물" 55회, "화목제물" 19회, "소제물" 42회 기록되었다. 이것은 각각 속건제나 번제나 화목제나 소제를 나타낸다. 단지 이렇게 표현할 때는 제물을 가져오는 행위 등을 나타내는 서술적 묘사이다. 예를 들면 "그 남자는 그 속건제물 곧 속건제의 수양으로 여호와 앞에 속죄할 것이요"(레 19:21)에서 "속건제물"은 곧 "속건제" 그 자체를 나타내는 말이며, 동일한 제물을 뜻한다. 그리고 그냥 세불모만 기록된 단어는 성경 전체에 96번 사용되었다.

에 하고 있음을 추론케 한다. 이 추론에 대한 신뢰는 두 제사가 수양을 제물로 드리는 면에서 각각 제한하고 있다는 사실이다. 아무래도 수양이 바쳐져야 하는 제사는 속건제가 되어야 한다. 왜냐하면, 메시아의 고난은 인간의 죄악에 대한 보상이기 때문이다. 이때 이루어진 보상이 '대속'이라는 개념이다. 이럴 때 그리스도의 고난에는 어떤 상징적이면서 실제적인 매체가 있어야 한다는 생각을 하게 된다.

2.1.1.3.4. 매체성

민수기 19장에 좀 특이한 "חַטָּאת"(9)가 소개된다. 온전하고 흠이 없고 아직 멍에를 메지 아니한 붉은 암송아지(פָּרָה אֲדֻמָּה, a red heifer, 새끼를 낳은 적이 없는 젊은 암소) 제물을 백성이 제사장에게 끌고 온다. 멍에를 메지 아니한 것도, 수송아지가 아니라 그것도 붉은색이 감도는 암송아지라는 것이 레위기 4장의 속죄제 제물과는 다르다. 잡는 방법도 다르다. 일반적으로 회막문 앞에서 잡는데 이것은 진 밖에 끌고 나가 잡는다. 피를 일곱 번 뿌리되, 성소의 휘장이 아니라 진 바깥에서 회막 앞쪽을 향하여 뿌린다. 시체를 불사르는 것은 같으나 한 가지 첨가되는 것이 있다. 그것은 "백향목과 우슬초와 홍색실"(6)[165]을 취하여 타는 암송아지 사체에 던지는 것이다. 그다음에 제사장은 자신의 옷을 빨고 몸을 씻은 후 진에 들어간다. 저녁까지는 부정한 상태로 있게 된다. 그리고 나면 정해진 자ª man가 태운 암송아지의 재를 거두어 진 밖의 정결한 곳에 간직한다. 이것은 부정을 깨끗하게 하는 정화수의 물purification by means of the ash water을 만드는 데 쓰게 된다. 이 과정

---

165) 백향목(cedar wood, עֵץ אֶרֶז), 우슬초(hyssop, אֵזוֹב), 홍색실(scarlet yarn, שְׁנִי תוֹלַעַת)을 정결의식의 매체로 사용하는 것은 백향목은 으뜸의 나무(왕상 4:33)요 우슬초는 담에 나는 가장 낮은 초목(왕상 4:33)이며, 홍색실은 예수님의 홍포(마 27:28,31)와 관련이 있다고 볼 때 어떤 연관성을 유추해 볼 수 있을 것이다.

전체가 속죄제이다.[166] 즉 정화수를 만드는 속죄제인 것이다. 이러므로 제사속죄제에는 정결을 위한 정결 매체가 있다는 것을 알 수 있다. 이렇게 제사는 매체를 통해 정결과 속죄를 이루는 특성이 있다. 종국에 십자가 제사에 나타나는 정결 매체는 피와 물이었다.참고 요19:34 이제 최종적으로 제사에서 따져 보아야 할 것은 구약제사에서 속죄가 이루어진 것은 제사장의 사죄선언 때문이었다. 그렇다면, 이것은 어디까지 부여된 제사장의 권한인지를 살펴보아야 할 것이다.

2.1.1.3.5. 대리성

레위기 4:20b은 회중의 범죄로 말미암아 드린 속죄제의 결론이다. 이와 같은 결론은 족장과 평민도 동일하다.4:26,31,35 이 부분은 제사장의 행위 가운데 '대속과 용서의 진술' statement of expiation and forgiveness로 표현된다.[167] 여기에 나타난 '개역성경'의 "속죄한 즉"이라는 의미가 제사장의 선언인지, 아니면 속죄제가 마치는 절차의 결과인지, 그리고 속죄의 주체가 누구인지, 속죄하시는 분이 하나님이라면 제사장은 대리자로 어디까지 권한이 주어지는지, "속죄한 즉"이 제사장의 단순 동작인지, 의지동작인지, 아니면 야훼의 명령이나 의지로 보아야 하는지 분명치 않다. "제사장이 속죄한 즉 제물을 바친 자가 사함을 얻는 것"이 속죄제가 갖는 죄 사함의 특징이라 할 수 있다. 속건제레5:18를 제외한 다른 제사에는 이 같은 문구가 나타나지 않는다. 여기서 레

---

166) J. Milgrom, "The Paradox of the Red Cow," *Studies In Cultic Theology and Terminology*, SJLA 36 (Leiden: E. J. Brill, 1983), 87-85; Joseph L. Blau, "The Red Heifer: A Biblical Purification Rite in Rabbinic Literature", *Numen*, 14 no 1 Mr. (1967), 70-78; Cf. Gane, *Cult Character*, 181-185; Israel Knohl, *The Sanctuary of Silence: The Priestly Torah and the Holiness School* (Minneapolis: Fortress Press, 1995), 92-94; N. Kiuchi, *The Purification Offering in the Priestly Literature*, 62-65.
167) Hartley, *Leviticus*, 50.

위기 4:20b를 살펴볼 필요가 있다. 본문을 사역하면 "그가 그들을 위하여 죄를 정결(속죄)하게 하고 그 제사장은 스스로 그들에게 죄를 사할 것이다". 여기서 "스스로 죄를 사할 것"에 해당하는 וְנִסְלַח는 재귀태이기 때문에 효과의 즉시성이 발생할 수 있으므로[168] 속죄가 마치 제사장의 주체적 권한처럼 보인다. 그런데 속죄를 받는 객체의 외형적 기준은 여전히 불투명하다. 일단 속죄의 방법은 하나님이 일러주신 속죄제의 규례에 따라 제사장이 집전하였기 때문에 발생한다는 사실은 의심의 여지가 없다. 속죄의 외형적 기준에 대해 추측한다면, 제사장의 권한(하나님의 대리 권한)으로 속죄를 선언할 수도 있고, 집전자로서 속죄되었음을 절차상 일러줄 수 있고, 제사장이 헌제자에게 아무 말을 하지 않아도 속죄제의 절차가 끝나면 속죄가 자동으로 되는 것으로도 볼 수 있다. "속죄한 즉(정결하게 한 즉)"을 *NIV*는 "will make atonement"로 번역하였다. 평이하게 본다면 "속죄(정결)를 만들 것이다" 혹은 "속죄(정결)를 행할 것이다"라는 의미이다. 이때 동사 make가 목적어로서 동사 atone에서 파생한 명사 atonement를 수반할 때는 '속죄(정결)를 행하다'로 해석된다. 그러나 여기에서 삼인칭 주어의 조동사 will은 제사장의 의지나 능력을 나타내기 보다는 순서상 발생하는 단순미래shall로 보아야 할 것 같다. 그래서 *KJV*는 "shall make an atonement"로 번역한 것으로 보인다. 이렇게 볼 때 제사장은 그들을 위해 속죄제를 규례대로 드려서 그들을 속죄시키는 의미가 담겨 있음을 느낄 수 있다. 특히 לוֹ는 in regard to(…에 관해서)라는 '…무엇을 하는 행함' 임으로 속죄에 대한 제사장의 행동은 의지동작

---

168) "작업(속죄행위)을 하고 난 뒤에 바로 얻는 효력"을 'ex opere operato' 이라고 한다. Noth, *Leviticus*, 51. 특히 제사장 자신을 위한 속죄제도 이 상황이 적용되었을 것이다. 이 자동효력은 "그가 사함을 얻을 것이라"는 וְנִסְלַח(he will be forgiven)가 재귀태임으로 자동성을 뒷받침하는 것으로 보인다.

이 아니라 어떤 명령에 따라 목적을 이루려는 단순동작으로 보아야 할 것이다. 속죄는 제사장의 단순한 의식집행으로는 부적당하며, 속죄행위는 용서하시고 정결케 하시는 하나님 자신이라는 사실이다.[169] 그러므로 '속죄한 즉'에 대한 의미는 대제사장 자신의 의지가 아니라 하나님의 명령 의지를 반영하는 대리적인 사역으로 해석된다.[170] 따라서 속죄제와 사함의 중간지점의 연결고리에 해당하는 제사장의 '속죄한 즉'의 해석을 통해 볼 때 속죄제는 'שָׁגָה'가 'חַטָּאת'를 통해 'כִּפֶּר' 되고, 'כִּפֶּר'가 제사장을 통해 'סָלַח'[171]가 될 때 완성되는 것을 볼 수 있다.[172]

전체적으로 볼 때 5가지의 제사의 특성 요소 가운데 보완성은 결과적으로 속죄의 온전성, 완전성, 충족성을 지향한다. 등급성도 역시 속죄의 온전성, 완전성, 충족성을 위해 가장 높은 자의 가장 값비싼 제물이 바쳐져야 할 것을 나타낸다. 보상성은 속건제를 통해 속죄의 보상을 요구한다는 사실을 보여준다. 매체성은 피와 물을 속죄의 정결 매체로 보여줌으로 십자가의 사건을 예시한다. 대리성은 속죄의 궁극적인 목적이 대제사장의 죽음민35:28에 있음을 예표한다. 결과적으로 이 모든 제사의 특징 있는 요소들은 그리스도의 속죄에 대한 상징과 예표를 통한 모형의 내재적 의미를 나타내고 있다고 하겠다. 그러나 모든 제사의 특성에는 그리스도의 속죄 개념을 담고 있지만 제사 그 자

---

169) B. A. Levine, *In the Presence of the Lord* (Leiden: E. J. Brill, 1974), 65f.; Wenham, *The Book of Leviticus*, 27.
170) 이 구절은 속죄제를 다루는 레위기 4장에서 제사행위의 요약적인 결론을 나타내는 구절들(20b, 26b, 31b, 35b) 가운데 하나다. Hayes, "Atonement in the Book of Leviticus", 8.
171) "사함을 얻는다."라는 뜻의 "용서하다"라는 히브리어 סָלַח 동사는 성경에서 오직 하나님에게만 해당한다. 이 동사는 하나님만이 주어로 사용된다(시 86:5). *HALOT*, 257; 그러나 현대 히브리어에서 "selichah"는 "Excuses me!"라는 숙어로도 쓰인다. תורה, *The Torah*, "Leviticus", 32.
172) סָלַח ← כִּפֶּר ← חַטָּאת ← שָׁגָה = חַטָּאת
    속죄제 = 죄 → 제사 → 정결 → 사함

체가 직접적인 그리스도의 속죄행위는 아니다. 그러므로 제사는 직접적인 그리스도의 속죄행위에 대한 간접적인 행위이기 때문에 제사제도에는 제사장의 대리적인 특성이 가장 포괄적인 성격을 띠고 있다고 하겠다. 그래서 제사제도는 대리적인 효력도 있지만 대리적이기 때문에 한계를 지닌다.

2.1.1.4. 효력과 한계

구약의 성도들도 완전한 구원을 받을 수 있었다. 그들의 속죄도 완전했다. 그것은 그들의 속죄가 그리스도의 대속의 죽음에 근거하였기 때문이다. 그러나 구약의 제사가 그림자로서의 제사제도가 되는 것은 그리스도의 죽음이 아직 성취되기 전이기 때문이다. 인간 대제사장조차도 속죄가 필요레16:6했던 것을 보면 레위기 제사제도의 취약점의 한 가지는 죄인에게 온전하고 최종적인 용서를 베풀 수 없었다는 점이다.[173] 제사장의 올바른 속죄의식집행이 필요하지만, 그 자체만으로는 속죄의 효력이 충분하지 않았다. 하나님의 사죄의 은총과 정결케 하시는 은혜를 베푸시지 않으면 안 되었다.[174] 그리스도의 죽음이 성취되기 전의 구약의 제사는 제사 드리는 자의 양심을 온전히 깨끗하게 할 수 없었다.히9:9 그리스도의 희생으로 가능해진 영원한 구속과는 달리 염소와 황소의 피는 외적인 정결함 밖에는 이루지 못했다.히9:13 율법은 해마다 드리면서 같은 제사로 나아오는 자들을 언제든지 온전케 할 수 없었다.히10:1,11 그 이유는 황소와 염소의 피가 능히 죄를 제거하지 못했기 때문이다.히10:4 그리스도께서 속죄 제사를 드리지 않아도 얼마든지 죄를 없이 할 수 있었다면, 죄는 율법의 제사로 틀림없이 제

---

173) Harrison, *Leviticus*, 176.
174) Wenham, *Leviticus*, 28.

거될 수 있었을 것이다.175) 구약의 제사가 효력이 있었던 것은 그리스도의 대속의 죽음이 근거가 되었기 때문이다. 따라서 구약의 제사는 그림자로서의 제사제도이기 때문에 한계점을 가지고 있었다. 그럼에도, 속죄제사가 우리에게 주는 교훈은 그리스도 사역의 풍부한 의미를 깨닫게 해주기 때문이다.

2.1.2. 속죄제

2.1.2.1. 속죄 용어들

레위기 4~5장에 기록된 속죄제에 속죄개념이 나타나는 것은 당연하다. '속죄'라고 하는 구약의 주제적 개념을 연구하는데 관련어를 살피는 것은 선결적이고 필수적이다. 따라서 속죄제 본문(레4:1~5:13)안에 어떤 속죄용어들이 사용되고 있는지를 먼저 살펴보고 이 용어들에 대한 어원과 의미들을 정리하겠다. 속죄제 본문 안에 나타난 속죄용어는 'כִּפֶּר'가 7회 등장한다. 4:20,26,31,35; 5:6,10,13 그리고 이외에는 속죄와 관련된 용어가 사용되고 있지 않으므로 속죄제의 속죄개념은 'כִּפֶּר'가 주된 단어임이 드러난다.

2.1.2.1.1. כִּפֶּר – '용서' 176)

이 동사177)에 대한 어원과 의미는 본 논문의 서론에서 언급되었다.178) 오경에서 쓰인 용례를 보면 4가지로 구분된다: 가)틈새를 막거

---

175) Turrettin, 『개혁주의 속죄론』, 34.
176) ' ' 안에 표시한 글은 용어의 의미적 표시이다.
177) 히브리어 동사 Piel형 "כִּפֶּר"이라는 이 단어를 사용한 횟수는 구약에서 99번이며 오경에서는 64회(구절로 계산)다. 특히 레위기에 35회에 나타남으로 오경 전체의 54%를 차지한다. 창 6:14; 32:21; 출 21:30; 29:33,36; 30:10,12,15; 32:30; 레 1:4; 4:20,26,31,35; 5:6,10,13,16,18,26; 6:23; 7:7; 8:15,34; 9:7; 10:17; 12:7f; 14:18ff,29,31,53; 15:15,30;

나 무엇을 덮을 때,창6:14 나)예물이나 선물로 어떤 인격체의 노여움을 풀 때,창32:20 다)사람의 속죄나 제단을 정화할 때,레4:20; 출29:36 라)생명의 속전을 내는 행위를 가리킬 때출30:15; 민31:50 사용되었다. 창세기 6:14는 노아에게 방주를 지을 때 주신 지침이 있다. 여기서 사용된 'כָּפַר' 라는 단어는 어떤 상태의 틈새를 막거나[179], 표면을 덮거나,cover over 혹은 칠할 때 사용된다. 이 칠은 현대인이 생각하는 페인트가 아니라 역청(瀝青)[180]을 말한다. 여기에서 'כָּפַר' 라는 동사가 "(역청을)덮는다"(ἀσφαλτώσεις-LXX)의 의미로 사용되고 또 명사 'כֹּפֶר'가 역청(ἀσφάλτῳ)이라는 의미로 사용되었다. 이런 점을 고려할 때 속죄를 나타내는 'כָּפַר'의 어근에는 "무엇을(죄를) 덮다"라는 의미를 유추할 수 있는 근거를 제공하고 있다. 그리고 창세기 32:20은 야곱이 20여 년 만에 형 에서를 만나는 장면이 있다. 형을 만나는 것이 두렵고 답답하여 종들을 선발대로 보내면서 "내가 내 앞에 보내는 예물로 형의 감정을 푼 후에 대면하면 형이 혹시 나를 받으리라"라고 말한다. 여기에서 'כַּפְּרָה'라는 단어가 예물이나 선물로 어떤 인격체의 노여움을 푸는 데 사용되고 있다. 'pacify' 는 '달래다', '진정시키다', '가라앉히다' 라는 뜻이 있다.[181] 또 출애굽기 29:36은 칠일 동안 거행되는 제사장 직분 위임식 가운데 속죄제를 드리는 내용이다. 참고 레8:11 여기서 'כָּפַר'

16:6,10,16,20,24,27,30,32; 17:11; 19:22; 23:28; 민 5:8; 6:11; 8:12,19,21; 15:25,28; 17:11f; 25:13; 28:22,30; 29:5; 31:50; 35:31ff; 신 21:8; 32:43; *TWAT* Band IV, 303-18.
178) 본 논문의 서론에서 제시된 "כָּפַר" 해석문제를 참고하라
179) "막고", "칠하고"를 두 동작처럼 묘사하였으나 "덮는다"(cover over)라는 한 동작을 나타내는 단어이다.
180) 여기서 역청은 "כֹּפֶר"라는 단어이다. '틈새를 막고 덮는다' 는 의미도 가진 "כָּפַר" 동사가 방주 제작의 역청으로 명사화 된 것이다. 한편 창 14:10에 싯딤 골짜기에 많았던 "역청구덩이" 의 역청은 "חֵמָר"(bitumen, asphalt)이라는 단어로, 이것은 바벨탑을 지을 때 시멘트 같은 접합제로 사용되었고 설명한다. BDB, 330; HALOT, 109.
181) R. K. Harrison, *Leviticus,* 44; 그래서 "화해하다"(conciliate)의 뜻도 사용된다.; *JB* (Doubleday, 1996), 38.

는 "속죄하다"를 뜻한다. 여기서 이 단어는 두 가지 경우에 사용된다. 하나는 인간을 위해 속죄제(עַל-כִּפֻּרִים)가 필요한 때이고, 또 하나는 제단을 깨끗하고 거룩하게 하기(בְּכַפֶּרְךָ) 위할 때이다. 그래서 'כִּפֶּר'가 사람일 때는 '속죄'가 되지만, 제단[182]을 속죄한다고 할 때는 '정화' 하는 것을 나타낸다. 그러므로 'כִּפֶּר'는 사람의 '속죄'와 제단의 '정화'를 동시에 나타냄을 알 수 있다.[183] 한편 'כִּפֶּר'의 범위가 넓게 쓰이고 있음을 알 수 있는 것 가운데 하나는 출애굽기 30:11~16까지의 본문이다. 속전ransom price, the atonement money에 대해 언급하고 있는데, 지파별로 수효를 조사하여 생명의 속전을 낼 때 공평하게 내어야 한다. 생명의 속전을 드릴 때 빈부의 차이를 두어서는 안 된다. 이때 생명의 속전을 내는 행위(לְכַפֵּר)를 가리킬 때에도 역시 'כִּפֶּר'의 단어를 사용하고 있다는 사실이다. 15절[184] 또한 민수기 31:50에서도 'כִּפֶּר' 사용의 한 용례를 볼 수 있다. 광야 행진 중에 이스라엘 백성이 미디안과의 싸움에서 대승했다. 이때 군대의 장관들이 탈취한 장식품ornaments을 모세와 엘르아살Eleazar 제사장 앞으로 가져왔다.[185] 이유는 야훼께 거제 예물로 드려 생명에 대해 속죄하기 위해서(לְכַפֵּר)였다. 왜냐하면, 그들이 전쟁에 나가서 한 사람도 죽은 사람이 없었기 때문에 살려주신 것에 대해 생명의 속전을 낸 것이었다.[186] 여기서 금패물로 드린

---

182) 단은 출 20:24-25에서 명령한 자연석이나 흙으로 만든 제단과는 달리 인간의 손으로 만든 것이기 때문에 본래부터 부정한 것으로 간주된다는 견해가 있다. Cole, *Exodus*, 164.
183) 출 30:10에서도 아론이 일 년 일차씩 성소에 있는 향단 뿔을 위하여 속죄의 제사를 드리도록 하는 규정이 있는데, 여기서도 "כִּפֶּר"가 사람이 아닌 향단 뿔이므로 "정화"를 말한다.
184) 히브리어 전치사 לְ를 접두어로 붙여 속죄하는 대상을 구분할 때 출 30:15에서는 사람을 나타내고 레 8:15에서는 물건을 나타냄으로 혼용해서 사용함을 알 수 있다. 참고. 노세영, "죽이는 속죄제물에서 כִּפֶּר (kipper) 의미의 연구: 제사장 신학을 중심으로"『구약논단』19집, 한국구약학회(2005년), 31-52.
185) 사사시대에도 군인들이 미디안(이스마엘)과 싸워 탈취한 귀걸이 등 전리품을 기드온에게 바쳤다(삿 8:24-26).

예물이 속전이 된다는 사실이다.[187]

정리하면 'כָּפַר'는 죽음에 노출되는 틈새를 막고 덮으며, 노한 감정을 달래며, 생명의 속전을 내며, 사람의 죄를 용서하고 성막을 정화하는 역할에 사용되고 있다. 그래서 'כָּפַר'는 3가지 의미로 구분된다. 첫째는 '덮다', 둘째는 '달래다', 셋째는 '죄를 속하다' 이다.[188] 속죄행위와 관련하여 첫 번째의 '덮다'는 속죄의 주체자에게 해당하는 행위이며, 두 번째 '달래다'는 반대로 수납자가 취하는 행동이며, 세 번째의 '죄를 속하다'는 첫 번째와 같이 행위의 주체자에 해당한다. 그래서 속죄행위는 죄를 속하는 주체자가 우선시되어야 할 것이다. 속죄에 대해 부언해서 설명하면 '죄를 속하다'라고 할 때 '속'에 해당하는 문자적 의미는 '형을 사는 대신 재물을 바치는 일, 또는 재물'[189] 그 자체를 말한다. 그래서 '속할 때'나 '되찾을 때'는 재물을 바쳐야 한다. 재물에는 돈과 물품 등 여러 종류가 있으나 죄에도 값민5:8이 있기 때문에 죄에 대한 재물은 생명의 값인 피로 표현된다.창42:22; 겔3:18 따라서 누가 생명의 죗값을 빚지면 피 값으로 그것을 되갚아야 살릴 수 있다. 그러므로 'כָּפַר'는 '피 값'을 내포함으로 죄의 값이 빚져 있는 생명을 되찾을 때는 'כָּפַר'가 직접 용법으로 사용된다고 볼 수 있다. 'כָּפַר'가 갖는 중요성은 이 동사에서 파생된 몇 개의 단어가 더 있는 것을 보아도 알 수 있다.

---

186) 출 30:12에 나오는 율법에 따르면 인구조사를 할 때 조사받은 각 사람은 각자가 생명의 속전을 내야 한다. 본문의 속전은 재앙을 예방하기 위한 측면이 있다(참고. 민 8:19); *IVP-BBC*, 211-12.
187) 따라서 희생제물, 곡식(레 5:11)을 물론 금패물도 속죄의 수단이 됨을 알 수 있다.
188) Turrettin은 "우리의 구속을 위해서는 다음 세 가지가 반드시 필요하다고 지적한다. 첫째, 우리가 죄를 범함으로써 하나님께 진 모든 빚을 갚는 것이 필요하고, 둘째, 하나님의 진노를 가라앉히는 것이 필요하고, 셋째, 죄로부터 속함을 얻는 것이 반드시 필요하다. F. Turrettin,『개혁주의 속죄론』, 16.
189)『동아새국어사전』(서울: 동아출판사, 1997), 1279.

2.1.2.1.1.1 כֹּפֶר – '지불'

'כָּפַר' 동사의 명사형 'כֹּפֶר' 코페르는 사람의 생명을 구하고자 대신 갚는, 일종의 몸값에 해당하는 보상금이나 자유를 말한다. 'כֹּפֶר'를 '속량물' '속전' '속죄금' 등으로 사용되고 있다.[190] "대저 나는 여호와 네 하나님이요 이스라엘의 거룩한 자요 네 구원자임이라 내가 애굽을 너의 속량물로, 구스와 스바를 너의 대신代身으로 주었노라"라는 이사야 43:3은 속량물에 대해 언급한다. 이스라엘에게 있어서 애굽은 그들의 속량물이었다. 왜냐하면, 출애굽 하던 날 밤의 열 번째 재앙에서 이스라엘 가정의 장자들과 생축의 첫 새끼들이 살아났다. 역逆으로 보면 그때 애굽 가정의 장자들과 생축의 첫 새끼들이 이스라엘 백성을 위해 대신해서 죽은 셈이다. 민3:13 그래서 애굽이 이스라엘의 속량물(כֹּפֶר)이 되는 셈이다. 또 속전ransom for his life은 출애굽기 30:12에서 나타난다. "네가 이스라엘 자손의 수효를 따라 조사할 때에 조사받은 각 사람은 그 생명의 속전을 여호와께 드릴지니 이는 그 계수할 때에 그들 중에 온역이 없게 하려 함이라" 이 구절의 의미대로 이스라엘 백성이 병역의무를 위해 인구조사를 받으면서 출애굽의 유월절과 관련해서 20세 이상의 남자들이 생명의 속전을 바칠 때 명사형 'כֹּפֶר'가 사용되었다.[191] 여기에서 생명의 속전(כֹּפֶר)[192]을 받는 대상이 야훼이므로, 생명은 야훼의 소유임이 확연히 드러난다. 그리고 사람이 아닌, 가축에 의한 상해 및 치사의 경우에 발생하는 속죄금redemption price의

---

190) Otto J. Baab, "The God of Redeeming Grace: Atonement in the Old Testament", *Interpretation*, 10 no 2 Ap (1956), 131-43.

191) "כֹּפֶר" 의 문자적 의미는 "생명 값", "속량", "대속해 주는 대신 지불하는 돈"이다 Durham, *Exodus*, 401; "כֹּפֶר"에 해당하는 헬라어 λύτρον은 "놓임의 수단", "구속의 수단"을 뜻한다. CGEDNT, 109.

192) 속전으로 성소에 낸 인두세(poll-tax) 반 세겔(מַחֲצִית הַשֶּׁקֶל ; 출 38:26에는 반 세겔을 '쪼갠다'는 뜻의 "בֶּקַע"라고 부름)은 신약시대에도 그대로 적용되고 있다(출 30:13; 마 17:24-27). Cf. Keil and Delitzsch, "Exodus", 211.

경우는 출애굽기 21:28~32에서 찾아볼 수 있다.

> 출애굽기 21:28~32
> "소가 남자나 여자를 받아서 죽이면 그 소는 반드시 돌에 맞아 죽을 것이요 그 고기는 먹지 말 것이며 임자는 형벌을 면하려니와/ 소는 본래 받는 버릇이 있고 그 임자는 그로 인하여 경고를 받았으되 단속하지 아니하므로 남녀 간에 받아 죽이면 그 소는 돌로 쳐 죽일 것이고 임자도 죽일 것이며/ 만일 그에게 속죄금을 명하면 무릇 그 명한 것을 생명의 속으로 낼 것이요/ 아들을 받든지 딸을 받든지 이 율례대로 그 임자에게 행할 것이며/ 소가 만일 남종이나 여종을 받으면 소 임자가 은 삼십 세겔을 그 상전에게 줄 것이요 소는 돌에 맞아 죽을찌니라."

이 본문에 의하면 소가 사람을 받아서 죽였으면 그 소는 돌로 쳐죽어야 한다. 왜냐하면, 그 소는 창세기 9:5에 나타난 피의 보복규정에 해당하며, 이미 피를 흘림으로써 부정한 동물이 되었기 때문이다.민 35:33 193) 그러나 그 소의 임자는 형벌을 면했다.194) 그러나 소가 이전부터 사람을 받는 버릇이 있어서 주인이 그것에 대한 주의를 받고도 방치해 두어서 남에게 상해를 준 경우는 소가 살해될 뿐 아니라 소의 임자에게 책임이 돌아갔다. 원칙적으로는 그 책임은 소의 임자에게 있으므로 죽임을 당하여야 한다. 그때 소 임자가 속죄금을 내면 죽음을 면할 수 있게 되었다. 이에 반하여 인명을 살해하거나 상해하는 자는 그것이 사람이거나 가축이거나를 막론하고 엄벌에 처하도록 규정

---

193) Keil and Delitzsch, "Exodus", 135.
194) 이때 소의 주인은 '유화제물' (כֹּפֶר)을 피해자 측에 보상함으로서 죽음을 면할 수 있다. 이것은 처벌이 완화된 것이다. 그래서 속죄의 본질을 화해와 처벌의 완화 개념으로 본다. Schenker, "Koper at expiation", Bibel 63 (1982), 32-46.

하고 있다. 속죄금expiation money의 액수에 대해서는 남녀 노예인 경우는 30세겔로 규정하고 있다.195) 이 속죄금도 속전처럼 값을 내고 생명을 건지는 속죄의 한 수단이다.

2.1.2.1.1.2. כִּפֻּרִים – '화해'

'כִּפֻּרִים' 키푸림 196)은 장엄함이나 속죄가 꼭 이루어지는 것을 나타내는 명사 복수형 형태로서 두 가지 용례로 사용된다. 첫째는 화해나 속죄의 행위를 나타낸다. 출애굽기 29:36에 의하면 제사장의 직분 위임식 때 사람과 단을 속죄하고자 속죄제를 드릴 때 이 속죄하는 것을 가리켜 'כִּפֻּרִים'을 사용한다. 그리고 민수기 5:8; 29:11에서는 추상명사 복수로 사용하여 속죄를 나타낸다. 둘째는 (어떤 특정한) '날' 이라는 'יוֹם'과 함께 붙여 'יוֹם כִּפֻּרִים'을 사용하는데 이는 '속죄일'을 나타낸다. 레23:27; 25:9 대속죄일에 대해서는 다시 상세히 다룰 것이다.

2.1.2.1.1.3. כַּפֹּרֶת – '가림'

'כַּפֹּרֶת' 카포레트라는 이 단어는 '속죄소' atonement cover, 출25:17; 37:6 197)로 번역되었다.198) 혹은 '시은좌' mercy-seat라고도 한다.출25:17 199) 속죄소에 대한 히브리어의 문자적 의미는 '덮음' covering을 가리킨다. 이것은

---

195) 본문에 나타난 30세겔은 실제적 노예임으로 자유로운 이스라엘 남자보다는 20세겔이 싼 편이다. 왜냐하면 레 27:2-8에 의하면 하나님을 위하여 남녀나 가족이 서원할 경우 그 값이 매겨진다. 그들이 하나님께 예속된 신분으로 부터 자유롭게 되려면 그 값을 성소의 세겔로 지불해야 한다. 이때 매겨진 값이 20-60세의 남자는 은 50세겔, 여자는 은 30세겔, 5-20세의 남자는 은 20세겔, 여자는 은 10세겔, 1개월-5세의 남자는 은 5세겔, 여자는 은 3세겔, 60세 이상 남자는 은 15세겔, 여자는 은 10세겔이다. Cf. Gane, *Leviticus, Number, NIV-AC* (Grand Rapids, Michigan: Zondervan, 2004), 27; *EDB*, 1232; *IVP- BBC*, 174-75.
196) 구약에 이 "הַכִּפֻּרִים"은 모두 7회 사용된다(출 29:36; 30:10,16; 레 23:27; 25:9; 민 5:8; 29:11).
197) 이 두 구절에는 처음 언급됨으로 "כַּפֹּרֶת"로 적고, 그 뒤로는 정관사가 붙은 "הַכַּפֹּרֶת"(출 25:18,19,20(2회),21,22; 26:34; 30:6; 31:7; 35:12; 37:7,8,9(2회); 39:35; 40:20; 레 16:2(2회),13,14(2회),15(2회); 민 7:89; 대상 28:11)로 표기된다. 대상 28:11에는 지성소를 "כַּפֹּרֶת בָּיִת" (속죄소의 집)라고 표현한다.

단순히 언약궤를 덮는 물건이 아니라 불의가 용서되고 죄가 가리어지는 것을 선포하는 것이다.200) 그러나 'כַּפֹּרֶת'를 '뚜껑' lid이라는 개념을 말하기도 하는데 이는 뚜껑 그 자체가 실제로 법궤를 덮는 기구로 보기 때문이다.201) 이런 점에서 '뚜껑'이 덮는 기능이 있으므로, 속죄의 개념을 죄를 덮는 것으로 주장하기도 한다. '시은좌'는 모양의 양끝에 'כְּרוּב'이 장치되어 있고, 여기에서 야훼께서 이스라엘 백성을 만나겠다출25:22고 말씀하심으로써 붙여진 이름이다.202) 이 '속죄소'가 속죄와 관련이 된 것은 대속죄일 날 대제사장이 지성소로 들어가 수송아지의 피를 이 속죄소에 뿌림으로 비롯되었다.레16:14~15 속죄소의 의식 절차는 대속죄일에서 다시 다루겠다.

이상과 같이 살펴본 결과 'כָּפַר' 동사에서 파생된 명사형 'כֹּפֶר'는

---

198) "속죄단"이라고도 하고, "달래는(propitiatory)" 뜻을 갖고 있다. 헬라어로는 ἱλαστήριον(히 9:5)이다. 이 단어가 '속죄단인지, 아니면 '속죄제물' 이나 '속죄수단' 을 가리키는지에 대한 논의는 변종길, "로마서 3장 25절의 hilasterion"『신약신학저날』창간호, 2000년 여름, (서울: 도서출판 이레서원), 57-76을 참조하라. 이 "כַּפֹּרֶת"에 대한 영원한 "만남"의 원형으로서의 하나님 임재와 의미에 대해서는 역시 다음의 책을 참고하라. Janowski, *Sühne als Heilsgeschehen*, (1982).

199) 시은좌는 하나님의 지상적인 보좌(God's earthly throne)로 이해된다. Gregory J. Polan, "The Rituals of Leviticus 16 and 23", BT 36 (1998), 7. 그러나 '시은좌'의 문자적 의미로는 '자비의 자리' 이나 "כַּפֹּרֶת"가 "כָּפַר"동사에서 유래했기 때문에 '속죄하는 것'을 뜻하는 "속죄소"가 더 의미 있는 표현 같다. 그리고 '개역성경'에는 속죄소를 가리켜 "하나님의 발등상"(대상 28:2), "여호와의 보좌"(렘 3:16-17)로 표현하는데, 이는 '여호와의 속성(출 24:10)'과 '위엄(시 89:4)' 이라는 비유적인 의미로 사용된 것 같다.

200) George C. Needham, *Shadow & Substance: An Exposition of the Tabernacle Types* (Chicago: The Bible Institute Colportage Ass'n, 1940), 113.

201) Noth는 "כַּפֹּרֶת"를 단순히 언약궤 "뚜껑" 이라고 이해한다. Noth, *Exodus*, A Commentary, OTL, (Philadelphia: The Westminster Press, 1962), 204. 그러나 Wenham은 "뚜껑" 이나 "보좌의 발판(Fussfläche, footplate)이라는 개념에 반대한다. Wenham, *The Book of Leviticus*, 229.

202) 법궤에 대한 주석적-신학적 연구에 대해서는 다음의 논문을 참조하라. Shin, D. I., *The Ark of Yahweh in the Old Testament: An Exegetical-Theological Study*, Ph. D. diss., (North West University: Potchefstroom, 2004). 특별히 "כַּפֹּרֶת"에 대한 부분은 pp. 86-88을 참고하라, 저자는 이 논문에서 속죄소는 언약궤와 별개의 기구이기 때문에 단순히 뚜껑이 아니라고 주장한다.

사람의 생명을 구하려고 대신 갚는, 일종의 몸값에 해당하는 '속전' (כֹּפֶר) 즉 보상금이나 자유의 의미를 가진다. 이스라엘 백성이 병역의 무를 위해 인구조사를 받으면서 출애굽의 유월절과 관련해서 20세 이상의 남자들이 생명의 속전을 바칠 때 대상이 야훼이기 때문에 야훼는 생명의 소유주이며 속죄관계의 주체가 되심이 선명하다. 또 'כִּפֻּרִים'은 속죄가 꼭 이루어지는 것을 나타내는 명사 복수형 형태로서 속죄일을 지칭하고, 'כַּפֹּרֶת'는 언약궤를 덮는 물건이 아니라 불의가 용서되고 죄가 가리어지는 것을 선포하는 것으로 해석되고 있음을 볼 때 'כָּפַר' 동사에서 파생된 단어들이 속죄를 나타내는 가장 넓게 사용되고 있음을 알 수 있다. 이처럼 'כָּפַר' 동사와 함께 파생된 단어들이 속죄용어 중에 가장 넓고, 다양하게 사용되고 있음을 알 수 있다.203) 이런 사실을 미루어 볼 때 'כָּפַר'가 속죄행위의 주동사이자, 속죄 주체자의 통제적 용어라고 정의할 수 있겠다.

이렇게 레위기 4장의 속죄제의 본문에서는 나타나지 않지만 다른 곳에서 사용된 속죄용어들이 있다면 구약의 속죄개념 이해를 위해 당

---

203) 일반적으로 "כָּפַר"를 연구 때 두 가지 방법을 사용한다. 첫 번째가 어원론적인 방법이다. 3가지 의미로 나눈다. 첫째, (간접)목적어가 사람인 경우, …을 속죄하고(레 16:6), …의 죄를 속하는(레 16:17) 사람속죄를 나타낸다. 둘째, "חַטָּאת"를 드리는 제사상황에서, 예식을 올리거나(레 16:17), (제단을) 성결하게 하는 예식에는(레 16:18) 제사행위를 나타낸다. 셋째, 직접/간접목적어가 장소나 제단과 같은 물건일 때는 성소를 정결케 하는(레 16:16)의미로 번역한다. 두 번째로가 전치사와 관련된 구문론적인 방법이다. "כָּפַר" 동사는 사람을 직접목적어로 갖지 않고, 전치사를 가진 간접목적어의 경우에, 특히 "עַל"을 가질 때 간접목적어는 사람(כפר אח, 레 12:8)과 장소(כפר בעד, 레8:15)에 동시에 사용된다. 그리고 "כָּפַר" 다음에 전치사 "אֵת"가 직접 목적어로 올 때는 지성소, 회막, 제단 등의 속죄(정화)를 나타낸다(레 16:33). 그러나 최근의 여러 학자들은 Milgrom이 장소와 사람을 구분하여 해석하는 것에 동의하지 않는다. 오히려 어떤 경우는 직접목적어로 그냥 해석하거나 간접목적어로서 '…을 위하여'라는 의미로 해석하더라도 직접목적어의 경우와 "כָּפַר"의 의미를 크게 다르게 이해하지 않는다. "כָּפַר"에 대한 일반적인 접근에 대한 것은 다음의 글을 참고하라. Jay Sklar, *Sin, Impurity, Sacrifice, Atonement: The Priestly Conceptions*, HBM 2 (Sheffield Phoenix Press, 2005), 1-8; 노세영, "죽이는 속죄제물에서 כפר (kipper) 의미의 연구: 제사장 신학을 중심으로", 31; 이상란, "핫타트(חטאת)의 機能에 關한 硏究", 95-107; N. Kiuchi, *The Purification Offering in the Priestly Literature*, 87-94.

연하게 살펴보아야 할 것이다. 그래서 속죄의 의미를 담은 어구나 문장이나 문단의 용례들을 단행본, 프로그램, 사전 등을 상호 교차하여 함축한 결과 3개의 낱말이 주로 구약의 속죄(행위)와 직접적인 관련이 있는 것으로 나타났다.204) 이 단어들은 '개역한글'에서는 "구속"(출 6:6, גָּאַל), "대속"(출 13:13, פָּדָה), "속죄"(출 29:36, כָּפַר), "속량"(레 19:20, פָּדָה), "속신"(贖身, 출 21:8, פָּדָה) 등으로 나타나는데, 'כָּפַר' 동사 외에도 גָּאַל(가알)가 פָּדָה(파다)가 사용되고 있음을 확인하였다.

2.1.2.1.2. גָּאַל – '상환' 205)

이 단어의 어원은 분명치 않다. 가나안어인 아모리어 *gailahim*과 관계가 있는 것 같다.206) 일반적으로 구속을 의미하는 이 단어는 구약에서 네 가지 정도의 용례로 쓰였다: 가)건져내다, 해방시키다,창18:16 나) 구속하다, 자신의 소유로 주장하다,출6:6 다)기업 무름, 즉 아들이 없이 남은 과부에 대해서 죽은 자의 남자 친척이 지니는 의무룻4:4,6 및 재산의 반환,레25:25 라)피의 보수자민35:12 등을 가리키는 말로 쓰였다.

용례들을 찾아보면 야곱이 아들 요셉이 데리고 온 손자 차자次子 에브라임과 장자 므낫세를 위해 축복할 때창48:16 이 'גָּאַל'이 사용된다. 야곱은 그의 생애에 여러 가지 환난이 많았지만 그때마다 사자the Angel 가 건져내셨다고 고백한다. 이때 '건지신'(הַגֹּאֵל)은 '풀다, 해방하다'

---

204) Robert Baker Girdlestone, *Synonyms of the Old Testament: Their Bearing on Christian Doctrine* (Grand Rapids, Michigan: William B. Eerdmans Publishing Company, 1951), 117-120; Ralph H. Elliot, "Atonement in the Old Testament", *RevExp*, 59 no1 Ja (1962), 9-26; '디럭스 바이블'; 'BibleWorks 5'; *BDB*, 145, 804, 497; *HALOT*, 52, 289, 163, 169; '*Gesenius*', 151, 666, 411; Ringgren, 'גָּאַל' *TWAT* Band I, 883-90; Cazzells, 'פָּדָה' *TWAT* Band VI, 514-22; Lang, 'כָּפַר' *TWAT* Band IV, 303-18; *TDOT* 2, 351-52, 354.
205) "גָּאַל"이라는 동사가 사용된 곳은 구약성경 전체에 84곳이다. 이 가운데서 오경에서는 21번 사용되었다. 창 48:16; 출 6:6; 15:13; 레 25:25f,30,33,48,54; 27:13,15,19,27,31,33; 민 5:8; 35:12,19,21,24,27; 신 19:6.
206) Ringgren, 'גָּאַל', *TWAT* Band I, 883-90; *HALOT*, 169.

delivered의 뜻을 가지고 있다.[207] 그리고 출애굽기 6:6에서 하나님께서 모세에게 자신의 이름이 야훼임을 알리면서 이 야훼께서 이스라엘 백성을 애굽에서 구속하셨음을 알리셨다. 여기에서 "구속하여(וְגָאַלְתִּי)"라고 말할 때 '되사거나 되찾는 것' redeem을 의미한다.[208] 또 안식년과 희년법을 기록한 레위기 25장(25절)의 희년의 해에는 가난해서 판 토지를 다시 무를 수 있도록 제정하였다. 그러나 희년이 되기 전에는 가까운 친척이 일정한 값을 지불하고 그 토지를 다시 되돌려받도록 하였다. 여기에서 명사로 표현된 '근족'(גֹּאֵל, nearest relative, kinsman, near kin, blood relative,레25:49 close relative민5:8)과 동사형으로 쓰인 '무를 것'(גָּאַל)은 같은 동사이다. 나대신 나의 토지를 다시 찾아주는 행위가 'גָּאַל'이며, 이를 무르는 친족kinsman redeemer을 말할 때 구속자라는 의미의 명사가 'גֹּאֵל'이다.[209] 또한 민수기 35:12에서 야훼께서 모압 평지에서 모세에게 가나안 땅에 들어가면 레위인에게 48개의 성읍을 주어 살도록 지시하셨다. 이 가운데 6개의 성읍은 도피성으로서 사용하도록 제정하셨다.[210] 실수로 살인한 자를 보호하고자 만드신 제도였다. 이 제도에 따라 살인자를 보수報讐할 자, 즉 복수하

---

[207] "건져내다"의 주체가 되는 "건져내는 자"('גֹּאֵל'; Ringgren, *TWAT* Band I, 883-90)는 일반적으로 가장 가까운 남자 친척을 말한다. 만약 친척 가운데 누가 빚이나 노예로 처했을 때(레 25:22-26; 48-49) 혹은 살인자로 복수를 당하게 될 때(민 35:12) 일종의 보석금을 내는 책임이 있다; Cf. Wemham, *Genesis 16-50*, WBC 2 (Dallas, Texas: Word Books Publisher, 1994), 465.

[208] redeem의 명사 redemption은 라틴어 red-emption에서 비롯되었다. "다시 되사다, 되찾다"의 뜻으로 헬라어로는 apo-lytrosis(from lytron: "means of deliverance, ransom")이다. 영어에서는 이 뜻의 의미가 하나님의 구원방법과 관련하여 노예로부터 해방, 포로로부터의 구출, 위험으로부터의 구원 등 다양한 의미로 사용된다. Xavier Leon-Dufour, *Dictionary of the New Testament* (Sanfrancisco: Happer & Row, Publishers, 1980), 346; 동사 "גָּאַל" (구원하다)은 Johnson(*VTSup* 1:76)과 Ringgren, (*TDOT* 2:351-52, 354)이 밝힌 것처럼 연대적 관계를 통해서 책임을 진 사람에 의한 보호와 구속을 의미한다.; Cf. John I. Durham, *Exodus*, WBC 3 (Waco, Texas: Word Books, Publisher, 1987), 72.

[209] Mark F. Rooker, *Leviticus*, NIV NAC, (Nashville, Tennessee, 2000), 306-307.

[210] 민 35:1-33과 신 19:1-13에 각각 언급된다.

고자 하는 자로부터(מִגֹּאֵל) 피하여 그 살인자가 공정한 재판을 받을 때까지 도피성에 피하게 하여 보호하라고 하셨다. 여기에서 '보수할 자 (복수자, 보복자, avenger)'가 근족을 뜻하는 'גֹּאֵל'과 같은 단어를 사용한다. 이 한 단어가 복수자가 구속자도 되는 셈이다. 복수자는 가족이나 친지의 죽음에 대해 정당한 응징을 하고 피해자의 권익을 대변하는 자이다. 그리고 도피성으로 피한 자는 살인자이다. 그러나 그 살인이 실수에 의한 것일 때만 목숨을 보전하게 하는 곳이 도피성이기 때문에 살인을 두둔하거나 정당성을 주장하는 것이 아니라[211] 다만 실수 때문인 살인자에 대해 과도한 형벌을 받지 않도록 배려한 것이다.

원래 'גֹּאֵל'은 구속자나 근족을 나타내며, 그의 친족이 곤경에 처했을 때 돈을 주고 건져내어야 하는 의무가 있는 자이다. 민5:8; 레25:25~26; 룻3:12; 4:1,6,8; 욥19:25; 사59:20 그러나 도피성 제도에서의 'גֹּאֵל'은 야훼께서 자기 백성을 위해 원수를 갚으시는 보복자도 되시고, 동시에 우리를 구해주시는 구속자가 되신다.[212] 따라서 그분은 심판을 집행하시는 공의로운 분이자 동시에 우리를 구원하시는 자비의 하나님이 되신다는 사실을 이 'גֹּאֵל'이라는 동사를 통해 알 수 있다.[213]

---

211) 오경에서 유죄판결을 받은 살인자는 속전을 낼 수가 없었다(민 35:31-32). 이 제도는 고대 근동의 다른 곳에서 공식화 된 법들과는 대조를 이룬다. Hittite법과 중기 Assyrian법은 모두 살인자의 생명을 되사기 위해 속전을 지불하게 한다. Assyrian법은 죽은 사람의 가까운 친족에게 살인자를 처형할 것인지 아니면 속전을 받아들일 것인지를 결정하게 함으로써 중도를 취한다. *IVP- BBC*, 214-15.
212) 욥은 고난 중에서도 그리스도야말로 자기에게 있어서 "גֹּאֵל"이라고 고백한다. "내가 알기에는 나의 구속자(גֹּאֵל)가 살아계시니 후일에 그가 땅위에 서실 것이라"(욥 19:25).
213) Wenham, *Numbers*, TOTC (England: Leicester/Downers Grove, IL: Inter-Varsity Press, 1981), 236; Timothy R. Ashley, *The Book of Numbers*, NICOT (Grand Rapids, Michigan/Cambridge, U.K.: William B. Eerdmans Publishing Company, 1993), 650-51.

2.1.2.1.3. פָּדָה – '상환' [214]

이 단어는 고대근동의 여러 언어에서 같은 어근을 지니고 있다. '아끼다'를 뜻하는 아카드어 동사 padu 혹은 pedu,[215] '대속물'을 뜻하는 우가릿어 pdy, '지불하다'를 뜻하는 에티오피아어 동사 tadaya, '대속물, 지불'을 의미하는 고대 아랍어 명사 pdyt가 그것이다.[216] 일반적으로 대속을 의미하는 이 단어는 구약에서 네 가지 정도의 용례로 사용되었다: 가)사람을 위해 동물을 대신 희생시키는 대속의 경우, 출13:13 나)종의 신분을 면하게 해주는 속신의 경우, 출21:8 다)신분의 해방을 뜻하는 속량의 의미, 레19:20 [217] 라)야훼의 소유가 된 사람과 가축을 무엇과 바꾸기 위해 계산할 때 속전의 의미로 쓰였다. 민3:49 출애굽기 13:13에 의하면 출애굽 때 유월절 사건이 있은 후 하나님은 모세에게 가나안 땅에 들어가면 사람이나 생축의 수컷의 초태생[218]은 다 야훼께 바칠 것을 명령하셨다. 그때 어린 양으로 대신해서 대속(תִפְדֶּה)의 희생을 치르도록 하셨다. 여기서 'פָּדָה' 동사는 '대속'과 '구속' redeem 의 뜻을 나타낸다. 또 출애굽기 21:8에서 하나님께서 히브리 종을 사는 경우의 율례를 주셨다. 신15:12 어떤 사람이 어떤 사람의 딸을 종으로 샀을 경우,[219] 남종처럼 다시 팔 수 없다. 그런데 종으로 팔려온 딸이

---

[214] 이 "פָּדָה"라는 동사가 사용된 곳은 구약성경 전체에 47곳이다. 이 가운데는 오경에서는 15번 사용되었다. 출 13:13,15; 21:8; 34:20; 레 19:20; 27:27,29; 민 3:49; 18:15ff; 신 7:8; 9:26; 13:5; 15:15; 21:8; 24:18; *TWAT* Band VI. 514-22.

[215] Woleran von Soden, *AHW* Band II (Wiesbaden · Otto Harrassowitz, 1972), 808b; *TDOT*, 483-84.

[216] *THAT* 2, 40ff.

[217] 짐승도 야훼께 드릴 때 부정하면 속함을 받아야하는데, 이때도 이 단어가 사용되었다(레 27:27).

[218] 초태생을 나타내는 히브리어 "בְּכוֹר"은 남녀 혹은 암수를 다 가리키나, 수컷은 야훼의 것(출 13:12)라는 규정에 의해 수컷의 초태생(פֶּטֶר)을 지칭하게 되었다. 이 의미는 자궁(womb)을 열고 처음 나오는 모든 생명을 지칭한다. 장자는 "기력의 시작"이라고 불린다(창 49:3; 신 21:17). Cf. John I Durham, *Exodus*, *WBC*, 179.

주인의 마음에 들지 않은 상태에서 성관계를 갖지 않았으면 그 종의 신분을 면하게 해 줄 수는 있다. 그러나 타국인에게는 팔지 못한다. 이유는 그럴 경우 처음에 종으로 샀을 때 약속을 속이는 결과가 되기 때문이다. 여기서 종의 신분을 면하게 해주는 것을 속신(הְפְדָּה)이라는 단어를 사용한다. 그리고 종을 가진 주인의 권리는 존중되어야 함을 나타내는 레위기 19:20의 규례는 다른 종류의 육축을 교합시키거나 두 종자를 섞어 재배하지 못하는 명령과 함께 주어졌다. 이는 종류대로 창조한 사건창1:21,24~25에 위배되기 때문에 거룩한 하나님의 섭리를 역행하는 것을 말한다. 즉 자연스럽지 못한 교합은 부정한 것임을 나타낸다.[220] 이 규례에 의하면 정혼한 씨종(자손을 얻기 위해 여종을 아내로 삼는 경우)과 외간 남자와 행음을 하면 그들이 정해진 형벌은 받지만 죽이지는 못한다. 왜냐하면, 그 여종의 신분이 아직 속량이 되지 않았고 해방이 되지 않은 상태이기 때문이다. 이때 신분이 회복되는 것을 '속량'(הְפְדָּה)[221]이라고 한다. 몸값을 주고 풀려나는 'ransome'에 해당한다. 또 레위기 27:27에 의하면 짐승도 야훼께 드릴 때 부정하면 속함을 받아야 한다.[222] 이 본문에 의하면 첫 유월절에 근거하여 생축도 첫 새끼는 당시 죽음을 면했기 때문에 야훼의 것이 되었다.출 13:2 이후에 생축의 첫 새끼는 야훼께 바쳐야 하기 때문에 성소의 세겔에 따라 돈으로 바쳤다. 그런데 생축의 첫 새끼가 부정한 생축일 경우는 그냥 드릴 수가 없다. 그래서 야훼께 손해를 입히게 되었으므로 정

---

219) 이 여종은 주인의 처나 첩, 혹은 양녀나 며느리가 될 수 있다. Durham, *Exodus*, WBC, 321-322; Alan Cole, *Exodus, An Introduction and Commentary*, TOTC (London: The Tyndale Press, 1973), 166.
220) Philip H. Eveson, *The Beauty of Holiness* (Evangelical Press, 2007), 261.
221) "속량"의 의미는 신분을 면하여 양민이 되게 한다. "속신"과 동의어이다.
222) 이때 속하지 아니하면 그 생축은 제물로 드리지 못하고 처치해야 한다(출 13:13). "속하다"라는 히브리어 "הְפְדָּה"를 LXX는 "교환하다"(ἀλλάσσω)로 번역하였다. Durham, *Exodus*, 179; Milgrom, *Leviticus 23-27*, 2389.

가의 오분의 일을 더하여 성소의 세겔로 계산해야 하는 것이다. 이때 부정한 짐승을 속건제로 속(פָּדָה)할 때 'פָּדָה' 동사를 쓰며, 역시 'redeem'을 나타낸다. 그리고 민수기 3:49에 의하면 출애굽 이후 이스라엘 자손 중 처음 난 자는 야훼의 것이었다. 이들을 대신해서 레위인을 야훼의 소유로 삼았다. 즉 레위인을 백성을 대신하여 대속(פִּדְיוֹן)한 것이다. 이때 가축도 마찬가지로 레위인의 가축이 되어 야훼의 것으로 삼았다.민3:11~13 그런데 일 개월 이상 된 레위인과 다른 지파의 첫 태생의 숫자를 비교한 결과 레위인이 부족했다. 이에 대해 하나님은 지파들에게 레위인보다 많은 숫자만큼 대속의 값으로 성전 세겔을 가지고 각 사람 당 오 세겔을 계산해서 내도록 했다.[223] 이 오 세겔이 속전이 되는 셈이다.[224] 이처럼 이 'פָּדָה'라는 동사는 누가 일정한 값을 지불하고 어떤 대상을 구원하거나 구출해 내는 뜻을 지니고 있다.[225] 즉 '되찾음'의 의미가 중심을 이루고 있다. 이런 점에서 성경의 역사를 'redemptive history'라고 부르는 것은 적절한 표현으로 보인다.

'כָּפַר' 외에 다른 속죄용어들을 살펴본 결과 'גָּאַל'이 'גֹּאֵל'도 된다는 사실에서 '건져내는 자가 곧 구속자'라는 것을 알게 되므로 '되찾음'이 주요한 의미라는 것과, 'פָּדָה'도 지불함으로 '되찾음'의 의미가 중심을 이루고 있으므로 성경의 역사는 곧 '구속사'로 표현되는 셈이다. 따라서 속죄용어들은 구속을 위해 죄를 사하거나 가리고, 죄의 값을

---

223) 대속물 혹은 속전이라는 개념은 아카드(바벨론) 문헌과 우가릿(가나안)문헌에도 언급된다. 그러나 같은 기능은 아니다. 여기에 열거되는 성소의 세겔은 일반적인 시장의 세겔보다 더 표준적이며 무게가 있다. 5세겔은 1년치 노동자 임금의 약 반을 말한 듯하다. *IVP- BBC*, 180.
224) 이때 속전은 "redemption money"(כֶּסֶף הַפִּדְיוֹם)로 표현된다. 이 구절의 "속전"이나 "대속"은 Qal동사 "פָּדָה"에서 명사화된 "פִּדְיוֹם"(ransom)을 사용한다. *BDB*, 532, 206.
225) 이 단어의 사용 용례를 볼 때 제사제도에서는 사람과 짐승이 동일한 속함의 대상이 된다 (레 27:27). 그러므로 동물을 바치는 것은 곧 사람을 바치는 것과 동일한 대상의 자격이 주어진다. 이런 점에서 동물의 안수는 헌제자가 가지고 있는 죄를 떠넘기는 '전가(transfer)'의 의미가 있지만 '대리(substitution)'의 뜻을 지닌 '동일시' 개념도 적절한 의미가 되겠다.

지불하고, 생명을 되찾아 오는 연결의 의미를 지니고 있다.

2.1.2.2. 죄의 처리

속죄제에서 하나님께서 어떻게 인간의 죄를 처리하시는가를 살펴보아야 할 것이다. 레위기 바깥의 구절을 보면 "허물과 죄를 사하지 않음으로"수24:19 처벌하시고, "죄를 사하시므로"왕상8:36 속죄함을 베푸시고, "죄과를 도말함으로"시51:1 정화하신다고 말한다. 속죄제의 시행은 계명에 의해 발생한 죄를[226] 처리하고자 생긴 제사이다. 그리고 속죄제를 드리는 자는 속죄제를 통해 자신의 죄를 확인하게 된다. 죄의 처리에는 제물의 피가 그 중심을 이룬다.[227] 레위기 4:2에 "누구든지 여호와의 금령[228] 하나라도 그릇 범하게 되면" 신분을 막론하고 속죄의 제사를 드려야 한다고 규정하고 있다. 이때 두 가지의 큰 조건이 있다. 첫째는 흠 없는 제물[229]을 바치는 것이요, 다음은 "열납되도록" 드리는 것이다. 언약 규례를 준수하는 가운데 부지중에 범한 죄[230]가 기

---

[226] "רַע" (창 2:9), "עָוֹן" (창 4:13), "רֶשַׁע" (창 18:23), "פֶּשַׁע" (창 31:36) 등 죄에 대한 히브리어 단어 사용 용례들(20여개)은 다음의 책을 참고하라. Lehman, *Biblical Theology Old Testament*, vol. 1, 187-192; 그리고 율법에 나타난 죄의 유형들과 심각성에 대해서는 다음의 책을 참고하라. Johathan P. Burnside, "The Signs of Sin: Seriousness of Offence in Biblical Law" JSOPSup 364 (Sheffield Academic Press, 2003).

[227] "피를 가지고" (4:5), "피를 찍어" (4:6), "피 전부를" (4:7) "피를 가지고" (4:16), "피를 찍어" (4:17), "그 피로" (4:18) "그 피 전부는" (4:18), "피를 손가락에 찍어" (4:25), "그 피는" (4:25), "그 피를 찍어" (4:30), "그 피 전부를" (4:30), "피를 손가락으로 찍어" (4:34), "그 피는" (4:34), "피를" (5:9), "그 남은 피는" (5:9), "그 피가" (6:27), "피를 가지고" (6:30) 등 속죄제 본문에서만 17차례나 피를 언급하고 있다.

[228] "מִצְוָה" (prohibitions)는 인간이나 신의 명령을 나타내는 집합명사이다. 실행명령과는 달리 금지명령을 어길 때는 개인보다 전체에 영향을 미친다(레 18:27-28; 20:3).

[229] 흠이 없는 제물이 강조되는 것은 흠이 없는 제사장과 같은 이치이다(레 21:17-23). 그리스도는 흠이 없는 완전한 제사장이며 완전한 제물이었다(히 7:26; 벧전 1:19).

[230] 이 부지중에 범하는 죄(שְׁגָגָה, 레 4:22)는 우발적인 죄를 짓는 상태로서 "죄얼을 입게 하다" (bringing guilt, 레 4:3), "그릇 범하다" (unintentionally, 레 4:13)라고도 표현되나 "짐짓 범하다" (schemes, intentionally, high-handedly, 출 21:14; 민 15:30)라고 할 때는 고의적인 죄를 말한다.

억나면 속죄제를 드려야 한다.레4~5장 그래서 속죄제는 시내산 율법으로 생긴 제사이다.231) 특히 속죄제의 제정 시기에 대해 논란이 있지만 모세 시대에 시작한 것에는 의심의 여지가 없다.232) 모세 시대 이전에는 속죄제가 없었고 번제가 속죄의 기능을 포함하고 있었으나,참조. 욥 1:5 속죄제는 시내산의 모세율법수여 이후부터 시행되었다.233) 속죄적 요소가 모세 이전의 희생제사 속에서도 존재했다고 믿는 학자들 사이에는 이러한 제사 유형의 기원에 대한 의견상의 차이가 있다. 대부분 하나님께서 직접 명령하여 이를 제정하셨다고 생각하나, 혹자는 인간의 자연적 충동과 이에 결부된 성찰의 결과로 생겨났다고 주장한다.234) 그리고 일반적인 제사의 의미에 대한 이론도 몇 가지로 논의

---

231) 구약의 제사제도는 모세가 시내산에서 율법을 받으면서 광야의 성막을 통해 정착되었다. 이 가운데 번제와 화목제와 (소제)는 이미 모세 율법 이전시대에도 있었다(창 8:20; 출 20:24; 출 29:41). 번제와 화목제는 히브리인들과 가나안 사람들이 흔히 행하던 의식이다. 그러나 다른 지역에서와는 달리 이스라엘의 희생제사는 죄 사함의 대한 의미가 강했다. 노세영·박종수,『고대근동의 역사와 종교』, 133. 그리고 속죄제(출 29:14)와 (소제)와 속건제(레 5:6)는 모세 율법 수여와 함께 나타난 제사제도이다. "소제"라는 단어는 율법과 함께 출애굽기 29:41에 처음 나타난다. 레위기 1-7장에 나타난 제사의 순서는 1-5장까지는 번제, 소제, 화목제, 속죄제, 속건제로 드려지고, 실제적인 제사에는 속죄제, (소제와 함께 드린) 번제, 화목제 순서로 드려진다(레 9:15-22; 민 6:16-17), A. F. Rainey, "The Order of Sacrifice in the Old Testament", Bib 51 (1970), 485-98.

232) 앞에서 일부 언급한 것처럼 Wellhausen은 레위기와 다른 제사 자료들을 주전 5세기의 것으로 여겼다. Prolegomena to the History of Ancient Israel, 404-405. 그는 예루살렘 성전의 제의에 대한 첫 번째 기록이 에스겔에 의해 이루어졌다고 보았다. P 문서는 그 후에 계속적으로 이루어진 작업의 결과로 집적(集積)된 것으로 주장한다. 그에 의하면 레위기 1-7장은 출애굽기 40장과 레위기 8장 사이에 삽입된 것으로 보았다. Die Composition des Hexateuchs und der Historischen Bücher des Alten Testaments (Berlin: Walter de Gruyter & Co, 1963), 135. 이 주장에 의하면 속죄제의 제정 시기도 포로기 이후가 되는 셈이다. 그러나 성경에 의하면 속죄제가 가장 늦게 언급된 것이 선지자 호세아 시대(주전 746 사역 시작)의 것(호 4:8)이며, 그 앞에는 요아스 통치시대(주전 853-848)에 언급(왕하 12:16)되었으며, 그 이전에는 다윗의 시편에 언급(시 40:6)되었다. 따라서 속죄제는 적어도 다윗시대 이전부터 시행되어 왔음을 볼 때(4백년의 간격이 있지만) 모세시대의 것으로 보는데 어려움이 없다.

233) 이렇게 보는 이유는 번제는 모세가 율법을 받음으로 자원제(레 1:2-3)가 되었지만 속죄제는 의무제(레 4:3,14,24)로 규정되었기 때문에 속죄기능이 분리된 셈이다. Cf. 곽안련,『레위기강희』(서울: 대한기독교서회, 단기 4287), 35.

된다.[235] 속죄제는 레위기에 소개되는 제사 중에서 가장 자세히 묘사되어 있다.[236] 레위기의 희생제사는 아주 정교한 제사장[237]의 기능이 필요하다. 제사장의 주된 목적은 속죄하는 것이었다. 레위기에 나타난 속죄제는 제사장만 집행할 수 있다. 제사장은 피를 통해 죄를 사하는 대리적 역할4:20,26,31,35을 수행한다. 이 논문에서 일부 설명했던 'חַטָּאת'(άμαρτία)라는 속죄제[238]는 죄를 속하기 위해 드리는 동물희생제사이다. 'חַטָּאת'는 일반적으로 '죄' sin나 '속죄제' sin offering를 의미한다.[239] 이 어근은 사람창31:36과 하나님레4:14에게 '죄를 짓다'라는

---

234) Jacob은 "제의가 인간이 자신의 구속을 위해 만든 수단"(the cult was man's expedient for his own redemption)이라는 Köhler의 견해에 동의하지 않았다. "The Spirit and the Word", *The Flowering of Old Testament Theology* edited by Ben C. Ollenburger, Elmer A, Martens, Gerhard F. Hasel (Winona Lake, Indiana: Eisenbrauns, 1992), 146.

235) 제사의 의미론에는 선물이론(The gift theory: G. B. Gray, *Sacrifice in the Old Testament: Its Theory and Practice*, Oxford: Clarendon Press, 1925), 친교이론(The communion theory: W. R. Smith: *Lectures on the Religion of the Semites*, New York: Meridian, 1927, 1956), 생명-속량이론(The piacular theory: E. O. James: *Origins of Sacrifice*, 1933; W. O. E. Oesterley, *Sacrifices in Ancient Israel: Their Origin, Proposes, and Development*, London: Lutterworth, 1937)등이 있다. 이에 대한 연구로는 Levine(*Leviticus*, Philadelphia: Jewish Publication Society, 1989), Milgrom,(*Leviticus* 1-16, 17-22, 23-27 AB, 2000.), Rainey(" The Order of Sacrifices in the Old Testament Ritual Texts", *Biblica* 51, 1970)등의 학자들이 중요한 기여를 했다. 한편 신들을 위한 '음식으로서의 제사'(sacrifice as food for gods) 이론은 다음의 글을 참고하라. Gary A. Anderson, *Scrifices and Offerings in Ancient Israel: Studies in their Social and Political Importance-Harvard Semitic Museum, HSM* Number 41 (Atlanta, Georgia: Scholars Press, 1987), 14-19.

236) 번제, 소제, 화목제는 각각 17, 16, 17절씩 기록되었다. 속건제는 12절인데 비해 속죄제는 48절을 할애했다.

237) 제사장을 의미하는 구약의 용어는 거의 예외 없이 "כֹּהֵן"이다. 유일한 예외는 우상을 섬기는 제사장(idol-priest)들에 관한 구절들로서(왕하 23:5; 호 10:5; 습 1:4), 여기서는 "כְּמָרִ"이 사용된다. 족장시대나 예루살렘 제사장의 리더는 통상적으로 단순하게 '제사장'이라고 불렸으나(왕하 16:10), 포로기 후에는 리더 제사장을 'the chief priest'(대하 26:20)나 'the high priest'(슥 3:1)라고 불렀다. J. R. Porter, *Leviticus*, (London: Cambridge University Press, 1976), 37.

238) 구약에는 93번 기록되었다. 주로 레위기(41회), 민수기(32회), 에스겔(11회)에 집중되어 있다. 신약에는 히브리서에 "περί άμαρτίας"로 3번 나타난다.

239) Kiuchi, *The Purification Offering in the Priestly Literature*, 62; BDB, 308; "חַטָּאת"가 '죄' 도 되고 '속죄제' 도 됨으로 헬라어 사용자들은 이 두 용어를 사용하는데 있어 구분하기가 어려움을 발견했다. John William Wevers, *Notes on the Greek Text of Leviticus, Septuagint*

'חטא' 라는 동사에서 파생되었다.[240] 이것이 히브리어 강동사의 체계[241]에 따라 Piel형이 되면 'חטא'로 '정화하다, 부정으로부터 정결케 하다' 라는 뜻이 된다.[242] 속죄제는 율법의 규례를 어기는 죄를 비롯하여 제사장의 위임식,레8:14 해산의 부정,레12:6 문둥병의 정결법,레14:19 대속죄일,레16:6 연례 절기에 드려진다.레23:19 Marx는 속죄제를 드리는 경우를 때와 상황에 따라 네 가지 범주로 설명한다. 첫째, 비고의적인 죄나 감추어진 죄, 둘째, 부정의 상태, 셋째, 성별의식, 넷째, 중대한 날이나 큰 절기 때이다.[243] 앞에서 상술한 것처럼 율법 이전에는 속죄제가 존재하지 않았다면, 율법이 없는 곳에는 범함도 없으므로롬4:15 율법이 없는 곳에는 속죄도 없다는 말이 성립된다. 그러면 속죄제사가 율법으로 말미암아 제사가 생겨났다면 율법의 요구롬8:4가 끝이 나면 속죄제사도 함께 없어지는 것이다. 율법은 마쳐졌다.롬10:4 여기에 그리스도의 속죄제사가 구속사적 의미를 갖는 것이다.[244] 모세 이전의 구약제사는 창조주 하나님께 대한 유화적 성격이 두드러진 반면에, 모세의 율법 수여 이후 시작된 레위기 제사의 특징은 야훼 하나님과의 계약관계에서 속죄 내지 화해reconciliation=atonement=union with God에

---

and *Cognate Studies* 44 (Atlanta, Georgia: Society of Biblical Literature Scholars Press, 1997), 38.

240) 동사 חטא의 어근에 대한 연구는 다음의 사전을 참조하라. *TLOT*, Vol.1, Ernst Jenni & Claus Westermann, trans., Mark E. Biddle (Hendrickson Publishers, Inc, 1997), 406-11.

241) Edwin C. Hostetter, *An Elementary Grammar of Biblical Hebrew* (England: Sheffield Academic Press, 2000), 153-154; 신득일, 『구약 히브리어』(서울: 기독교문서선교회, 2007), 129-35.

242) Milgrom, "Sin-Offering or Purification-Offering?", *Studies in Cultic Theology and Terminology, SJLA* 36 (Leiden: E. J. Brill, 1983), 67; *HALOT*, 100. 이 "חטא"에서 한 단계 진행된 것이 "כפר"이다(겔 43:20).

243) A. Marx, "Sacrifice pour les péchés ou de passage? Quelques réflexions ou la fonction du *hattat*" RB (1989), 29-48.

244) Seyoon Kim, 『바울복음의 기원』(*The Origin of Paul's Gospel*, 홍성희 역, 서울: 엠마오, 1994(1984)), 452-53.

강조점이 있다.245) 이런 점을 볼 때 제사제도, 특히 속죄제는 율법과 함께 주어졌기 때문에 율법금령을 범할 때 죄의 처리가 우선적인 목적이 된다.

한편, 레위기 4장의 속죄제의 특징은 'בִּשְׁגָגָה' 비고의적인 죄에서 246)만 속죄함이 주어졌다. 그러나 5장에서는 비록 'בְּיָד רָמָה' 고의적인 죄 247)이라도 자복하면 죄가 경감되어 속건제속죄제를 통해 용서받을 수 있음을 시사하고 있다.레5:5~6 248) 그래서 속죄제의 기능 가운데 4장은 비고의적인 죄우발적인 범죄에 대한 속죄 규례라면, 5장은 고의적으로 죄를 범했으면 죄를 자복(הדה)하고 속건제를 함께 드림으로 허물을 용서받는 경우들을 밝히고 있다. 이때의 고의적인 죄는 증인, 사체, 부정, 맹세의 허물(עון) 등 비교적 경범죄에 속한 것들이나 레위기 20장에 제시된 '백성 중에서 끊어지거나', '반드시 죽여야' 되는 중범죄(몰렉제사, 신접자나 박수의 추종, 부모에 대한 저주, 동성애, 각종 불법성교, 수간 등)는 해당하지 않을 것이다. 다시 말하면 4장은 금령을 어겼을 때 금지명령의 죄를 말하고, 5장은 규례를 어겼을 때 실행명령의 죄를 뜻한다. 그래서 4장은 금지명령을 어긴 '만일'의 경우를 말하고, 5장은 실행명령을 어긴 'נֶפֶשׁ'(누구든지)를 지칭한다.249) 결과적으로 4장과 5장은 같은 속죄제이지만 비고의성의 '실수의 죄'와 고의성 있는 '알고도 지은 죄'에 대해 구별하여 속건제를 포함해 차별된 제사를 드리

---

245) 김중은, "레위기의 5대제사" 『기독교사상』1989년 6월호 (서울: 대한기독교서회), 222-35.
246) 'בִּשְׁגָגָה'는 '개역성경'에서 "그릇 범하여"(레 4:13) 혹은 "부지중에"(레 4:22)라고 번역하는데, 이는 무지나 인간의 연약함으로 인해 저지른 범죄 행위라는 것을 한정지는 표현이다.
247) 문자적 의미는 "높이 드는 손"이다.
248) Milgrom, *Leviticus* 1-16, 309.
249) 예를 들면 목격자이면서 증인을 기피하는 것은 고의적인 죄다. 그럴 때 "그 허물이 그에게로 돌아간다."라고 한다. 이때 사용된 "וְנָשָׂא עֲוֹנוֹ"의 문자적 의미는 "그는 자신의 죄악을 져야한다"(he will be held responsible)는 뜻이다. 이것은 사람에 의해 할당(mete)되는 것이 아니라 하나님에 의해 주어지는 것이다. Milgrom, *Leviticus* 1-16, 295.

게 함으로 속죄의 은총을 베풀고 있음을 알 수 있다.

2.1.2.3. 거룩 유지

속죄제가 처음 언급된 곳은 출애굽기 29:1~14 단락 가운데 14절이다. 언급한 시점은 (대)제사장 직분의 위임식^{출29:1a} 때이며, 제사장들을 거룩하게 하기 위한 것이 목적이었다.^{출29:1b} 이 속죄제는 제사장 위임식이 계속되는 일주일 동안 매일 수송아지 한 마리를 바쳐 희생을 드리도록 하였다.^{출29:36} 그리고 대제사장에게 일 년에 한 번씩 향단 뿔을 위해 역시 이 속죄제의 피로 속죄할 것을 지시하셨다.^{출30:10} 여기서 한 가지 알 수 있는 사실은 속죄제는 제사장을 거룩하게(לְקַדֵּשׁ) 하고 성막 기구를 속죄(כִּפֶּר)하는 이중적 목적이 있다는 것이다. 그 속죄의 최종 목적은 인간과 전체 회막을 거룩하게 하기 위해서다. 왜냐하면, 하나님은 거룩하시기 때문이다.^{레11:45} [250] 다르게 표현하면 제사제도의 수단은 속죄이고 목적은 거룩함을 유지하는 것이다. 속죄는 불순종과 죄로 말미암은 하나님의 손상된 공의를 만족하게 해 이 거룩의 단계로 나아가게 한다.[251]

2.1.2.4. 생명 유지

레위기 4~5장에 나타나는 속죄제 의식의 진행과정 중 4장의 회중은 동사를 중심으로 나열하면 이렇다. 우선 제물을 끌어 온다.^{4:14} [252]

---

250) 거룩의 개념에 대해서는 본 논문의 후반부에서 별도로 다룰 것이다.
251) Andrew Jukes, *The Law of the Offerings* (Grand Rapids, Michigan: Kregel Publications, 17th edition), 60.
252) '개역한글'의 레 4:4에 묘사된 "끌어다가" (בוֹא, come in)는 *MT*는 사역형을 사용하여 "and he must present"로, Qumran(Cave 4 IV)은 "εἰσάγω"를 사용하여 "lead or bring in or into"로, 그리고 *LXX*는 "προσάγω"를 써서 "bring to or before"의 의미로 표현하였다.

안수한다.4:15 253) 제물을 도살한다.4:15 254) 피를 뿌린다.4:17 255) 피를 바른다.4:18 256) 피를 쏟는다.4:18 제물의 기름을 불에 사른다.4:19 속죄한다.4:20 사체를 불에 사른다.4:21 이런 순서에 의해 속죄제를 드린다. 여기서 보는 바와 같이 속죄제의 근간을 이루는 핵심은 피와 관련하여 첫 번째로 행하는 피 뿌리는 의식이다. 피 뿌림의 의식에서 피는 생명을 거둬가는 것이 아니라 생명을 부여하는 것이다. 실제로 피 뿌림의 행위가 근본적인 이유는 피가 죽음이 아니라 생명이기 때문이다.257) 속죄제의 피 뿌림은 일종의 죄를 씻는 정결의식으로서 생명을 유지하는 역할을 한다.

2.1.2.5. 속죄 우선

레위기 5:7~13에 의하면 죄를 지은 자가 가난한 경우, 고운 가루를

---

253) 여기서 안수하는 회중의 장로는 "זְקַן"이며, '턱수염'을 뜻하는 연장자를 말한다. 아마 12명의 장로들이 수송아지의 머리를 "힘껏"(strongly) 눌렀으리라 본다. Israel Drazin, *Targum Onkelos to Leviticus: An English Translation of the Text with Analysis and Commentary* (Center for Judaic Studies University of Denver, 1994), 57.

254) 성경에 나타난 짐승의 도살에 대한 규례는 창 9:3에서 노아 홍수 이후 그의 가족들에게 채소와 마찬가지로 (산)동물을 식용으로 허락하였다. 이때 생명을 담고 있는 피는 먹지 못하도록 규정하였다. 그리고 레 17:3-4에서 모든 짐승의 도살은 회막문에서만 행하도록 규정하였다. 그리고 나서 신 12:15에서 다시 가나안 땅에 들어가서는 생축을 잡아 그 고기를 먹을 수 있도록 '세속적 도살'을 허락하였다. 그 뒤 삼상 14:32에서 피 채로 먹을 정도로 짐승의 도살이 성행되고 있음이 나타난다. Schmidt는 이런 일관성의 결여 때문에 레위기의 제사문서를 가장 후대로 돌린다. *Old Testament Introduction*, 97-98. 그러나 레위기의 회막문 외에서의 도살금지는 이제 성막의 제사가 이루어지고 있기 때문에, 당시 만연했던 들판에서의 수염소 숭배(레 17:7)를 근절시키기 위한 방지책의 명령으로 보아야한다.

255) 피를 다루는 방식에서 큰 속죄제(회막 안으로 피의 일부 취하기, 휘장 앞에서 일곱 번 뿌리기, 향단 뿔에 일부 바르기, 제단 밑에 나머지 쏟기)와 작은 속죄제(번제단 뿔에 피의 일부 바르기, 번제단 밑에 나머지 쏟기)로 나누기도 한다. Hartley, *Leviticus*, 51.

256) 피를 뿌리거나 바를 때 용기에 담아 갔을 것이다. 이 용기는 피의 응고를 막고 또 땅에 내려놓는 것을 방지하기 위해 위쪽은 넓고 둥글되 밑쪽은 뾰족한 원추형으로 되어 있다고 설명한다. Leon Morris, *The Atonement: Its meaning and significance* (Dowers Grove, IL: Inter-Varsity Press, 1983), 48.

257) E. O. James, *Origins of Sacrifice: A Study in Comparative Religion* (London: John Murray, Albemarle Street, W. 1933). reprint (Kessinger Publishing's, 2003), 33.

동물 대신에 드릴 수 있다. 이는 경제적인 배려이지만 다른 측면에서
는 속죄에 대한 필요성이 우선함을 나타내는 것이다.258) 예물의 값이
비쌀수록 가치의 측면이 강조될 때가 있지만,삼하24:24 속죄의 필요성은
제사보다 선제조건이 된다. 레위기 5:7~10까지는 가난한 자들의 속죄
제에 대해, 5:11~13까지는 더 가난한 자들의 속죄제 규정에 대해 말하
는 것은 속죄의 필요성을 역설하고 있는 증거이다.259) 레위기 4:2~35
까지가 정규적인 속죄제라면, 5:1~13까지는 등급화된 속죄제라고 할
수 있다.260) 레위기 4장 전체와 5:1~13까지는 같은 속죄제에 대한 언
급이지만, 신분과 제물의 내용 면에서 차이가 있다. 4장은 제사 공동
체 내에서의 4가지 신분(제사장, 회중, 족장, 평민)에 따라 언급되어
있지만, 5:1~13까지는 속죄제를 드려야 하는 구체적인 경우(증인, 사
체, 부정, 맹세)를 제시하고 있다. 이때 자복과 함께 양이나 염소를 드
리되 가난하여 제물로 바치지 못하면 새를 바치고 그것도 힘들면 곡
식을 바칠 수 있도록 정해 놓았다. 이는 아무리 가난해도 제물은 형편
에 맞추되 속죄의 제사는 드려야 한다는 점을 강조한 것이다.

2.1.2.5. 보상 포함

레위기 5:6을 보면 "그 범과를 인하여 여호와께 속건제를 드리되 양
떼의 암컷 어린 양이나 염소를 끌어다가 속죄제를 드릴 것이요 제사
장은 그의 허물을 위하여 속죄하라"고 말한다. 여기서 언뜻 보면 속건
제와 속죄제로 나누어 두 번 드리는 것처럼 보인다.261) 속죄제 단락

---

258) Jenson, "The Levitical Sacrifice System", 38, Notes, 5.
259) Budd, *Leviticus*, 76.
260) Hartley, *Leviticus*, 51.
261) "속건제"라는 단어가 레위기에서는 물론 오경 전체에서 여기에 처음으로 사용되었다. 동
사 "אשׁם"은 기본적인 의미는 어떤 사람이 잘못된 어떤 일을 행한 것에 대해 부담을 져야하
는 "죄책이나 책임 혹은 과실"의 뜻을 담고 있다. "אשׁם"은 잘못은 범했으나 아직 징벌을 빋

안에서 "속건제를 드려라"5:6 문구가 갑자기 등장하기 때문에 약간의 혼선이 생길 수 있다. 그러나 제사는 한번 드린다. 왜냐하면, 이때의 속건제는 별도의 제사를 말하는 것이 아니라 죄(범과)에 대한 보상으로 속건 제물을 드리되 양이나 염소를 끌어다가 속죄제를 드리라는 명령이다. 원어를 보면 속죄제 본문 속에 있는 5:5~7절 사이에 속건제를 뜻하는 이 'אָשָׁם'이라는 단어가 3번(5,5,7)이나 사용되고 있어 혼란을 초래하나 제사 자체는 속죄제이다.262) 그래서 "속건제나 속죄제는 일례"(כַּחַטָּאת כָּאָשָׁם תּוֹרָה אַחַת, 레 7:7)라고 말한다. 한편, 이 단락이 속죄제의 단락임을 나타내는 하나의 근거는 담화소개양식introductory speech formula 263) 표시가 제공한다. 즉 레위기 4:1~5:13절까지는 속죄

지 않은 어떤 사람의 법적, 도덕적 상태를 묘사한다. "אָשָׁם"은 존재론적 감정보다 윤리적, 법적 죄책에 대한 객관적인 용법을 말한다. 구체적으로 3가지 경우를 말하는데, 성물에 대하여 그릇(unintentionally) 범과를 했을 때, 야훼의 금령을 잘 몰라서 어겼을 때, 야훼께 신실하지 못해 남에게 피해를 주었을 때이다(레 5:14-6:7). Hartley, *Leviticus*, 76-77. 근대적 용어로는 속건제는 금전적 보상이며, 속죄제는 형사적 보상이다. 이 "אָשָׁם"은 속죄제와 번제 사이의 중간적인 형태라고 보는 시각도 있다(The "asam" is an intermediate form between the expiatory and the burnt-offering). Vriezen, *An outline of Old Testament theology*, 289.
262) N. H. Snaith, "The Sin-Offering and the Guilt-Offering", *VT* 15, no 1 Ja (1965), 73.
263) 레위기는 "여호와께서 모세에게 일러 가라사대"라는 담화소개양식(introductory speech formula)으로 시작하고 있다. "여호와께서 모세에게 일러 가라사대" יהוה אל־משה לאמר(וידבר)라는 말은 레위기 전체 27장중에서 모두 16장이 이 양식으로 시작된다(1:1; 4:1; 6:1; 8:1; 12:1; 14:1; 16:1; 17:1; 18:1; 19:1; 20:1; 22:1; 23:1; 24:1; 25:1; 27:1). 동일한 양식이지만 레위기에서 "여호와께서 이르시되"(ויאמר יהוה אל־משה)로 시작하는 표현은 한번 있다(21:1). 그리고 모세와 아론을 함께 부르신 경우는 3번(11:1; 13:1; 15:1), 모세만 부르신 경우는 11번(5:14; 6:8,24; 7:22; 21:16; 22:17; 22:16; 23:9,23,26,33), 아론만 부르신 경우는 한번(10:8) 나타난다. 야훼께서 모세를 회막에서 부르시는 장면이 레 1:1에 처음에 등장하고 4:1에 다시 나타난다. 그러므로 번제, 소제, 화목제와 속죄제를 분리할 수 있는 단락을 제공한다. 한편 레 1:1에는 야훼께서 모세를 회막에서 부르시고 말씀하셨다. 그리고 레위기 끝장과 끝절인 27:32에는 "여호와께서 시내산에서 이스라엘 자손을 위하여 모세에게 명하신 계명"이라고 기록되어 있다. 그리고 중간에 3번(7:38; 25:1; 26:46)에 걸쳐 시내산에서 말씀하신 것으로 나타난다. 따라서 이 성막 규례는 광야로 떠나기 전 시내산에서 머물고 있을 때다. 성막은 출애굽 한 지 1년이 채 되기 전에 완성되었으며(출 40:17), 따라서 레위기의 규례는 바란 광야로 떠나기 전(민 10:11) 1달 22일 정도 걸쳐 기록되었다. 그런데 하나님께서 모세를 부른 이 회막은 제사를 지내는 회막이 아니라 모세가 하나님을 만날 때 사용하는 장막일 가능성이 있다는 주장이 있다. 출 33:7-11에 의하면 모세는 항상 진과 멀리 떠나 장막을 쳤다. 그 것을 회막이라고 불렀다. 야훼를 간절히 찾는 백성들은 진 바깥에 있는 회막으로 갔

제 문장이며, 5:14~6:7절까지는 속건제를 다룬다.[264] 여기서 5:14는 담화소개양식으로 시작하기 때문에 5:13까지가 4:1부터 시작된 속죄제에 대한 한 단락임을 드러낸다.[265] 세부적으로는 용어 배열의 형식상으로도 그렇다.[266] 결과적으로 속죄제 안에 속건제가 들어 있는 것은 한 가지 제사로, 즉 'חַטָּאת'(속죄제)의 넓은 의미 안에 하나님과 제사장 또는 이웃에게 무슨 손해를 입혔을 때의 범죄와 관련하여 보상할 때 드려지는 'אָשָׁם'(속건제)을 포함한 것이다. 이사야 53:10에서 메시아가 그의 육체를 'אָשָׁם'으로 드릴 것을 말하고 인류의 죄로 말미암은 하나님께 대한 보상이 이루어짐을 예언하고 있다.

이처럼 속죄제는 다른 제사들과 비교할 때 가장 많은 세부지침을 담

다. 거기서 모세가 하나님을 만나는 모습을 지켜보았다. 하나님과의 대면이 끝나면 모세는 다시 진으로 돌아오고 여호수아는 그 회막을 지켰다. 민 2:17에 의하면 회막은 진 중앙에 위치해 있다. 모세의 진 바깥 회막 사용은 금송아지 사건(출 32장) 직후에 기록된 것이다. 이는 금송아지 사건으로 인해 하나님께서 취하신 어떤 일시적인 조치(내침?)의 결과일 수 있다. Martens는 출 33장의 회막은 임시로 사용한 것이며 한편으로는 또 다른 회막이 제작 중에 있을 수도 있음을 시사했다. *God's Design*, 98. Lehman도 출 33:7의 회막이 이스라엘 진 밖에 세워졌을 때는 성막은 아직 건축되지 않았다고 보았다. *Biblical Theology Old Testament*, 167. 이러한 이유 때문에 레 1:1의 언급된 회막의 장소가 어느 쪽인지 불명확하다는 주장이 제기된다. 그러나 레 1:1절은 와우 접속사 연계형 미완료 동사로 시작하고 있음으로 이는 성막이 완성되고 야훼의 영광이 충만한 상태(출 40:34-35)의 완료형과 연결되는 것이 자연스럽다.

264) 레위기 4장은 첫 번째 속죄제 본문으로 야훼의 금령을 어겼을 경우(2,13,22,27)에 속죄제를 드려야한다고 명시하지만, 두 번째 속죄제 본문인 5장(1-13)은 속죄제를 드려야하는 경우(1-6절)와 만약 가난하여 속죄제물을 제대로 드리지 못할 경우(7-13절)의 규정을 밝히고 있다. 특히 5:1-6은 속죄제를 드려야하는 좀 더 구체적이고 의심스러운 경우를 소개한다. 즉 법정에서 증인의 의무를 행하지 않았을 경우(5:1), 부지중에 부정한 동물의 사체에 접촉했을 경우(5:2), 부지중에 부정한 사람과 접촉했다가 후에 그 사람이 부정한 사람이라는 것을 깨달았을 경우(5:3), 무심결에 맹세를 했다가 후에 자신이 이를 지키지 않았음을 깨달았을 경우(5:4)가 제시되어 있다.

265) Hartley, *Leviticus*, xxx.

266) 내용의 전체를 포괄하거나 주된 경우는 보통 "…하였으면 혹은 할 때"를 나타내는 "כִּי"를 사용한다. 그리고 종속의 경우에는 "אִם", 독립의 경우에는 "אֲשֶׁר"를 사용한다. 이렇게 보면 레 4:2는 "כִּי", 4:3은 "אִם", 4:13은 "אִם", 4:22는 "אֲשֶׁר", 4:27은 "אִם", 4:32는 "אִם"으로 시작한다. 여기서도 4:22와 마찬가지로 5:1은 역시 독립적인 "만일"의 "אֲשֶׁר"를 사용하고 있으므로 속죄제 단락 내에서도 새로운 주제의 문장이 시작됨을 알 수 있다.

고 있어 비중 또한 크다고 말할 수 있다. 이러한 이유는 속죄제가 그리스도의 죽음과 직접적인 관계가 있기 때문이다.267) 속죄제는 율법으로 말미암아 발생한 죄를 처리하고, 하나님에 대하여 거룩을 유지하며, 나아가서 피의 제사를 드림으로 생명을 유지하는 기능을 가지고 있다. 즉 피로 말미암은 대속의 원리가 이 속죄제 안에 있는 것이다. 속죄제를 통해 한 가지 강조되는 것은 제물보다는 속죄가 우선이라는 것이다. 이는 속죄의 필요성을 절실히 드러내는 증거로 파악된다. 그리고 속죄제 안에 속건제가 들어 있는 것은 인류의 죄로 메시아가 'אשם'으로 드려질 것을 말하고 있기 때문이다. 아울러 비고의적인 '모르고 지은 죄'와 고의적인 '알고도 지은 죄'에 대해서 구별하여 속건제를 통한 차별된 제사를 드리게 하는 것은 속죄를 베푸시겠다는 하나님의 자의적이고 자비로운 품성을 나타내는 것이다. 일 년 내 반복되는 속죄제는 일 년에 한 번 치러지는 대속죄일의 정교한 의식을 통해 그 역할과 의미가 더욱 두드러질 것이다.

2.1.3. 대속죄일

2.1.3.1. 총체적 정결

대속죄일의 속죄 대상은 성소와 제사장과 백성이다. 이 세 대상을 통해 알 수 있는 것은 속죄에는 사람과 물건의 총체적인 정결이 이루

---

267) 롬 8:3에 의하면 하나님은 죄를 속하려 주시려고 자기의 아들을 죄를 가진 육신의 모습으로 보내서서 그 육체를 죽임으로서 이 세상의 죄를 없이 하셨다고 기록한다. 여기에 그 육체를 죽이는 것이 '개역성경'의 "육신에 죄를 정하사"라는 표현이다. 이때 "죄"라는 "ἁμαρτίας"는 전치사 "περί" 함께 쓰일 때는 종종 "속죄제"로 번역된다. 따라서 롬 8:3에서 '개역성경'은 "죄"라고 번역했지만 NIV는 sin offering이라고 번역하고(고후 5:21에서도 동일한 표현), 또 문맥상 그리스도의 육체를 죽이는 것이 타당하게 보임으로 "속죄제"로 볼 수 있다. NIDOTTE Vol. 2 (Grand Rapids, Michigan: Zondervan Publishing House, 1997), 95.

어져야 한다는 사실이다. 그 이유는 일 년에 한 번 대제사장이 속죄 제사를 집전하기 때문이다. 이날 어떻게 총체적 정결이 이루어지는가는 의식의 절차들을 통해 그 의미가 나타난다.

'יוֹם הַכִּפֻּרִים' 욤 하키푸림 268)이라고 하는 (대)속죄일 의식은 레위기 16장이 서술하고 있다.269) 속죄일 예식은 제사장과 백성을 위한 속죄제→'עֲזָאזֵל' 아사셀을 위한 속죄염소 예식→번제 순서로 진행된다. 16장의 기록된 순서를 보면 (대)속죄일의 이유와 목적으로 보이는 구절은 "이스라엘 자손의 부정과 그 범한 모든 죄"16:16 270)가 해당된다.271) 이는 속죄일의 목적이 이스라엘 백성의 부정과 죄 자체의 정결보다는 (지)성소와 회막의 정결을 위해 사람들의 부정과 죄를 속죄해야 하는데

---

268) 절기로서 속죄일 명칭이다(day of atonement act, 레 23:27-28; 25:9). "יוֹם הַכִּפֻּרִים"은 "יוֹם חַטַּאת הַכִּפֻּרִים"의 생략형이다. Gane, Cult and Character, 222. 7월인 Tishri 10일이다. 일명 "화해일"이라고도 한다. Midrash에 의하면 2번째 명령: 절기들(12개) 5번째에 "속죄일"에 대한 내용이 수록되어있다. Hebrew-English Edition of The Babylonian Talmud, Yoma(יומא), (London · Jerusalem · New York, 1989). H. L. Strack & G. Stemberger, Introduction to the Talmud and Midrash, trans., Markus Bockmuehl (Minneapolis: Fortress Press, 1992), 126. 이 날은 "금식하는 절기"(행 27:9)로도 불리며, "Yoma"(아람어로 "The Day"라는 뜻)라고 부르는 Mishnah의 한 논문 전체가 이 속죄일의 의례와 규정들에 대한 내용으로 되어 있다. 초기 기독교인들에게 성금요일이 자신들의 속죄일이 되었다. 이 날은 자기부정, 참회, 속죄, 화해의 날들로 지켜졌다. 이런 일로 인해 속죄일의 심리적 치료에 관한 연구도 있다. Dana Charry, M.D., "The High Priest, the Day of Atonement and the Preparation for Psychotherapy, JPC (1982), Vol. XXXVI, No.2, 87-91. 그리고 대속죄일이 초기 기독교에 미친 역사적 영향도 상당하다. Daniel Stökl Ben Ezra, The Impact of Yom Kippur on Early Christianity: The Day of Atonement from Second Temple Judaism to the Fifth Century (WUNT 163; Tübingen: Mohr Siebeck, 2003).

269) 속죄일에 대한 다른 곳에서의 언급은 레 23:27-32; 25:9; 민 29:7-11에 기록되어 있고 유사한 의식은 겔 45:18-20에 나타난다. Rendtorff는 토라의 중심은 레위기이며 레위기의 중심은 16장이라고 말한다. Rolf Rendtorff, "Leviticus 16 als Mitte der Tora", BI 11 (2003), 252-258.

270) וְכִפֶּר עַל־הַקֹּדֶשׁ מִטֻּמְאֹת בְּנֵי יִשְׂרָאֵל וּמִפִּשְׁעֵיהֶם לְכָל־חַטֹּאתָם וְכֵן
יַעֲשֶׂה לְאֹהֶל מוֹעֵד הַשֹּׁכֵן אִתָּם בְּתוֹךְ טֻמְאֹתָם:
그리고 지성소를 위하여 정화하라 이스라엘 백성 가운데 있는 부정함 때문에 그리고 하나님께 반역한 그들의 모든 죄악을 그리고 그렇게 함으로써 그 부정함이 함께 있는 회막을 위하여 그가 제사를 드려라(레 16:16).

271) 대속죄일은 "모든 죄"(whatever their sins have been)에 대한 속죄이기 때문에 일 년 동안 처리되지 않거나 은폐된 고의적인 죄까지 모두 대상이 될 것이다.

초점이 맞춰져 있다.272) 이러한 이유는 백성이 레위기 17~26장에 있는 법들을 성취하기 위해 거룩한 삶이 필요하기 때문이라는 관측을 한다.273) 그러나 속죄일의 목적이 (지)성소와 회막의 정결뿐 아니라 사람을 위하여 행하여지고 있음도 드러난다. "이 날에 너희를 위하여 속죄하여 너희로 정결케 하리니 너희 모든 죄에서 너희가 여호와 앞에 정결하리라"레16:30 이 말은 백성이 속죄일을 통하여 속죄함으로 야훼 앞에 정결해지리라는 것이다. 그다음 다시 제사장을 통해 속죄일을 행하는 목적을 밝힌다. ① 지성소를 위하여 속죄한다.16:33 ② 회막과 단을 위하여 속죄한다.16:33 ③ 제사장들과 백성의 회중274)을 위하여 속죄한다.16:33 ④ 이스라엘 자손의 모든 죄를 위하여275) 일 년 일차 속죄한다.16:34 여기서 볼 수 있듯이 ① ②는 성소를 위해서 ③ ④는 사람을 위해서 속죄의식이 진행되고 있음이 나타난다.276) 'כָּפֶר' 동사에서 이미 살펴본 것처럼 'כָּפֶר'가 사람일 때는 '속죄'가 되지만, 제단을 속죄한다고 할 때는 '정화'하는 것을 나타낸다. 그러므로 'כָּפֶר'는 사람의 '속죄'와 제단의 '정화'를 동시에 나타냄을 알 수 있다.

이 속죄일은 속죄제, 속건제, 회개 등과 함께 속죄의 수단이 된다.277) 따라서 (대)속죄일을 갖는 목적과 대상은 성소와 사람을 위해

---

272) 이 날의 속죄 목적은 레 4장의 등급별 속죄제와는 다른 큰 규모로 진행된다.
273) Hartley, *Leviticus*, 217; 그리고 11-15장까지는 개인의 정결법이라면, 16장은 공동체의 정결법이다. Gerstenberger, *Leviticus*, 211.
274) 레위기 16장에서 이스라엘 백성을 가리키는 "회중"(the congregation, עֵדָה, 5절), "회중"(the assembly, קָהָל, 17절), "백성"(the people, עַם, 15절), "백성의 회중"(the people of the assembly, הַקָּהָל עַם, 33절)은 단어는 다르나 같은 뜻으로 사용된다. M. Noth, *Leviticus*, 118. "עֵדָה"는 종교적인 "이스라엘 공동체"를 말하고, "קָהָל"은 "조직으로서의 회중"을 뜻하는 것으로 보여 진다. LXX는 "회중"인 "עֵדָה"와 "קָהָל"을 "συναγωγη"(회당)로 번역한다.
275) 이때 모든 죄는 그때 마다 속죄제를 드리지 않아서 그동안 해결되지 않았던 일종의 회개 하지 않는 모든 죄를 뜻할 것이다.
276) 한편 레위기 외에도 속죄의식과 관련된 본문들은 다음과 같다. 출 29:36-30:16; 민 8:5-22; 15:22-28; 16:44-50; 겔 43:18-27; 45:13-20. Gerstenberger, *Leviticus*, 226.
277) H. L. Strack & G. Stemberger, *Introduction to the Talmud and Midrash*, 126.

동시에 이루어지는 속죄의식으로 보아야 한다. 사람들은 이날의 속죄의식은 공동체 전체의 의식이므로 개인보다는 회중에 미치는 영향이 클 것이다.[278] 이는 평상시 속죄제의 언급 순서(대제사장, 회중, 족장, 평민)를 볼 때 평민에서 위 계층으로 향하게 될 것이다. von Rad는 레위기 16장에 나타난 의식을 지적하면서 형태에 따라 아론 대제사장 자신을 위해 네 번(6,11,17,24)[279], 이스라엘 공동체를 위해 세 번(10,17,24), 그리고 성소를 위해 한번(20) 속죄의식을 행하였다고 밝혔다.[280] 이러한 사실을 미루어 볼 때 두 가지를 가정해 볼 수 있다. 첫째는 성소의 정화보다 사람의 속죄가 속죄일의 궁극적인 목적에 더 부합된다는 것과 다른 하나는 대제사장 자신에 대한 속죄 비중이 속죄일의 의식에 크게 차지한다는 사실이다. (대)속죄일에 속죄 대상의 하나는 오염된 성소[281]이고, 다른 하나는 인간들의 죄다. 인간들의 죄에는 제사장도 포함된다. 이때 드려지는 제사 형태와 제물의 종류와 의식과 방법이 각각 다르다. 이것을 도표로 만들면 다음과 같다.

---

278) 한편 속죄의식이 개인의 도덕적 인격에 미치는 영향이 큰지, 아니면 회중에게 미치는 영향이 더 큰지에 대한 논의는 다음의 글을 참조하라. Martin D. Yaffe, "Liturgy and Ethics: Hermann Cohen and Franz Rosenzweig", *JRE* 7/2 (1979), 215-28.
279) "아론은 자기를 위한 속죄제의 수송아지를 드리되 자기와 권속을 위하여"(6), "아론은 자기를 위한 속죄제의 수송아지를 드리되 자기와 권속을 위하여 속죄하고 자기를 위한 그 속죄제 수송아지를 잡고"(11), "그가 지성소에 속죄하러 들어가서 자기와 그 권속과 이스라엘 온 회중을 위하여 속죄하고"(17), "거룩한 곳에서 물로 몸을 씻고 자기 옷을 입고 나와서 자기의 번제와 백성의 번제를 드려 자기와 백성을 위하여 속죄하고"(24).
280) von Rad, *Theologie des Alten Testaments Band 1*, 284.
281) 성소는 야훼의 예배를 위한 장소로서 효과적으로 기능하도록 하기 위해서는 매년 정결의식이 필요하다. Hartley, *Leviticus*, 244.

〈대속죄일에 진행되는 제사〉

속죄대상		제사형태	제물종류	의식	방법
성 소		속죄제(제사장)	수송아지 A	속죄소 의식 +번제단 의식	향로와 피 뿌림 +단의 피 바름
		속죄제(백성)	수염소 B	속죄소 의식 +번제단 의식	향로와 피 뿌림 +단의 피 바름
인간	제사장	속죄제	수송아지 A	속죄소 의식	향로와 피 뿌림
		번제	수양 D 282)	번제단 제사	제물을 태움
	백 성	속죄제	수염소 B	속죄소 의식	향로와 피 뿌림
		번제	수양 E	번제단 제사	제물을 태움
		추방제(?)	수염소 C	아사셀 의식	광야로 보냄

여기서 볼 수 있는 것처럼 성소의 정화에는 속죄제만 드리고, 수송아지와 수염소의 제물이 필요하다. 제사장은 하나님이 임재하시는 성소283)와 백성 사이에 있으면서 수송아지와 수양으로 각각 속죄제와 번제를 드려야 한다. 이때 번제는 분명히 속죄의 기능을 가진다.레16:24 백성은 성소의 정화와 제사장의 속죄보다 좀 더 복잡하다. 우선 제사형태가 속죄제와 번제, 그리고 광야로 멀리 내보내는 짐승에 의한 죄의 제거 의식인 '추방속죄제'(?) 혹은 방출 의례rite of riddance가 특별히 시행되고 있다. 이것은 매우 상징적인 시각효과가 있을 것으로 보인다. 백성의 준비하는 제물의 종류는 두 가지이지만 세 마리의 생축이 필요하다.

위 도표에서 확정적인 사실은 어느 하나 소홀하게 취급할 수 없는 것이다. 이 가운데 가장 특징적인 사실은 제사장의 속죄의식이 필요하다는 것이다. 전체적으로 볼 때 (대)속죄일은 정결의식을 통해 성소

---

282) 민 29:7-11까지의 속죄일 규례에서는 "일년 된 수양 일곱"이 추가 되어 있다.
283) 하나님의 임재는 성소의 법궤 위에 임하는 국부적 임재(局部的 臨在, localized presence)와 이스라엘 진영내에 임하는 보편적 임재(general presence)로 구분하기도 한다. Wenham, The Book of Leviticus, 17.

의 정결과 제사장과 백성의 속죄가 요구된다. 그런 점에서 하나님이 요구하시는 속죄의 요소에는 온전한 성소, 온전한 제물, 온전한 제사장이라는 속죄의 3단계가 필요하다는 한 결론에 이른다. 이런 요소가 갖추질 때 속죄의 보증이 이루어진다고 볼 때 그 일환의 첫 번째가 속죄소의 피 뿌림이다.

2.1.3.1.1. כַּפֹּרֶת – '속죄의 보증'

성소의 정화가 속죄일에 이루어진다. 속죄일에 향로를 사용하여 속죄소에 피를 뿌리는 절차가 진행된다.[284] 이 'כַּפֹּרֶת'[285]라는 속죄소에 대한 속죄의식을 언급하고 있는 곳은 레위기 16:12~16이다. 속죄소는 성막건축규례출25~31에서 첫째로 지시된 증거궤(혹은 법궤, 16:13)를 덮는 속죄단이다.[286] 절차를 보면 ① 향로를 준비한다.[287] ② (번제)단 위의 불을 향로에 담는다. ③ 향로를 지성소에 안에 들여 놓는다. ④ 곱게 간 향출30:34~35을 두 손에 담아 지성소 안으로 다시 들어간다.[288]

---

284) 레위기 4장의 속죄제를 드릴 때는 대제사장은 성소 서쪽 방향, 즉 하나님이 임재해 계신 지성소를 향해 속죄제 피를 다룬다. 반면에 속죄일에는 정반대로 속죄소 앞에서 동쪽 방향 (이때 제사장은 법궤 뒤쪽에 서야 함)으로 피를 다룬다(레 16:14-19). 그리고 레위기 4장의 평상시 속죄제에서는 피 뿌림이 먼저 있고 그 다음에 피 바름이 있지만 속죄일에는 피 바름이 먼저 있고 피 뿌림이 있다(레 16:18-19). Gane, *Cult and Character*, 282-83.
285) "כַּפֹּרֶת"에 대한 용어 해석과 의미는 앞에서 언급된 "속죄용어"란을 참고하라.
286) 법궤를 덮은 판은 나무에 금을 입히지 않고 순금으로만 되어 있어 성막 기물 중 가장 비싼 것이다. 구약의 속죄소가 롬 3:25에서 'hilasterion'으로 나타나는데, 이 개념이 속죄단인지, 아니면 속죄제물인지, 또는 속죄수단인지에 대한 논의는 다음의 글을 재차 참고하라(변종길, "로마서 3장 2절의 hilasterion", 57-76). 이 논문에서 저자는 'hilasterion'이 속죄단을 가리킨다고 주장한다. 본인도 법궤가 속죄단이라는 견해에 동의한다; 이 속죄판은 거룩한 것과 죄악된 것 사이의 경계선 역할을 한다는 견해를 가진다. Hartley, *Leviticus*, 245.
287) "מַחְתָּה"(향로)는 거룩하다. 고라 무리의 반역사건에서 향로는 하나님의 진노를 막고 속죄하는 기능이 있음이 나타난다(민 16장).
288) 이때 지성소에 들어갈 때 두 손이 아니라 두 손은 합쳤을 때 우묵한 모양처럼 생긴 기구에 향을 담아 들어갔을 가능성이 있다. 왜냐하면 원어 "חֹפֶן"은 손이 아니라 두 손을 모았을 때의 우묵한 모형(hollow of hand)을 나타내고 있기 때문이다. Cf. *BDB*, 342.

⑤ 향을 향로에 넣어 분향한다. ⑥ 향로의 연기가 증거궤[289] 위 속죄소를 덮게 한다.[290] ⑦ 다시 지성소에서 나와 이번에는 수송아지의 피를 가지고 들어간다.[291] ⑧ 손가락으로 속죄소 동편[292](위)에 피를 뿌린다. 16:14~15 참조 ⑨ 또 손가락으로 그 피를 찍어[293] 속죄소 앞에 일곱 번 뿌린다. ⑩ 다시 지성소에서 나와 이번에는 속죄제 염소의 피를 가지고 들어간다.[294] ⑪ 손가락으로 속죄소 위(동편)에 피를 뿌린다.16:14~15 참조 속죄소(속죄단 혹은 속죄판)에서 행하는 속죄의식의 목적은 이스라엘 자손의 부정과 그 범한 죄 때문에 드나드는 사람들로 말미암아 성소가 오염되었기 때문에 이것을 정화하는 데 목적이 있다. 그래서 속죄소 속죄의식과 관련하여 "(지)성소를 위하여 속죄하고 또 그들의 부정한 중에 있는 회막을 위하여 속죄할 것"16:16이라고 밝힌다. 이 속죄소를 통해 야훼의 임재와 현현이 구체적으로 나타나므로레16:2 [295]; 민7:89 'כַּפֹּרֶת'는 하나님의 권능과 거룩함에 대한 강조와

---

289) "עֵדוּת"(the Pact)는 "אֲרוֹן הָעֵדֻת"(the Ark of the Pact, 출 25:22)의 생략형이다. Milgrom, *Leviticus 1-16*, 1031.
290) 거룩의 등급에서 볼 때 연기가 지성소 안에서도 속죄소와 분리하는 역할을 한다. 이렇게 볼 때 지성소에 안에서는 속죄소가 가장 거룩함을 나타낸다. Cf. Milgrom, *Leviticus* 1-16, 1029. 이때 연기가 대제사장을 가림으로 죽음을 면하는데, 이 가리움(כסה)은 부끄러움을 숨기거나, 지나가거나, 벗은 몸을 옷으로 가리는 것을 뜻한다.
291) 바닥은 흙모래로 되어 있을 것이다. 특별한 기록이 없는 것을 고려할 때 광야의 모래와 흙 위에 성소가 세워진 것이다.
292) 피를 뿌리는 대제사장의 위치가 만약 언약궤 뒤편이라면 회막문이 있는 "동편으로" 뿌리는 것이 된다. 그러나 만약 뿌리는 위치가 언약궤 앞이라면 동편은 언약궤 앞이 될 것이다. 손가락에 찍어 피를 뿌릴 때 언약궤 위에 속죄소가 있음으로 동작상으로는 대제사장이 일정하게 위에서 아래로 한 번에 뿌리는 것으로 보여 진다. Hartley는 동쪽에 피를 뿌리는 것은 야훼께서 동쪽을 향해 그룹들 위에 좌정하신 것으로 간주되기 때문으로 보았다. *Leviticus*, 239.
293) 제사장이 피를 찍을 때 사용한 손가락(אֶצְבַּע)은 단수이다.
294) 여기서 제사장은 지성소에 목적상으로 두 번, 실제로는 세 번 들어가는 것으로 보인다. 즉 향로를 가지고(아마 두 손) 들어가며, 수송아지의 피를 가지고 들어가며, 수염소의 피를 가지고 들어간다.
295) 대부분의 주석들은 구름(עָנָן)을 하나님의 임재로 본다. Levine, *Leviticus*, 100.

함께 속죄의 보증 역할을 하고 있다는[296]점이 제시된다. 두 번째가 온전한 성막을 유지하기 위해 번제단을 속죄한다.

2.1.3.1.2. מִזְבֵּחַ – '온전한 속죄'

속죄일의 'מִזְבֵּחַ' 번제단 [297]의 속죄의식은 성막정화의 일환이다. 속죄소의 속죄의식이 (지)성소와 회막을 위한 것이라면, 번제단의 속죄의식은 말 그대로 번제단의 정결을 위한 것이다. 해당 구절들은 16:18~19이다. 순서는 다음과 같다. ① 수송아지 피와 염소의 피를 준비한다 (함께 섞은 것으로 보인다. 왜냐하면, 피를 뿌릴 때 각각 뿌렸다는 말이 없기 때문이다). ② (번제)단 귀퉁이 뿔들에 바른다. ③ 손가락으로 피를 단 위에 일곱 번 뿌린다. 번제단에 피를 바르고 난 다음 그 피를 뿌리는 것이 속죄일에만 있었다는 사실(16:19)은 속죄일에만 행하는 지성소의 정화와 깊은 관계가 있음을 암시한다. 즉 지성소의 정화를 위해 이 속죄소 의식을 끝내고 나와서 번제단에 피를 바르고 또 뿌리는 것은 속죄일이 갖는 온전한 속죄 의식을 암시한다.[298] 이 번제단의 속죄의식은 이스라엘 자손의 부정으로부터 단을 성결케 하는 데 목적이 있다.16:19b [299] 번제단이 성결해야 하는 이유는 그것이 하나님의 지

---

296) D. I. Shin, *The Ark of Yahweh in the Old Testament*, 87-88.
297) 번제단의 제의 중요성에 대한 초기 증거에 대해서는 다음의 글을 참고하라. Dion, "Early Evidence for the Ritual Significance of the Base of the Alter", 487-492.
298) Kiuchi, *The Purification Offering in the Priestly Literature*, 129.
299) 속죄일의 의식에서 두 가지의 경우는 불분명하다. 첫째는 출 30:10에 명령된 향단뿔에 대한 연례 속죄의식은 레 16장의 대속죄일에는 나타나지 않는다. 이에 대한 이유는 성경에서 밝히지 않고 있으나 이 날에 함께 시행했을 것(레 16:18-19)으로 본다(Cf. Gane, *Cult and Character*, 226). 또 피의 처분을 위한 의례가 속죄제 의식으로부터 빠져 있다(16:18-19). 이 점에 대해 Koch는 원래 화목제를 위한 의식의 일부였던 남은 피의 처분과 기름 태우기 의례들은 나중에 속죄제 의식에 추가된 것으로 믿는다. Koch, *Die Priesterschrift von Exodus 25 bis Leviticus 16: FRLANT* 71 (Göttingen: Vandenhoeck and Ruprecht, 1959), 54-55. 그러나 대속죄일의 특징적인 의미 때문에 일반적인 속죄제 의식의 세부적 규례는 기록이 생략될 수 있을 것이다.

시로 만들어졌으며, 이 제단을 통해 제물의 향기를 흠향하시기 때문이다.300) 일 년에 한 번씩 갖는 대속죄일에 번제단에 피를 바르고 뿌리는 것은 그동안 죄로 말미암아 오염된 번제단을 정결케 하는 것이다. 부정한 자들이 이 번제단에 접촉함으로써 제단의 거룩성이 오염되었기 때문이다. 하나님은 거룩한 분이시기 때문에 하나님과 관련된 모든 것의 거룩이 유지되어야 한다.레19:2 이스라엘 자손의 부정과 그 범한 모든 죄로 더럽혀진 성막의 정화가 이루어졌다면 이제 백성의 속죄가 이루어져야 한다. 그것이 살아있는 염소를 추방하는 'עֲזָאזֵל' 의식이다.

2.1.3.1.3. עֲזָאזֵל – '죄악의 종결'

'עֲזָאזֵל' 아사셀 16:8 301)의 속죄의식은 '큰 전제'와 '작은 전제'가 있다. 큰 전제는 "여호와를 위한 것"16:9이며 작은 전제는 'עֲזָאזֵל'을 위한 것

---

300) 번제단은 "עֲצֵי שִׁטִּים"(acacia wood) 위에 놋으로 쌌기 때문에 '놋제단'(출 38:2)이라고도 한다. 번제단은 장이 5 규빗(44.5cm × 5= 222.5cm)이며, 광이 5 규빗이다. 네모반듯하다. 그리고 고는 3 규빗(44.5 × 3= 133.5cm)이다. 그 네 모서리에 뿔이 있었다. 제단의 부속물로는 통, 부삽, 대야, 고기 갈고리, 불 옮기는 그릇, 놋 그물, 채 등이 있다(출 38:3-7). 이 번제단은 성막의 문 앞, 뜰에 두었다(출 40:6). 한편 번제단은 "אֲדֹנָי שֻׁלְחַן"(여호와의 상(床), Lord's table, 말 1:12)이라고도 표현한다. 그래서 그 위에 놓인 것은 "יְהוָה לֶחֶם"(하나님의 식물, the food of their God, 레 21:6,17,21,22)이었다. 제사가 하나님의 식물(sacrifices are divine food)이라는 사상은 겔 44:16; 민 28:2; 출 25:23-30; 레 24:5-9에 나타난다. J. Klawans, "Ritual Purity, Moral Purity, and Sacrifice in Jacob Milgrom", 24.
301) "עֲזָאזֵל"에 대한 의미는 학자들 간에 크게 5-6가지로 해석되고 있다. "떠나는 (속죄)염소" (departing (scape)goat), "전적인 제거"(entire removal), "바위 절벽"(a rough and place or precipice), "악귀의 이름"(the name of a demon), "신의 분노"(fierce god or divine anger) 등이다. "עֲזָאזֵל"에 대한 본인의 견해는 레 17:7과 관련하여 수염소(우상, שָׂעִיר) 숭배를 제거(속죄)하기위해 보내진, 어떤 상징화된 고유명사로 생각한다. 이에 대한 자세한 논의에 대해서는 다음의 글과 책들을 참고하라. Jacqueline C.R. DE ROO, "Was the Goat for Azazel Destined for the Wrath of God", *Biblica* 81 (2000), 233-234; Hartley, *Leviticus*, 222, 237; Gane, *Cult and Character*, 246-61; Milgrom, *Leviticus* 1-16, 1020-21. 특히 "עֲזָאזֵל"이 속죄를 위한 신의 분노를 달래는 도구로서 민 25의 비느하스와의 연관성 연구에 대해서는 앞에서 언급된 DE ROO의 글(237)을 보라. 그리고 속죄일의 두 염소는 그리스도의 음부하강과 십자가의 속죄제를 상징한다는 주장도 역시 DE ROO의 글(239-40)을 보라.

16:10이다. 여기서 'עֲזָאזֵל'은 야훼와 대칭되는 어떤 대응체가 되어야 상황에 맞는다는 주장이 있다. 그런 점에서 'עֲזָאזֵל'은 어떤 영적 형태를 지닌 악령의 고유명사로 보고 있다. 참조. 레17:7 302) (대)속죄일에 아론 대제사장303)은 3가지의 속죄의식을 치러야한다. 첫째는 자기와 권속 household을 위해 속죄제를 드려야 한다.16:6 두 번째는 두 염소를 준비하여 제비를 뽑아304) 한 염소는 야훼를 위하여 속죄제를 드려야 한다.16:7~8 세 번째는 나머지 한 염소를 'עֲזָאזֵל'을 위하여 염소를 광야로 보내는 속죄의식을 진행해야 한다.16:8~10 305) 이 속죄의식은 속죄소와 번제단의 정결의식이 끝난 후에 시행된다.16:20 회막과 사람의 정화를 위해 속죄제를 드린다면 'עֲזָאזֵל'의 속죄의식은 무엇을 위한 것인지 궁금해진다. 이에 대한 설명은 16:21~22에 소개된다. ① 아론은 두 손으로 산 염소306)의 머리에 안수한다.307) ② 안수하면서 이스라엘 자손

---

302) "עֲזָאזֵל"을 고유명사로 보지 않는 경우는 '속죄의 제거용 염소'라는 어구적인 표현으로 간주한다. 참고. 김의원, "레위기 속죄연구", 23-26. 그래서 염소를 뜻하는 "עֵז"(창 27:9)와 "떠나다, 가버리다" 뜻의 동사 "אָזַל"(신 32:36)이 결합되어 생겨난 용어로 해석한다. 참고. 김중은, "속죄일과 속죄의 피" 『기독교사상』 1989년 6월호, (서울: 대한기독교서회), 235. 이 두 경우는 "עֲזָאזֵל"은 속죄도구 역할을 하는 염소로 보는 것이다. 이 견해가 지지를 받는다면 속죄일의 두 염소는 각각 성소와 광야의 속죄제물이 되는 셈이다.
303) "대제사장"이라는 표현은 레 21:10에 처음 언급된다. "הַכֹּהֵן הַגָּדוֹל מֵאֶחָיו"는 문자적으로 "자기 형제들 가운데 가장 큰 제사장"이라는 뜻이다.
304) 대제사장이 제비를 뽑을 때 우림과 둠밈의 거룩한 돌들을 사용했을 견해(Noth, Leviticus, 121)와 미리 "עֲזָאזֵל"과 "야훼"에게로 구별하여 기록한 것을 사용했을 견해(Milgrom, Leviticus 1-16, 1020)가 있다.
305) Carmichael은 고동근동에서 עֲזָאזֵל 의식과 같은 유사한 제의는 없다고 주장한다. 그의 논문에서 희년서와 관련하여 속죄염소 의식의 기원을 요셉의 형제들이 요셉에게 행한 범죄와 관련하여 자신들의 잘못을 뉘우치는 것으로 묘사한다. Calum Carmichael, "The origin of the scapegoat ritual" VT 50 (2000), 167-82. 이에 대한 본인의 견해는 문화인류학적인 측면에서 볼 때 עֲזָאזֵל의 독특한 의식 때문에 추론된 이론제기로 보이며 쉽게 납득하기에는 무리가 있어 보인다. 한편 고대근동에서 행해진 일반적인 속죄양(עֲזָאזֵל) 의식과 제거의식에 대해서는 다음의 글들을 참고하라. Janowski B., and G. Wilhelm, 'Der Bock, der die Sünden hinausträgt: Zur Religionsgeschichte des Azazel-Ritus Lev 16,10,21f', in Janowski, Koch and Wilhelm, (eds.) (1993), 134-57; D. P. Wright, The Disposal of Impurity (1987), 31-60; Lester L. Grabbe, "The Book of Leviticus" CR 5 (1997), 103-105; Miigrom, Leviticus 1-16, 1071-79.

의 모든 불의와 그 범한 모든 죄를 고(백)한다. ③ 그 죄를 염소의 머리에 둔(얹는)다. ④ 미리 정한 사람에게 염소를 맡겨 광야로 보낸다. ⑤ 염소가 백성의 모든 불의[308]를 지고 무인지경[309]에 도달한다. ⑥ 염소를 데려간 사람은 염소를 광야에 놓는다.[310] Kiuchi는 광야로 보낸 염소는 아론 대제사장이 드리는 속죄제의 완성을 가져온다고 주장한다. 그는 레위기 4장의 속죄제에서 대제사장 자신을 위해 드렸던 속죄에 대한, 용서가 기록되어 있지 않기 때문에 불완전한 것을 레위기 16장에서 보완되었다는 것이다.[311] 이것은 레위기 4장의 속죄제에서 대제사장 자신이 스스로 말해야 할 속죄선언의 부가어구4:20가 없었기 때문에 이 주장이 다소 설득력이 있다. 속죄일의 전체적인 분위기는 다시는 살아서 돌아올 수 없는 염소와 함께 우리의 불의를 멀리 떠나 보낸다는 느낌이 들게 한다. 마치 "동이 서에서 먼 것 같이 우리 죄과를 우리에게서 멀리 옮기셨으며"라는 시편 103:12의 구절이 연상된

---

306) "הַשָּׂעִיר חַי" (살아 있는 염소)는 문둥병환자의 정결의식에 사용된 "הַצִּפֹּר הַחַיָּה" (살아 있는 새)와 상응한다(레 14:6-7).
307) 두 손으로 안수 하는 경우가 여기 레 16:21에 기록하고 있다. 두 손의 안수는 어떤 형태(죄)의 전가가 적절한 해석일 것이다. 모세가 차기 지도자 여호수아에게 안수함으로 그에게 지혜의 신이 충만하였다(신 34:9)는 내용도 전가의 의미가 적절하다고 볼 때 두 손으로 안수하였을 것이라는 견해를 지지를 받고 있다. Terry Briley, "The Old Testament "Sin Offering" and Christ's Atonement", *SCJ* 3 (Spring, 2000), 96-97. 일반적으로 수송아지 머리에 안수하는 "סָמַךְ" (레 1:4)는 동일시의 의미를 담고 있다. 왜냐하면 이 단어는 단지 '올려놓는다.' 는 것보다 '누르다' (lay)라는 의미를 담고 있기 때문에 예배자와 희생동물의 동일성을 나타내고 있는 것이다. 이때의 안수는 한손으로 했을 것이다. 한편 머리에 손을 얹고 축복할 때는 "שִׁית" (창 48:18)을 사용한다.
308) 이때의 "불의"는 "עֲוֹנֹתָם"인데, 명사 접미사 단수명사 복수 3인칭 남성을 사용함으로 집단 개념을 갖는다.
309) 이 "무인지경"은 "גְּזֵרָה"을 장소나 혹은 광야의 지명으로 보는 견해다(레 16:10).
310) 통상 염소를 끌고 간 사람이 죽음의 확정을 위해 염소를 절벽에서 밀어 뜨려 죽이는 것으로 알려져 있다. 랍비들의 전통에 의하면 그 염소를 끌어다가 혼자 가도록 풀어 놓는 곳은 예루살렘에서 남동쪽으로 약 6km 떨어진 곳이다. 이곳은 기드론 골짜기 너머에 있는 '벳 하두두', 또는 '벳 하루둔' 으로 오늘의 '치르벳 하라이단' 으로 불린다. de Vaux, *Ancient Israel*, 507-509.
311) Kiuchi, *The Purification Offering in the Priestly Literature*, 149-53.

다.³¹²⁾ 이런 점에서 'עֲזָאזֵל'의 속죄의식은 회막의 정화보다는 인간의 죄를 기억하지 않으시려는 하나님의 용서로 보인다. 이것은 16:5에 "이스라엘 자손의 회중에게서 속죄제물을 위하여 수염소 둘을 취하였기" 때문에 한 마리가 아닌 두 마리를 준비하였다는데서 확인된다. 따라서 속죄일이 성막 정화에 더 큰 의미를 두는 것은 무리가 있다고 하겠다. 'עֲזָאזֵל'은 사람을 위한 속죄의식이다. 모든 속죄제는 속죄일의 속죄제로 집약된다면 이 날의 속죄제는 광야로 보낸 속죄 염소를 통해 죄악이 제거되는 종결 과정³¹³⁾을 보여준다. 속죄일의 모든 의식을 끝내면서 영원히 이 규례를 지키라는 명령이 주어지므로 대속죄일은 'שַׁבַּת שַׁבָּתוֹן' 절기가 된다.

2.1.3.1.4. שַׁבַּת שַׁבָּתוֹן – '안식의 조건'

(대)속죄일을 'שַׁבַּת שַׁבָּתוֹן'이라고 한다. 속죄일이 진행되는 레위기 16:31에 의하면 이 (대)속죄일을 가리켜 '큰 안식일'이라고 말한다. 미리 밝히자면 속죄일은 안식일이다. 이렇게 '개역성경'이 '큰 안식일'이라고 표현하는 것은 속죄일을 그 중요성에 의해 (대)속죄일로 인식하듯이 속죄일로서의 안식일도 이와 걸맞게 '큰'이라는 형용사를 붙였다고 볼 수 있다.³¹⁴⁾ '큰 안식일'을 'a sabbath of rest', 'a sab-

---

312) "עֲזָאזֵל" 염소의 의식과 예수님의 죽음과의 상호 관련성은, 예수님께서 그 염소가 했던 바와 같이 친히 백성의 죄를 짊어지고 죄를 알지도 못하신 분이 모든 사람을 위해 죄가 되셨다(고후 5:21)는 사실에서 찾아볼 수 있다. 한편 사도신경에서 예수님의 지옥강하는 "עֲזָאזֵל"처럼 죄를 그 근원지인 지옥으로 지고 가시어 그것을 거기에 두셨다는 해석을 하기도 한다. Hartley, *Leviticus*, 245. 이러한 해석은 의의론적(semantic)으로는 연결점을 가질 수 있다고 생각한다.
313) Harrison, *Leviticus*, 171.
314) 아마도 유대인들이 지키는 명절의 첫 날과 겹치는 안식일을 가리켜 "큰 안식일"(the Great Sabbath)로 불렀을 것이라는 견해가 있다. L. A. Hoffman, "The Jewish Lectionary, the Great Sabbath, and the Lenten Calendar" *in Time and Community* (Washington D. C.: The Pastoral Press, 1990), 3-20.

bath of complete rest'로 표현한다.315) 'שַׁבַּת שַׁבָּתוֹן'의 문자적 번역은 '쉬는 안식일 절기'이며, 뜻은 가장 엄숙한 안식일'이다.316) 쉬는 것을 또 쉬는, 일종의 '완전히 쉬는 날'인 셈이다.317) 이 'שַׁבַּת שַׁבָּתוֹן'은 레위기 25:5의 '안식년'으로 번역된 'שַׁבַּת שַׁבָּתוֹן'과 같은 표기이다. 즉 '큰 안식일'과 '안식년'의 원문 표기가 같다는 것은 동일한 기능과 의미가 있다는 뜻이다. 레위기 23:2에 의하면 속죄일은 '여호와의 절기'318)에 속한다. 23장에 수록된 절기는 '안식일'319), '유월절', '무교절', '곡물의 첫 이삭 제사', '오십일 계수의 제사'(오순절), '나팔절', '속죄일', '초막절' 등 매년 8번의 절기를 지키도록 명령하고 있다.320) 이 절기들의 시작은 안식일이다. 이 안식일이 모든 절기의 기본이 되는 것이다. 왜냐하면, 대부분 절기 동안은 'מִקְרָא-קֹדֶשׁ' 성회 321)로 모이고, 노동을 하지 못하도록 규정하고 있기 때문이다. 이것은 안식일 규정에 속한다. 그런 점에서 속죄일도 안식일에 속한다. 레위기 23:27~32까지에 이 속죄일에 대한 규정을 비교적 상세히 기술하고 있다. 이 절차를 도표로 만들면 다음과 같다.

---

315) 혹은 "a Sabbath of solemn rest"라고 표기한다. Moshe David Herr, "Day of Atonement" *EJ* 2 ed. (Thomson Gale, 2007), 488.
316) John R. Kohlenberger III. (edited). *The Interlinear Hebrew-English Old Testament*, Vol.1/Genesis-Deuteronomy (Grand Rapids, Michigan: Zondervan Publishing House, 1979), 321; *HALOT*, 360; *BDB*, 992.
317) '개역성경'은 "큰 안식일", '개역개정성경'은 "안식일 중의 안식일", '공동번역'은 "철저하게 쉬는 안식일", '표준새번역'은 "엄격하게 지켜야 할 안식일"로 각각 번역하였다.
318) "מוֹעֲדֵי יְהוָה"는 "야훼를(에) 위해(의해서) 지정된 절기"라는 뜻이므로 절기의 주인은 인간이 아니라 야훼이심을 나타낸다.
319) 일반적으로 안식일에 대한 역사적 기원에 대해서는 불분명하지만, 역사적인 전통은 출애굽의 광야시대(출 16:23-30)로 추정한다. Barbara Organ, "The Sabbath in Leviticus", *BT* 36 (1998), 13.
320) 매일 드리는 상번제와 비교할 때 각 절기 때에 드리는 번제와 속죄제의 제물의 양은 다르다(민 28-29장).
321) 절기가 진행되는 중에 예배를 드리기 위해 함께 모이는 특별한 날을 지칭한다.

〈절기로서의 속죄일〉

규정	내용
날짜	7월 10일
형태 모임	성회
제사	화제
이유	야훼 앞에 속죄
규례 성격	영원한 규례
절기 형태	안식일
노동 규칙	하지 말 것
일반 규칙	아무 일도 하지 말 것
제거 규칙 1	노동하는 자
제거 규칙 2	스스로 괴롭게 하지 않는 자 [322]
기간	9일 저녁부터 10일 저녁까지

이 도표는 절기로서의 속죄일에 대한 일반 백성의 규례이다. 이것은 레위기 16장에 언급된 (대)속죄일의 속죄의식 절차와는 달리 별도로 레위기 23장에 주어진 것이다. 도표에서 밝혀진 대로 속죄일의 존재 이유는 야훼 앞에서의 속죄다. 즉 속죄일의 관계 이유는 속죄에 있고, 이 속죄는 야훼 앞에서의 속죄임으로 이는 곧 안식을 위해 필요한 조건이 된다. 이 속죄일23:27이 안식일23:32이므로 속죄가 지향하는 목표는 안식이라는 개념 속에 들어 있다고 말할 수 있다. 그러므로 속죄일을 포함한 모든 절기의 기본구조는 안식의 개념 속에서 그 목적을 찾아야 한다. 한 가지 덧붙인다면 속죄일에서 다루어야 할 한 의식이 남아 있는데, 그것은 진행자들의 정결 문제이다. 이것이 왜 필요한가를 다음 단락에서 살펴볼 것이다.

---

[322] 이는 금식을 말하며, 행 27:9에는 '금식하는 절기' (the Fast of the Day of Atonement, νηστείαν)로 표현된다. Milgrom은 "스스로 괴롭게 하는 것" (practice self-denial)을 금식과 관련된 것으로 해석한다. *Leviticus* 1-16, 1054.

2.1.3.2. 완전한 종결

대속죄일의 의식을 통해 성막과 사람의 총체적 정결을 이루었다면, 마지막으로 한 가지 더 해야 하는 것이 의식 진행자들의 온전한 정결의식이다. 속죄일 의식의 완전한 마침을 위해서는 이를 진행하는 사람들의 완전한 수행이 필요한데, 이 기준은 정해진 정결의식에 준해 차질 없이 행동해야 한다는 것이다. 왜냐하면, 속죄일 의식에는 사람도 의식의 한 요소로서 중요하게 취급되어야 하기 때문이다. 하나님께서 사람에게 당일에 행할 일에 대해 지침을 주신 것은 정결의 안팎이 모두 하나님 앞에서 온전 해야 함을 뜻한다.

첫 번째가 대제사장 아론에게 주어진 명령이다.16:2~4; 23~24 대제사장 아론은 성소의 휘장[323] 안에 있는 법궤의 속죄소 앞에 무시로 들어가서는 안 된다.[324] 대제사장은 왜 지성소에 자주 들어갈 수 없는 이유는 하나님의 거룩 때문일 것이다.[325] 무시로 들어갈 경우 사망하게 된다.[326] 이유는 야훼께서 속죄소 위에 임재하시기 때문이다. 속죄소는 하나님의 임재를 상징한다.출25:22 속죄일에서 이미 대제사장이 죽을 수 있다는 조건으로 지성소로 들어올 수 있는 길을 열어 놓았다. 대제사장 아론이 지성소로 들어갈 때는 다음과 같은 절차와 준비를 거쳐야 한다. 수송아지를 속죄제물속죄제로 먼저 드리고 수양으로 번제물번제을 드려야 한다. 그리고 나서 물물두멍, 출30:18로 먼저 몸을 씻는다.출30:19~20 [327] 일종의 정결의식이다. 다음에 거룩한 옷을 입는다.[328] 입

---

323) 성소와 지성소를 구별했던 휘장은 홍색, 자색, 청색으로 수놓은 그룹이 있는 커텐으로써 조각목으로 만든 네 기둥으로부터 드리워져 있었다(출 26:31-32).
324) 그러나 고핫 자손만은 지성소에 들어갈 수 있었다. 그들은 성막이 이동할 때 법궤를 담당하였기 때문이다(민 4:4-6). 그리고 모세는 하나님 말씀하시는 목소리를 듣기 위해 수시로 들어간 것으로 본다(출 25:22; 민 7:89).
325) Lehman, *Biblical Theology Old Testament*, 160.
326) 실제로 대제사장이 실격하여 죽은 사례에 대해서는 성경에 나타나지 않는다.

는 순서는 세마포 속옷을 입는다.[329] 세마포로 만든 띠를 띤다. 세마포로 만든 두건 형태의 관을 쓴다.[330] 아론 대제사장이 지성소에서 나와서는 거룩한 세마포 옷은 들어가기 전에 갈아입었던 곳(물두멍 부근?)에 벗어 놓는다. 다시 거룩한 곳인 물두멍[제사장용]에서 물로 몸을 씻는다. 그리고 나서 평소의 대제사장 복장[331]으로 갈아입는다.[332] 대제사장이 다시 제사장 의복을 갈아입는 것[333]은 백성의 속죄가 성공적으로 완료되었음을 나타낸다. 다음으로, 자신을 위해 준비한 수양의 번제를 드리고, 백성이 준비한 수양의 번제를 드리면서 속죄한다. 여기서 한 가지 알 수 있는 것은 속죄제로 속죄의 제사를 드렸지만, 다시 번제로 속죄의 제사를 드린다는 것이다. 즉 속죄제 안에 번제가 포함되어 있다.16:25 이것은 번제가 온전히 태워지는 형태를 고려할 때 속

---

327) 대제사장이 하루 동안 몇 번의 몸과 손과 발을 씻는지에 대해서는 다음을 참조하라. Milgrom, *Leviticus 1-16*, 1017-18.
328) 이스라엘 백성도 거룩한 행동을 하기 전에 그들의 옷을 갈아입었다(출 19:10). 이런 과정은 공식적인 성화행위(the formal act of consecration)의 준비 작업이다. Martens, *God's Design*, 100-101.
329) 속옷은 소매가 짧고 무릎까지 내려오는 것으로, 이는 "מִכְנְסֵי־בָד" (레 16:4, white linen drawers)라는 세마포 고의(袴衣=남자의 여름 홑바지 같은 것)를 그 안에 입는 것을 말한다 ('개역성경'에는 "살에 입고"라는 표현으로 봐서 요즈음의 팬티 같은 것일 수 있다). 고의는 하체를 가리기 위한 것이다(출 28:42). 대제사장이나 제사장들이 회막에 들어갈 때나 제단에 가까이 하여 거룩한 곳에서 섬길 때에 그것들을 입어야 죽지 아니한다(출 28:43). 이 규정으로 보면 회막 바깥에서는 제사장이 세마포가 아닌 다른 속옷을 입고 생활했을 것으로 짐작된다. 한편 출 39:27에 언급하는 속옷은 "כְּתֹנֶת"로 일종의 긴 속옷(tunics)이며 평상복으로 착용한 것으로 보인다.
330) 제사장 예복은 아론을 위한 대제사장 옷(출 28:2-39)과 아들들을 위한 제사장 옷(출 28:40-42)으로 나누어져 있다. 신발에 대한 언급이 없는 것으로 보아서 맨발로 집전한 것 같다.
331) 성소에 들어갈 때는 에봇(두 견대 포함), 판결흉패, 에봇 받침 겉옷, "여호와께 성결" 패를 착용하고, 평소 성소 바깥뜰에서는 일반 제사장과 같이 속옷, 띠, 관, 고의만 입는다(출 28:2-42).
332) 겔 44:19에 의하면 제사장들이 바깥 뜰 백성에게로 나아갈 때는 수종드는 옷을 벗어 거룩한 방에 두고 다른 옷을 입도록 하고 있는데, 그 이유는 그 옷으로 백성을 거룩하게 하는 일에 잘못 사용되는 것을 방지하기 위한 것으로 보여 진다. Albert I. Baumgarten, "The Paradox of the Red Heifer", *VT* XLII, 4 (1993), 448.
333) 이런 것을 '탈성(脫聖)의식' (desanctification)이라고 한다.

죄제의 온전성을 위해 부차적이고 보조적인 제사로 사용되고 있음을 보여준다.

두 번째가 'עֲזָאזֵל' 염소 담당자이다. 16:26 'עֲזָאזֵל'을 위해 염소를 광야로 끌고 갈 자를 미리 정한다. 16:21 이 자는 염소를 끌고 가서 사람이 살지 않는 무인지경334)에 이르면 염소를 광야에 놓아두고 돌아온다. 이때 염소를 'עֲזָאזֵל'에게 보낸 자는 진에 그냥 들어오지 못한다. 이 자도 대제사장이 속죄의식을 치른 후에 몸을 씻듯이 진 바깥에 준비해 둔 물로 옷을 빨고 몸을 씻은 후에 진에 들어올 수 있다. 이 행동은 진 자체가 거룩한 곳임을 나타낸다.

세 번째가 제물 사체 처리자이다. 16:28 속죄제 수송아지와 속죄제 염소의 피를 사용한 후에 가죽과 고기와 똥사체 찌꺼기이 남는다.335) 이를 진 밖으로 가져가서 불살라야 한다. 이때 이 사체를 가져다가 불사른 자제사장, 레4:10~12 참조는 그냥 진 안으로 들어올 수 없다. 그도 'עֲזָאזֵל'의 염소 담당자처럼 옷을 빨고 물로 몸을 씻은 후에 진 안으로 들어올 수 있다.336) 이처럼 속죄일에 정결의식을 치르는 진행자들에게 주어진 지침들을 볼 때 모든 속죄의식에는 완전한 마침을 위해 온전한 정결의식이 수반되고 있음을 알 수 있다.

요약하면 대속죄일을 통해 얻어지는 속죄개념은 총체적 정결이다. 이날이 갖는 총체적인 요소는 여러 날을 대표하는 한 날이며, 여러 제

---

334) "אֶרֶץ גְּזֵרָה" (무인지경)는 문자적으로 "끊어진 혹은 단절된 땅"를 의미한다.
335) 속죄제에서 소를 제물로 사용할 경우 피를 제외하고는 3등분으로 구분함을 알 수 있다. 가죽, 고기, 그리고 나머지는 똥(머리, 다리, 내장 포함)이다. 이때 "똥"은 단순한 대변을 말하는 것이 아니라 고기 찌꺼기를 전체를 말하는 듯하다. 여기서 "내장"을 "קֶרֶב"라고 하고, "똥"을 "פֶּרֶשׁ"라고 한다. 이 둘 사이의 구별이 불분명하나 Ellinger는 "קֶרֶב"는 중요한 내장, 예를 들어 심장과 폐를 지칭하고, "פֶּרֶשׁ"는 천한 부위들로서 즉 창자들과 그 속에 들어 있는 내용물을 가리킨다고 말한다. K. Ellinger, *Leviticus*, HAT 4 (Tübingen: J.C.B. Mohr / P. Siebeck, 1966), 70.
336) 이러한 정화과정이 요구되는 이유는 취급자가 죽음과의 접촉이 있었기 때문이다. Kiuchi, *Purification Offering in the Priestly Literature*, 135-41.

사장을 대표하는 대제사장의 집전이며, 속죄의 대상이 평소의 백성 외에 대제사장 자신과 성막까지 모두 포함하고 있기 때문에 속죄를 통한 총체적인 정결을 바라고 있다. 이러한 총체적인 속죄가 왜 이루어져야 하는지 그 필요성을 밝히자면, 첫째는 모든 의식을 온전히 마치게 하므로 속죄의 완전성을 보여주며, 둘째는 속죄소의 피 뿌림을 통해 속죄의 보증을 받음으로 온전한 대제사장을 바라게 하고, 셋째는 아사셀 염소를 통해 죄악의 종결을 확신하게 하여 죄의 문제를 해결하고, 넷째는 이 날이 안식일이 되므로 속죄의 목표를 상기시키는 과정을 담고 있다 하겠다.

지금까지 본 논문의 본론에서 다뤄진 '제의'를 통해 얻어지는 한 가지 결론은 속죄는 'כָּפַר'가 주동사인데 이 동사의 실제적인 사용자가 누구인지를 밝히는 것이 중요하고, 따라서 제사장은 이 'כָּפַר'를 사용할 때 대리적인 성격이 강하다는 것이다. 그리고 속죄제의 핵심은 대속죄일이며, 이 날 의식들은 총체적인 정결을 통해 완전한 속죄를 추구한다.

여기서 속죄의 완전성과 관련하여 행해지는 정결의식은 대속죄일 의식의 마지막 절차로 시행된다. 그래서 정결의식이 이 날의 부가적인 의식으로 보일 수 있지만, 속죄의 완전한 마침을 위해서는 주요한 요소이기 때문에 이 문제를 다루어 보겠다.

2.2. 정결의식

2.2.1. 정결의식과 제사

정결의식과 제사는 병행관계로 인해 때로는 절차상 구분하기가 어렵다. 일반적으로 정결의식은 제사를 드리기 위해 성소로 나아오기 전에 시행된다. 이때 성소가 거룩한 곳이라면 진 바깥에서는 진이 거룩한 곳이다. 그래서 대속죄일 진행자들의 마무리 정결의식 중에는 진 바깥에서 이루어지기도 한다. 대체로 제사는 정결의식 단계의 시작으로 진행된다. 그렇게 하지 않고 제사자가 성소에 나아오면 제의적 부정ritual impurity이 발생한다.[337] 부정은 일단 제의에 참여할 자격이 박탈당한 상태이기 때문에 헌제를 위해 먼저 정결의식 단계가 필요하다. 정결의식 단계를 통해 먼저 부정을 제거하고 나서 제사를 드릴 때 열납되면 속죄가 되며, 속죄 후에는 정결한 상태를 유지하다가 또 부정한 상태가 되면 다시 정결의식 단계를 통해 제사를 드려야 하는, 순환적 관계를 가진다.

Toomes에 의하면 정결의식purification rituals은 3가지의 요소로 이루어진다. 첫째는 기다리는 기간a waiting period이 필요하다. 예를 들면 유출이 그치면 칠일을 지난 후에 정결해지듯이,레15:28 하루, 칠일, 십사일, 사십일, 혹은 팔십일 등이 소요된다. 둘째는 정화 매체 수단이 있어야 한다. 불,민31:23 물,레15:5 피,레14:25 기름레14:18 혹은 혼합 형태의 정화수민19:9 등이 사용된다. 셋째는 속죄제레4:12나 속건제를 드려야 할 때다.[338] 이런 요소들은 정결 용어들이 사용되는 레위기 본문에서 확인된다.

---

337) Klawans, "Pure Violence: Sacrifice and Defilement in Ancient Israel", 134.
338) L. E. Toomes, "Clean and Unclean", *IDB* Vol.1 (Nashville: Abingdon Press, 1993), 646.

2.2.2. 정결 용어들

레위기에서 다루는 정결의식을 살펴보면 몇 가지 정결 용어들이 있다.

2.2.2.1. טָהֵר (정결 주동사) [339]

레위기 14:18에 의하면 문둥병 환자의 정결규례를 시행할 때 제사장은 피에 이어 기름을 뿌리고 바르는 의식을 거행한다. 즉 정결의식의 3요소 중에 정화매체의 수단이다. 기름을 먼저 뿌린 다음 남은 기름을 '우편 귓볼과 우편 엄지발가락'[340]에 바르고 나머지 기름으로 환자의 머리에 발라 속죄한다는 내용이다. 이때 그 환자를 가리켜 '정결함을 받는 자'라고 지칭한다. 이때 이 사람이 정결해지는 것을 'טָהֵר'의 Piel형을 사용한다.[341] 이 단어는 '개역성경'의 레위기에 나타난 26개의 '정결'과 관련된 단어 중에 가장 빈번하게 나타난다. 뜻은 Qal형에서는 '깨끗해지다, 레11:32 의식적으로 깨끗해지다, 도덕적으로 깨끗해지다' 이다. 그리고 Piel형에서는 '정결하게 되다(육체적, 의식적, 도덕적), 깨끗함을 선언하다, 레13:6 청결의식을 실행하다' 이다. 또 Pual형에서는 '스스로 정화하다(의식적, 도덕적), 정화를 위해 스스로 실행하다' 는 뜻이다. Hithpael형에서는 '스스로 정화하다(의식적, 도덕적), 정결을 위해 스스로를 내어놓다' 등의 의미를 지니고 있다. 이 'טָהֵר' 동사가 정결의 과정을 대부분 나타내는 주동사 역할을 한다.

---

339) ( )안에 표시한 글은 용어의 기능적 표시이다.
340) 문둥병자의 정결의식은 제사장의 위임식 때 피 바르는 의식과 거의 동일하다(레 8:23-24). 문자적으로는 "오른 쪽 귀의 둥근 돌출부 위에 그리고 오른손 엄지 손가락위에 그리고 오른 쪽 큰 발가락 위에"로 번역된다.
341) Ringgren, 'טָהֵר', *TWAT* Band III, 306-15.

2.2.2.2. טָהֳרָה (부정 제거)

정결 동사 'טָהֵר'에서 파생되어 부정을 제거하는 '정결'의 의미가 있는 명사 'טָהֳרָה'[342)]는 레위기의 두 곳에 언급된다. 레위기 12:4,6이다. 12:4에 의하면 여인이 남자아이를 놓고 산혈이 깨끗해지려면 7일 동안의 부정기간과 33일의 정결 기간을 합쳐 40일이 지나야 한다.[343)] 그리고 그 33일이 지나기 전에는 성물[344)]도 만지지도 말고, 성소에 들어가지도 못한다는 내용이다.[345)] 이 33일 동안의 기간을 '정결기한', 혹은 '정결의식'이라고 할 수 있다. 이것은 정결의식의 3요소 중에 기다리는 기간이 필요하다는 것이다. 이 'טָהֳרָה'는 '더러움을 제거하기', '깨끗하게 하기', '순화하기', '정결하게 하기' 등의 뜻을 담고 있다. 그러므로 정결의식은 부정한 상태에서 원래의 모습으로 되돌아가기 위해 치러지는 일종의 '부정제거의식'이다. 두 번째가 레위기 12:6이다. 여인이 아들이나 딸을 낳고 각기 다른 일정한 부정기간이 지나면 또 각기 다른 일정한 정결 기간을 가져야 한다. 그리고 나서 번제와

---

342) Ibid.
343) 한편 여자 아이를 낳으면 산모가 14일의 부정기간과 66일의 정결기간을 합쳐 80일이 지나야 원상회복이 된다. 이는 남자 아이에 비해 두 배의 기간이 요구된다. 이 같은 이유는 여자 아이가 성장하면 부정의 기간과 아울러 산모로서 출혈을 하기 때문이라는 견해가 있다 (the fact of the female child's future menstrual functions). Harrison, *Leviticus*, 135; 한편 여인의 출산과 경도(menstruation)와 관련하여 인류학적인 측면에서는 제의적 차이의 목적을 남성의 우월성이나, 남녀의 영역 구별, 특별히 일부다처제사회에서 경쟁자에 대한 공격, 특별히 여성의 독립적인 지위가 형성된 사회에서 특별한 관계 등이 주장된다. Douglas, *Purity and Danger*, 60-72; Cf. Lester L. Grabbe, "The Book of Leviticus" *CR* 5 (1997), 101-102.
344) "קֹדֶשׁ" (the holy)이라는 "성물"은 "거룩한 예물"이다. 이것은 화목제의 고기를 포함하여 하나님께 드린 동물, 집, 밭, 십일조 등 광범위하게 사용된다. 한편 '개역성경' 레 21:22에 의하면 "성물"과 "지성물"이라는 말을 동시에 사용하는데, "지성물"(the most holy)은 제사장들이 성막(성전)안에서만 먹을 수 있는 식물과 지성소의 기구(민 4:4)를 말한다.
345) 여인의 출산을 부정하게 취급하는 것은 생명과 죽음의 힘을 접촉하였기 때문에 일정한 정결의식을 거쳐야 본래의 생활공동체로 돌아올 수 있다고 보는 견해가 있다. Cheryl Kristolaitis, "From Purification to Celebration: The History of the Service for Women after Childbirth", *JCCHS* 28, no 2(Oct 1986), 54.

속죄제를 드려야 한다. 정결의식은 일정한 정결 기간과 함께 제사를 드리는 절차를 가진다. 이처럼 정결의식에는 기다리는 기간과 제사가 있음을 알 수 있다. 이 용어를 통해 볼 때 부정을 제거하는 것이 곧 "정결"이라는 등식을 성립시킨다.

2.2.2.3. טָהוֹר (제사장 전문어)

레위기 4:12에는 형용사 'טָהוֹר'가 사용된다. 제사장의 속죄제 가운데 송아지 사체처리 과정을 밝히는 장면이다. 이것은 정결의식의 3요소 중에 속죄제나 속건제를 드릴 때 관련된다. 진 바깥 재 버리는 곳은 정결한 곳이다. 여기에서만 남은 제물들을 태울 수 있다. 이곳은 진 바깥이지만 정결한 장소다. 이때 '정결한'이라는 표현이 'טָהוֹר'[346]이다. 이 단어는 제사장이 분별해야 할 중요한 의무를 나타낼 때 사용된다. 레위기 10:10에 의하면 제사장은 "거룩하고 속된 것, 부정하고 정한 것"을 분별해야 한다. 여기서 '정한 것'이 'טָהוֹר'이다. 'טָהוֹר'은 '깨끗한, 순수한'이라는 뜻을 갖는다. 세 가지로 사용되는데, 첫째, 동물이나 장소나 물건이나 사람들의 의식적인 정한 상태나 둘째, 금이나 물이나 향료나, 등잔 등의 물질적인 순도나 셋째, 하나님을 향한 깨끗한 마음과 손과 눈 등에 대한 도덕과 윤리적으로 순수한 상태를 일컫는다. 특히 이 단어가 사용될 때는 레위기 10:10의 제사장 업무와 관련하여 '제사장 전용 용어'로 지칭된다. 한편 '개역성경'에는 명사 'טׇהֳרָה'를 그냥 '정결'이라고 번역했지만 다른 히브리어 단어로 사용되는 것들이 있다.

---

346) Ringgren, 'טהר', *TWAT* Band III, 306-15.

2.2.2.4. חָטָא (속죄제 어근)

이 가운데 하나가 동사 'חָטָא'이다. 레위기 14:49에 보면 가나안 땅에 들어가서 살 때 어느 집에 문둥병 색점(악성 곰팡이)[347]이 발견되면 그 집을 정결케 하라는 내용이다. 이때 정결 의식절차의 표현이 'חָטָא'이다.[348] 이 단어는 목적이나 길을 잃어버리는 것을 말한다. 잘못된 길로 들어선다는 의미로 죄를 뜻한다. 이 'חָטָא'에서 속죄제인 'חַטָּאת'가 파생되었다는 사실은 중요하다. 이 동사의 기본개념은 Qal형에서는 "빗나가다, 죄를 범하다, 목적이 빗나가거나 혹은 권리와 의무의 길에서 빗나가다(사람에 대하여- 접두어 לְ이 붙으면 개인적으로 어떤 사람에게 대항하다. 다른 경우에 항상 하나님에 대하여- 반역하다), 죄에 빠지다"라는 뜻을 지닌다. 그러나 Piel형에서는 "실패를 가지다, 속죄제를 행하다, 죄를 정결케 하다, 부정으로부터 정결케 하다"의 의미가 있기 때문에 정결 용어로 쓰인다. Hiphil형에서는 "표적을 잃다, 죄를 짓거나 일으키다, 범죄와 유죄와 심판을 가져오다"라고 해석되고, Hithpael형에서는 "스스로 잘못되다, 부정으로부터 자신을 정결케 하다(레위인과 시체와 접촉한 자들)의 의미를 지닌다. 이 동사가 사용될 때는 빗나간 죄를 깨닫고 돌아서는 의미로서 정결해지는 뜻을 담고 있다.

2.2.2.5. זָךְ (분리 표시)

또 동사 'זָכָה'[349]에서 파생한 'זָךְ'라는 형용사가 레위기 24:7에서 사용된다. 레위기 24:1~9까지는 성막 관리 규범에 관한 것이다. 등장

---

347) "בַּהֶרֶת"이라는 "색점"은 피부 등에 나타나는 "점"(spot), 특별히 '흰점(bright spot)'을 의미하다. 이 단어는 레 13장과 레 14장에서만 12회 나온다. *Gesenius*, 106.
348) Koch, 'חטא', *TWAT* Band Ⅱ, 858-70.
349) Negoita-Ringgren, 'זכה', *TWAT* Band Ⅱ, 570-71.

불 정리, 진설병350) 관리, 유황 사용 등에 대해 처리 방법을 가르치고 있다. 이 구절은 유황 사용에 대한 내용이다. 즉 안식일이 되면 누룩을 넣지 않은 진설병을 떡 상 위에 두되 두 줄에 6개씩 놓고351) 그 위에 유황을 얹는데, 이 유황의 상태를 말하는 '정결한' 이라는 단어가 'זַךְ' 이다. 형용사 'זַךְ' 의 뜻은 '섞이지 않는, 이물질로부터 분리'를 나타내며, 상징적으로는 '사람의 순수와 깨끗함과 의로움'을 뜻한다. 이 단어는 정결의식과 그다지 관련이 없으나 정결한 상태를 나타낸다는 점에서 정결과 관련된 용어로 사용된다.

이처럼 정결의식과 관련된 몇 가지 용어들을 살펴볼 때 부정한 상태에서 정결한 모습으로 되돌아가고자 치러지는 일종의 '부정제거의식'을 나타내고 있음을 알 수 있다. 그래서 부정을 제거하는 것이 정결의식의 주된 행위이므로 정결과 부정의 관계를 더 살펴볼 필요가 있다.

2.2.3. 정결과 부정

부정한 자가 거룩한 것과 접촉하면 심판을 받는다.레7:20 이 사실에 따라 부정은 거룩한 것과의 정 반대의 개념으로 구분된다. 부정은 죄다.352) 원인적인 면에서 본다면 부정은 자연적 원인에 치우치지만, 죄는 하나님의 명령을 직접적으로 어긴 행위에서 나온다고 볼 수 있다. 부정uncleanness 353)을 죄와 분리하지 않고 죄의 본성이나 죄의 낮은 등급

---

350) "לֶחֶם הַפָּנִים"(면전의 떡 이라는 의미)라는 진설병(출 35:13)은 "이스라엘 자손을 위한 영원한 언약"(레 24:8)이라고 말한다.
351) 이 모습은 시내산 언약의 비준식 때 이스라엘 12지파대로 열 두 기둥을 세우는 것과 흡사하다(출 24:4).
352) 죄(sin)와 부정(impurity) 사이의 관계를 명확히 규정하는 것은 어려운 일이다. 그것들은 독특하지만 중복되는 개념이다. Jenson, "The Levitical Sacrifice System", 30. 그러나 부정은 의식상의 문제이지 도덕적으로 악하다는 의미는 아니다. 왜냐하면 사체와의 접촉(레 5:2; 11:39)이나 출산(레 12장)이 도덕적으로 악하다가 말할 수 없기 때문이다.

으로 파악하는 견해가 있다.354) 부정은 죄를 제의적으로 표현한 것이고 정결은 용서와 같은 말이다.355) 부정은 신체적, 제의적 혹은 도덕적으로 정결하지 못함으로 인한 오염됨을 뜻한다. 정함과 부정은 사람, 음식, 장소, 물건에 적용된다.356) 레위기에서 거룩한 것과 속된 것, 부정하고 정한 것을 분별하도록 지시하고 있는 곳은 레위기 10:10 이다. "ולהבדיל בין הקדש ובין החל ובין הטמא ובין הטהור"(그리고 너는 구분하여라 거룩과 그리고 속된 것과 그리고 부정한 것과 그리고 정(淨)한 것을). 분류를 해 볼 때 '거룩한 것'은 'קדש'이며, 속된 것은 'חל'이며, 부정한 것은 'טמא'이며, 정한 것은 'טהור'이다. 이것은 네 가지의 영역이 아니라 크게 두 가지이다. 즉 거룩한 것과 속된 것이다. 거룩하지 않으면 모든 것은 속된 것이다. 속된 것은 다시 정결한 것과 부정한 것으로 나누어진다. 도표를 만들면 다음과 같다.

거룩함	속 됨	(정결한 것)
		(부정한 것)

이것을 다시 거룩함으로 이동하는 과정으로 그려보면 이렇게 된다.

거룩함	속 됨	
	◀······ 정결	◀······ 부정

여기서 정결은 일종의 용서 받는 상태이기 때문에 아직은 중간상태

---

353) 부정과 가증(可憎)을 비교할 때 가증은 더 심한 부정의 상태를 말한다. 가증은 히브리어로 세 가지다. 하나는 "תועבה"(abomination)로 남자끼리 교합의 경우(레 18:22), 또 한 가지는 "פגול"(foul thing)으로 제사규례를 어겼을 경우(레 7:18), 마지막 한 가지는 "שקץ"(detestation)로 지느러미와 비늘이 없는 수중생물의 경우(레 11:12)에 사용된다.
354) Kiuchi, *The Purification Offering in the Priestly Literature*, 12-13.
355) Jenson, "The Levitical Sacrifice System", 30.
356) Toomes, "Clean and Unclean", 641.

로 속됨에 속한다. 도표에서처럼 속된 것에서 거룩한 것으로 이동할 때 무엇으로, 무엇에 의해 바뀌거나 이동할 수 있는가와 또 부정에서 정함으로 변화거나 이동할 때 제사를 통해서 가능하다면 이때 이 과정이 '속죄' 인가에 대한 가르침은 레위기 11~15장에 집중되어 있다. 여기에는 정결한 것과 부정한 것에 관한 규정을 다루고 있다. 부정에는 오염의 측면에서 큰 부정과 작은 부정이 있다고 볼 수 있다. 예를 들면 오염되는 큰 부정은 출산,레12:6,8 피부병,14:19,22,31 유출병,15:15,30 시체와의 접촉민6:11; 19:1~22으로부터 생긴다. 보통 큰 부정은 7일간의 정결 기간과 의식을 행해야 한다. 그러나 작은 부정은 사람이나 물건에 전염되지 않는다. 단지 물로 정결케 한 후 같은 날 저녁까지 기다리면 된다. Wright는 이러한 용납될 수 있는 부정permitted impurity과 용납될 수 없는 부정prohibited impurity으로 나눈다.357) 묵인되는 부정은 불가피한 상황에서 죽음과 관련된 인간의 시체와 동물의 시체와의 접촉, 성적인 부정, 질병과 관련된 부정, 제의적 부정이 이에 속한다. 금지된 부정은 통제할 수 있는 상황에서 정결의식의 지연, 나실인이 시체와의 접촉으로 말미암은 오염,358) 제사장들의 시체와의 접촉으로 말미암은 오염, 속죄일에 속죄제에 대한 불완전한 집행, 성적인 범죄, 우상숭배로 말미암은 부정, 살인, 신성한 것에 대한 오염 등이다.359) 한편 Jenson이 제시하는 부정함과 정결함과 거룩함의 삼중구분은 고대 이

---

357) David. P. Wright, *The Disposal of Impurity: Elimination Rites in the Bible and in Hittite and Mesopotamian*, SBLDS 101 (Atlanta, Georgia: Society for Biblical Theology, 1987), 143 ff.

358) 나실인이 부정했을 경우 속죄제를 통해 정화되는 과정에 대해 다음의 글을 참고하라. Christophe Lemardelé, "Le sacrifice de purification: Un sacrifice ambigu?, *VT* 52 (2002), 284-89.

359) D. P. Wright, "Unclean and Clean (OT)", *ABD* Vol.6 (New York: Doubleday, 1992), 730-35.

스라엘의 세계관을 이해하는데 도움을 준다.360) 이러한 등급을 도표로 정리하면 구분이 선명해진다.

〈정결함 중심의 삼중구분〉

상태	거룩함	정결함	부정함
사람	제사장	이스라엘 백성	이방인
장소	회막 거주	진에 거주	진 바깥에 거주
	지성소	성소	회막 뜰

앞에서 지적한 레위기 11~15장의 정결은 거룩한 생활을 따르는 것이다. 부정은 깨끗하지 않은 것을 포함해서 바르지 못한 것과 정숙하지 하지 못한 것을 내포한다. 하나님 보시기에 어긋난 것은 모두 부정한 것이다. 반면에 하나님 앞에서 정결한 삶은 그 자체가 거룩한 제의가 된다. 종말적 미래와 관련하여 성경은 "속된 것361)과 가증한 자는 거룩한 성에 들어오지 못한다"계21:27고 말하고 있으므로 부정함을 제거하는 의식에 대한 개념은 구원의 이해와도 직결된다. 그런 점에서 부정을 설명하는 성경의 사례들을 살펴본다.

2.2.3.1. 음식

음식은 인간의 생활과 가장 빈번한 접촉매체이다. 음식에 대한 규례를 밝히는 레위기 11장에는 속죄의 개념이 없다. 왜냐하면, 속죄의 제사가 없기 때문이다. 단지 여기에는 이스라엘 백성이 먹을 수 있는 생물과 먹을 수 없는 생물의 규례를 밝히고 있다.362) 성경의 '음식법'에

---

360) Jenson, *Graded Holiness*, 89-208.
361) 헬라어로 "속된 것"을 "κοινός"로 번역한다. 뜻은 "일반적인, 비속한, 더럽혀진, 부정한" 것을 나타낸다. 히브리어의 "חל"에 해당한다(레 10:10), *CGENT*, 101.
362) 육지 동물로 먹을 만한 생물의 조건은 굽이 갈라진 쪽 발에 새김질 하는 것(어느 한쪽만 있으면 안 됨)이며(레 11:3 8), 바다 동물로 물에 있는 것 중에 먹을 수 있는 것은 지느러미

는 여러 가지 이론이 있다. 첫째는 임의적이다.[363] 인간의 순종을 시험하려는 것이다. 둘째는 제의적이다.[364] 부정한 동물은 이방인 제사에 사용되기 때문에 멀리해야 한다는 견해다. 셋째는 위생적이다.[365] 질병과 건강을 고려한 분류라는 것이다. 넷째는 상징적이다.[366] 의로운 백성과 죄인을 나타낸다는 것이다. 여기서 같은 상징적인 해석이지만 내용을 달리하는 Douglas는 동물을 땅과 물과 공중에 속한 것으로 영역을 나누고, 한 영역에 정상적으로 살지 않고 타 영역을 넘나드는 동물들을 부정한 것으로 보았다. 그녀는 거룩함과 정결함에 대한 규정을 온전함wholeness과 특히 정상normality이라는 개념으로 기준 삼았다.[367] Milgrom은 음식법과 관련하여 제물, 먹을 수 있는 동물, 모든 동물 등으로 분류하였다. 이는 사람을 거룩의 정도에 따라 제사장, 이스라엘 백성, 이방인인류으로 분류하고 동물도 이 같은 유사성이 있다고 보았다. 즉, 부정한 동물은 이방인을, 정한 동물은 이스라엘을, 그리고 제물로 드릴 수 있는 동물은 제사장으로 상징된다고 말한다.[368]

정함과 부정함을 나타내는 음식법이 중요하게 생각되는 것은 하나님이 음식규례를 밝히는 가운데 자신의 거룩성을 갑자기 언급하기 때문이다. 하나님 자신이 '내가 거룩하다' (אֲנִי קָדוֹשׁ)는 표현을 레위기

와 비늘이 있는 것이며(레 11:9-12), 새 또는 가금류 중 새 중에 가증한 것 15 종류는 먹어서는 안 되며(레 11:13-19), 곤충 중에 땅에서 뛰는 것은 먹을 수 있으나 날개가 있고 네 발로 기어 다니는 것은 먹지 못한다(레 11:20-23).

363) J. Hertz, *Leviticus* (London: Oxford University Press, 1932), 93.
364) Noth, *The Laws in the Pentateuch and Other Studies*, 56-58.
365) R. E. Clement, *Leviticus*, BBC II (London: Morgan and Scott, 1970), 34; Harrison, *Leviticus*, 120-29.
366) Keil and Delitzsch, *The Pentateuch*, "Leviticus", 357-67.
367) Douglas, *Purity and Danger*, 51-71.
368) Milgrom, *Leviticus* 1-16, 643-742. 본인도 정함과 부정함의 기준은 Douglas의 견해처럼 창조질서 관점에서 바른 형태를 이루는 온전성과 정상성에 있다는 것을 수용한다. 왜냐하면 제사장 선정기준에서도 육체의 정상성(레 21: 18-21)을 말하고 있고, 신체적으로 흠 있는 제물(레 22:22)은 금지하고 있기 때문이다.

11:44에 처음 사용하신다. 이것은 정한 동물과 부정한 동물에 대한 구분 속에서 이어지는 말이다. 다시 말하면 삶 속에서 거룩한 것을 구분하는 것을 알려주시고자 음식법 제도[369]를 주신 것으로 보인다. 이 음식법은 부정을 제거하기 위한 정결의식이 없는 규례라는 특징을 가지고 있다.

2.2.3.2. 출산

출산에는 부정을 제거하는 제사가 있다. 레위기 12장은 출산에 따른 정결법을 다룬다. "자녀간a son or daughter 정결케 되는 기한이 차거든 그 여인은 번제를 위하여 일 년 된 어린 양을 취하고 속죄제를 위하여 집비둘기 새끼나 산비둘기를 취하여 회막문 제사장에게로 가져갈 것" 레12:6이라는 제사규례를 밝히고 있다. 이 본문을 살펴보면 피를 흘리는 것과 관련하여 부정하다는 추측 외에는 출산이 왜 부정한가를 설명하지 않는다. 그리고 남녀 아이의 출산에 따라 부정의 기간과 정결 기간도 다르다. 왜 기간을 달리 해야 하는지에 대한 한 가지 이유는 딸은 잠재적 부정의 요소가 길다는 설명이 있다.[370] 본문은 출산을 월경과 같은 부정으로 규정하고 산혈에 따른 정결케 되는 기간이 지나면 제사를 드리도록 하고 있다. 그것도 한 가지가 아니라 두 가지. 번제와 속죄제를 드려야 한다는 것이다.[371] 출산에 따른 제사에서 번제의 제물은 비싼 등급으로 구분되는 양이며, 속죄제의 제물은 비둘기로

---

[369] 지금도 정통 유대인들은 "코셔"(כשר) 고기만 먹는다. 코셔 고기는 성경과 랍비적인 표준에 의해 승인된 고기다. 즉 돼지고기나 다른 금지된 재료를 함유하지 않고, 유대법에 따라 도축된 것이다. "코셔"의 반의어는 "트리이프"로 사용금지를 뜻한다. *Israel Today*(한국어판), Aug. 2008, No 22 (Jerusalem), 12.
[370] 전정진, 『레위기, 이렇게 읽을 것인가』, 145.
[371] 레위기 16장의 속죄일 때에도 속죄제와 번제를 드렸다.

값싼 등급이다.372) 속죄일에는 속죄제의 제물이 수송아지이고 번제의 제물은 양이다. 그러나 출산의 제사는 제물의 등급이 속죄일 제사와는 서로 반대다. 이런 점을 볼 때 출산의 제사에서는 번제를 속죄제보다 더 비중을 두는 것 같다. 그 이유는 앞에서 언급한 제사제도의 특성 가운데 하나인 보완성에서 일부 밝혔지만 번제가 속죄제와 함께 드릴 때 속죄의 기능이 강화되는 것을 추측할 수 있다.

그리고 레위기 12:7의 규례를 보면 제사장은 부정을 정결케 하는 대행의 일을 한다. 아들이나 딸을 낳은 여인의 번제와 속죄제를 위하여 여인으로부터 양이나 비둘기를 받아서 제사를 지낸다. 제사를 지내면 그동안 흘렸던 부정한 산혈의 기간이 야훼 앞에서 정결해진다.373) 부정과 정결과 속죄의 기준은 '야훼 앞'이다. 부정도, 정결도, 속죄도 그것이 야훼 앞에서 이루어진다. 이 과정이 제사제도이다. 그런데 레위기 12:8의 "그 여인의 힘이 어린 양에 미치지 못하거든 산비둘기 둘이나 집비둘기 새끼 둘을 가져다가 하나는 번제물로, 하나는 속죄 제물로 삼을 것이요 제사장은 그를 위하여 속할지니 그가 정결하리라"는 내용을 보면 제물의 등급을 조정하는 이유는 첫째는 속죄는 꼭 필요하다는 것이며, 둘째는 이를 지키기 위한 경제적 능력의 배려이다. '힘이 미치지 못하거든'이라는 조건이 이를 말한다.374) 이는 제사와 현실을 고려한 하나님의 자비. 여인의 출산에 나타난 부정도 제사를 통해서 제거된다.375)

---

372) 비둘기는 고대 이스라엘인들이 집에서 기르던 새였다(참조. 왕하 6:25). Noordtzij, *Leviticus*, 40-41.
373) 이 과정을 가리켜 '신적수납(神的受納, divine approval or acceptance)'이라는 용어를 사용한다. Kiuchi, *The Purification Offering in the Priestly Literature*, 43.
374) 히브리어 원문을 직역하면 "만약 그녀가 그녀의 손으로 양을 충분히 얻지 못하면"이라는 뜻이다.
375) 그러나 일반적으로 제사 없는 속죄의 경우도 있다(출 32:30; 민 16:41).

출산에서 속죄가 필요한 것은 한 가지의 이유 때문이다. 아이를 낳을 때 생기는 '산혈'이다. 이 산혈은 '생리' 혹은 '월경'과 동일하게 부정한 것으로 취급한다. 산혈은 아이를 낳을 때 산모가 흘리는 피다. 이때 흘리는 피는 부정하다. 인간의 피가 몸 바깥으로 흐르는 것은 부정하다는 결론이다. "생명이 피에 있다"레17:11라는 것은 피가 생명을 담고 있음을 뜻한다. 생명은 야훼의 것이다. 피를 몸 밖으로 흘리는 것은 야훼의 소유를 침해하는 결과가 되는 셈이다. Milgrom은 피의 유출을 죽음의 상징으로 보았다.376) Wenham도 생명과 죽음의 대립이 전체 의식법의 근본이라고 주장한다.377) 즉 피나 정액 같은 것은 생명을 의미하기 때문에 이런 것을 흘리는 것은 생명의 반대인 죽음을 나타낸다는 것이다. 그런 점에서 출산으로 말미암은 비록 자연적인 산혈이라고 해도 거룩한 야훼의 영역에서는 부정한 결과가 되는 셈이다. 그 부정을 정결하기 위해서는 번제물과 속죄 제물로 제사를 드려야 한다.

2.2.3.3. 문둥병

문둥병은 죄와 연관하여 징계의 수단으로 나타나기도 한다.378) 이 병을 부정하게 취급하는 것은 생명이 아닌, 병이 가지는 죽음의 영역으로 기울기 때문일 것이다. 문둥병의 정결을 다루는 규례는 레위기 13~14장에 수록되어있다.379) 다른 부정기사와는 달리 비교적 길게 다

---

376) Milgrom, *Leviticus* 1-16, 766-68.
377) Wenham, "The Theology of Old Testament Sacrifice", 77.
378) 미리암이 모세를 비방하다 문둥병이 걸렸다(민 12:10). 웃시야 왕이 성소에 분향하려하다가 문둥병에 걸렸다(대하 26:19). 이런 점에서 볼 때 이 병은 하나님의 징계 수단의 한가지로 사용되기도 하였다. 레 14:14-20에 나타난 문둥병에 대한 저주의 측면과 피의 기능에 대해서는 다음의 글을 참고하라. Christophe Lemardelé, "Une solution pour le *asam* du lé preux", *VT* 54 (2004), 208-15.
379) 이 가운데 언급된 "의복과 가옥의 문둥병" (레 14:54)은 인간의 피부병과는 다른 균류

루고 있다.380) NIV는 문둥병을 'infectious skin disease' 전염성이 있는 피부병라고 번역한다. 히브리어 'צָרַעַת'는 일반적으로 '나병'癩病이나 '한센 병' Hansen's disease라고 하는 문둥병leprosy 381)을 일컫는다. 382) 레위기 13장은 문둥병의 부정을 단정하는 규례를 제시한다.레13:59 14장에서는 이 문둥병에 대한 정결법을 밝힌다. "문둥병 환자의 정결케 되는 날의 규례"레14:2~20는 다음과 같이 진행된다(이 규례는 문둥병의 초기 진단 단계가 아니라 깨끗해진 단계의 정결규례다). 미리 밝혀두면 문둥병의 정결의식을 통해 진 안과 진 바깥의 공간적인 경계인 분리가 이루어지고 있음을 볼 수 있다. 첫 단계로써 진 바깥에서 행해지는 절차는 ① 누군가 문둥병 환자를 제사장에게 데려간다. 그때까지 문둥병 환자는 진안으로 들어올 수 없으므로 환자를 진 바깥383)에 대기시켜 놓고 성한 자 누군가 제사장에게 연락을 해야 한다. ② 제사장은 진 바깥에 나가 진찰한다. ③ 환자가 나았다고 판단되면 환자를 위하여 정결예식을 치른다. ④ 정결예식을 위해 살아 있는 새 두 마리384)와 백향목385)과 홍색실386)과 우슬초387)를 가져오게 한다. ⑤ 새 두 마리 중

(fungus), 박테리아(bacteria), 곰팡이(mold) 등을 뜻한다. Archer, *Encyclopedia of Bible Difficulties*, "Leviticus" (Grand Rapids, Michigan: Zondervan Publishing House, 1982), 127.
380) 예를 들면 음식법은 11장, 여인의 정결법은 12장, 유출병은 15장에 각각 수록되었지만, 문둥병은 13-14장에 걸쳐 두 배의 양을 할애한다.
381) 본인의 생각은 이 병은 의학적인 규명보다 제의적인 관점이 중요함으로 통상적인 문둥병으로 불러도 무방할 것으로 본다.
382) '표준새번역'은 이 "צָרַעַת"를 "악성 피부병"으로 번역하는데, 이는 레위기 외의 다른 문둥병 기사(20회 언급됨)와 비교할 때 생소한 느낌을 줄 수 있다. 예를 들면 출 4:6에서 "צָרַעַת"를 "나병"으로 번역하고, 레 13:2에서는 "צָרַעַת"를 "악성 피부병"으로 번역하고 있다.
383) 할라카(Halachah)는 이 진 바깥이 세월이 지나서 예루살렘의 바깥이 되었음을 설명한다. תורה *The Torah*, "Leviticus", 35.
384) 이것을 새의 의식(bird ritual)이라고 부를 수 있을 것이다.
385) 호 14:6에 의하면 백향목은 향기가 좋은 나무로 묘사되고 있다. 야훼의 제단에 향로가 놓여 있음을 감안할 때 어떤 의식 재료로 사용할 가능성이 있다.
386) 홍색실은 앙장(출 26:1), 장(출 26:31), 에봇(출 28:5-8), 제사장의 겉옷(출 28:33)을 만들

에 한 마리는 흐르는 물을 질그릇에 담아 잡는다. ⑥ 다른 한 마리 새는 백향목과 홍색실과 우슬초와 함께 질그릇에 담긴 새의 피를 찍어 문둥병에서 정결함을 받을 자에게 일곱 번 뿌려 정한다고 말한다. ⑦ 그리고는 살아 있는 새는 들로 날려 보낸다. 이 진행 절차를 살펴보면 여기까지는 속죄일의 속죄의식과 유사한 점이 발견된다. 속죄일에 성소와 회막의 정결을 위해 속죄소와 제단에 피를 일곱 번 뿌렸다. 백성의 죄를 지고 염소가 먼 광야로 떠난다. 문둥병의 속죄의식에도 일곱 번의 피 뿌림이 있고 염소 대신 새가 멀리 날아간다는 것이 비슷하다.

계속해서 보면 두 번째 단계는 진 안에서의 정결예식이다. ⑧ 정결함을 받은 자는 그 옷을 빨고, 모든 털을 밀고, 물로 몸을 씻는다. ⑨ 그리고 진 안에 들어온다. 그러나 자기의 장막(집) 밖에 칠일[388]을 거한다. ⑩ 칠일이 되면 다시 머리털, 수염, 눈썹을 다 밀고 입었던 옷을 빨고 몸을 물에 씻는다. 여기서도 속죄일의 정결의식과 유사성을 본다. 속죄일에 대제사장, 염소 담당자, 제물 사체 처리자는 자기의 맡은 일을 끝낸 후에 물로 몸을 씻고 다음의 일을 보거나, 혹은 진 바깥에서 일을 끝냈을 때는 물로 몸을 씻은 후에 진 안으로 들어올 수 있었다. 마찬가지로 문둥병의 정결의식에도 환자는 몸을 씻고, 진 안에 들어오고, 몸을 씻고 또 자신이 사는 장막에 들어올 수 있게 된다. 그리고 난 다음 회막에 들어갈 수 있다. 즉 진 바깥에서→자신의 장막(집)으로→회막으로 들어오는 3단계의 정결 순서가 있음을 알 수 있다.

때 사용되었다. 따라서 가능한 가장 좋은 재료가 사용되었다. 이것이 문둥병자의 정결 의식에서 사용되었다는 것은 가치의 상징적인 의미를 지닌 것으로 보인다.
387) 우슬초는 담 벽에서 자라는 작은 초목으로(왕상 4:33) 피를 바르는 솔(aspergillum) 역할을 한 것으로 보인다. 유월절에도 우슬초 묶음을 만들어 피를 뿌렸다(출 12:22). 피를 응고되지 않게 하기 때문에 사용되었을 것이다.
388) 구약에서 칠일단위의 문학구조(the literary structure of seven days)는 모두 137회 등장하며, 이 중에서 레위기는 36회 나타난다. 강사문, "구약에 나타난 칠일단위의 문학구조에 대한 연구", 『長神論壇』, Vol.5 (1989), 7-31.

이제 마지막 단계로 회막에서 이루어지는 정결예식을 보면 ⑪ 제 팔일[389]이 되면 그는 회막에서 드릴 흠 없는 어린 수양과 일 년 된 흠 없는 어린 암양 하나를 제물로 준비한다. 아울러 고운 (밀)가루 에바 (אֵיפָה, 22ℓ) 십 분의 삼을 준비한다. 여기에 기름 섞은 소제물과 기름 한 록(לֹג, 0.3ℓ)을 섞는다. ⑫ 정결케 하는 제사장은 정결함을 받을 자와 그 물건들을 회막문 야웨 앞에 둔다. ⑬ 그리고 수양 하나를 취하여 기름 한 록과 함께 속건제를 드린다.[390] ⑭ 문둥병 정결 예식에서 속건제를 드릴 때 요제[391]로 드린다. ⑮ 어린 수양은 거룩한 장소(속죄제와 번제 희생을 잡는 곳)에서 잡는다. 속건 제물은 속죄 제물과 같이 제사장에게 속한다. 이것은 거룩하다. ⑯ 제사장은 그 속건제 희생의 피를 정결함을 받을 자의 우편 귀 부리와 우편 엄지손가락과 우편 엄

---

[389] 언약의 표징인 할례도 난지 팔일 만에 받았으며(창 17:12), 소와 양의 새끼를 바칠 때도 칠일 동안은 어미와 함께 있다가 팔일 만에 하나님께 바치게 했다(출 23:30). 이런 점을 볼 때 문둥병자가 팔일 만에 제사를 드리는 것은 칠일이라는 정결기간을 지나 하나님께서 수납하시는 어떤 구별의 시점임을 짐작케 한다. Kiuchi는 Milgrom의 주장에 따라 팔일의 제사를 칠일동안 가졌던 정결기간의 크라이막스로 간주한다. The Purification Offering in the Priestly Literature, 43.

[390] 여기서 한 가지의 질문은 왜 속건제를 드리느냐하는 것이다. 속건제는 앞에서 밝힌 것처럼 크게 세 가지다. 하나는 성물에 대하여 그릇(unintentionally) 범과를 했을 때, 다른 하나는 야웨의 금령을 잘 몰라서 어겼을 때, 또 하나는 야웨께 신실하지 못해 남에게 피해를 주었을 때이다(레 5:14-6:7). 문둥병 환자가 이 세 가지 중에 하나라면, 성물에 대한 그릇 범한 죄에 속할 것이다. 자신이 출입했던 성소나 자신의 장막(집)은 진 안에서 있고, 이 진 전체는 하나님이 임재하시는 거룩한 처소이기 때문에 이곳에서의 부정한 병은 범과가 될 것이다. 속건제의 특징 가운데 한 가지는 모든 경우마다 속건 제물로 수양을 바친다는 것이다.

[391] "תְּנוּפָה"라는 "요제" (wave offering, 출 29:24)가 있다. 이는 야웨 앞에서 예물을 흔들어 바치고 난 다음에 인간이 그 예물을 가지는 의식이다. 제사의 제물과 성막을 바친 보석류(출 35:22) 등이다. 그리고 "אִשֶּׁה"라는 "화제" (offering by fire, 출 29:18)가 있다. 이는 각종 불로 태우는 제사에는 모두 해당된다. 신약에서는 그리스도의 생명 드림을 예표 한다(엡 5:2). 화제 중에 전제(민 15:10), 화목제의 제사장 몫(레위기 7:30; 35-36), 진설병(레위기 24:7,9)은 태우지 않는다. 또한 하나님께 바친다는 의미로 "תְּרוּמָה"라는 "거제" (offering, 출 29:28)가 있다. 제물이나 예물을 높이 들었다가 다시 내려놓는 의식을 말한다. 동물의 오른쪽 뒷다리(레 7:34)나 전리품(민 31:41)을 거제로 드린다. "נֶסֶךְ"라는 전제(drink offering, 창 35:14)가 있다. 전제는 소제의 부속된 예물로 드려졌다(민 15:1-10). 피를 상징하는 포도주를 붓거나, 쏟는 의식이다.

지발가락에 바른다.[392] ⑰ 제사장은 또 한 록의 기름을 가지고 자기 좌편의 손바닥에 따르고 우편 손가락으로 좌편 손의 기름을 찍어 그 손가락으로 야훼 앞에(회막문) 일곱 번 뿌린다. ⑱ 손에 남은 기름은 제사장이 정결함을 받는 자의 우편 귓볼과 우편 엄지손가락과 우편 엄지발가락에 바른 피 위에 또 바른다. 그리고도 남은 기름은 정결함을 받은 자의 머리에 바른다. ⑲ 제사장은 야훼 앞에서 그를 위하여 속죄한다. 제사는 먼저 속죄제를 드린다. 그리고 번제 희생을 드린다. 이어 소제를 제단에 드린다. 이렇게 하여 속죄함을 받으면 그는 정결해진다. 이처럼 문둥병 정결 과정을 통해 몇 가지 느끼는 사실은 첫째, 문둥병 속죄 절차와 속죄일의 속죄 절차가 비슷하다는 것이다.[393] 둘째, 격리라는 처방법을 통해 전염의 위험성을 예방하는 것처럼, 거룩한 공동체를 유지하려면 개인의 죄가 전염되지 않도록 죄 처리법이 중요하다는 것이다.

〈문둥병 속죄와 속죄일 의식의 유사성〉

문둥병 속죄	속죄일 속죄
새의 피를 일곱 번 뿌린다	속죄소 앞에 피를 일곱 번 뿌린다
살아있는 새는 들에 놓는다	염소를 광야에 놓는다
옷을 빨고 몸을 씻는다	염소담당자는 옷을 빨고 몸을 씻는다
그리고 진에 들어온다	그리고 진에 들어온다
(자기 장막 밖에 칠일을 거한다)	(위임식 때 칠일 장막에 거한다)
다시 옷을 빨고 몸을 씻는다	불사른 자도 옷을 빨고 몸을 씻는다

---

392) 피를 바르는 것은 (대)속죄일에도 행해진다. 제사장은 속죄일에 속죄소의 피 뿌림을 하고 나와서 수송아지와 염소 피를 가지고 제단의 귀퉁이 뿔에 바른다. 귀 부리와 엄지손가락과 엄지발가락은 돌출 부분이 제단 뿔의 이미지와 흡사하다. 우편은 양편의 대표적인 의미를 담았을 것이다.
393) Cf. Thomas Staubli, "Die Symbolik des Vogelrituals bei der Reinigung von Aussätzigen (Lev 14:4-7)", Bib 83 (2002), 250-57.

귀부리, 손과 발가락에 기름을 바른다	송아지와 염소 피를 제단 뿔에 바른다
피 위에 기름을 바른다	기름 위에 피를 뿌린다
환자의 머리에 기름 바르고 속죄한다	염소 머리에 안수하고 죄를 고백한다
속죄제를 드린다	속죄제를 드린다
번제와 소제를 드린다	번제를 드린다

속죄 방식에 이러한 유사성과 일정 패턴이 있다는 것은 속죄의 통일성을 말하는데 이는 제사제도의 신적 기원을 말한다. 부정한 문둥병의 정결속죄는 속죄일의 절차와 유사하므로 부정제거의 대표적인 사례 경우가 될 것이다.

2.2.3.4. 유출병

유출병레15:2은 'זוב מִבְּשָׂרוֹ'이다. '육체로부터 흘러나오는 액체'를 말한다.[394] 몸에서 무엇이 흘러나오든지 그것이 엉겼든지 하면 유출병이다.[395] 이런 상태는 부정하다.[396] 유출병 정결의식의 첫 단계는 옷을 빨고 물로 몸을 씻는다(일시적인 유출병). 두 번째 단계는 유출이 깨끗하여지면 정결의식을 가져야 한다(장기적인 유출병). 정결의식의 순서는 깨끗해진 이후에 칠일이 되는 날 다시 옷을 빨고 흐르는 물에 몸을 씻는다. 그러면 정하게 된다. 그러고는 팔일에는 산비둘기 둘이나 집비둘기 새끼 둘을 자기를 위하여 준비하여 회막문 야훼 앞으로 가서 제사장에게 준다. 제사장은 그 하나는 속죄제로, 하나는 번제로

---

394) 여기에 בָּשָׂר은 성기의 완곡한 표현이다.
395) Wenham은 유출병을 장기적인 것(long-term)과 일시적인 것(transient)으로 구분한다. 장기적인 것은 7일을 진 바깥으로 나갔다가 8일에 들어와서 제사를 드리는 유출병자를 말하며, 일시적인 것은 유출병자와 직간접으로 접촉한 자가 옷을 빨고 물로 몸을 씻은 후 저녁까지 부정한 상태로 있는 자나 하루만 부정함이 적용되는 유출병자(예를 들면 설정한 자)를 뜻할 것이다. *The Book of Leviticus*, 217.
396) 예를 들어 피가 몸에서 유출되는 것은 생명을 잃는 것을 뜻한다. 유출된 피는 죽음을 의미하며, 생명의 역행 현상임으로 부정한 것으로 간주한다.

드린다. 유출병에는 5가지 경우가 제시되어 있다.레15:32~33 ① 남자[397]로서 유출병이 있는 자(로 인한 접촉자) ② 설정an emission of semen함으로 부정을 입은 자 ③ 불결monthly period을 앓는 여인(으로 인한 접촉자) ④ 남녀가 동침하여 설정한 경우 ⑤ 불결한 여인과 동침한 자, 등이다. 유출병을 속죄하는 일차적 목적은 이스라엘 자손이 부정하지 않도록 하는 것이다. 부정이 있으면 일단 제의에 참여할 자격을 박탈당한다. 그들 가운데 야훼의 성막을 부정하게 하면 그것 때문에 그들은 죽음을 면할 수 없기 때문이다.레15:31 결국 유출병도 속죄제와 번제를 드림으로 야훼 앞에 속죄함을 받는다.레15:15,30 하나님이 진 가운데 임재해 계시기 때문에 진을 더럽히면 안 된다. 진을 더럽게 하는 자는 남녀를 막론하고 일단 진 밖으로 내어 보아야 한다. 그들은 진 밖에서 정결의식을 치르고 회복된 상태에서 다시 진 안으로 들어와야 한다. 특히 문둥병 환자와 유출병이 있는 자와 주검으로 부정케 된 자는 다 진 밖으로 내어 보내야 한다.민5:2~3 [398] 야훼께서 임재해 계시는 진은 반드시 거룩한 상태로 유지되어야 하기 때문에신23:14 유출병으로 부정하게 된 자들도 정결의식의 속죄를 통해 진을 거룩하게 유지해야 한다. 이런 점에서 속죄의 목적은 거룩함을 유지하는 수단이 된다.

    이상에서 살펴본 것처럼 부정을 제거해야 하는 이유는 하나님의 거룩성 때문이다. 하나님 보시기에 어긋난 것은 모두 부정한 것이다. 음식법을 통해 몸을 구별하므로 거룩한 상태가 무엇인지를 배운다. 그리고 문둥병 정결과정을 통해 이 병의 속죄 절차와 속죄일의 속죄 절차가 유사성이 나타난다. 이는 제사제도의 신적 기원으로 인한 속죄의 패턴과 통일성을 나타낸다. 야훼께서 임재해 계시는 진은 반드시

---

[397] '개역성경'이 번역한 "누구든지"는 남자를 뜻하는 "אִישׁ"이다.
[398] 레위기 15장에는 유출병이 있는 자는 진 바깥으로 내어보내라는 말은 없지만 민수기 5장에 의하면 진 바깥으로 내어보내 성결의식을 시행토록 지시하고 있다.

거룩한 상태로 유지되어야 하기 때문에신23:14 유출병으로 부정하게 된 자들도 정결의식의 속죄를 통해 진을 거룩하게 유지해야 한다. 그래서 부정제거를 통한 속죄의 목적은 거룩을 유지하는 데 있고, 유지의 목적은 하나님의 존재양식인 그분의 거룩한 영광에 있다. 하나의 도식을 만들면 다음과 같다.

하나님의 거룩
↓↑
하나님의 임재
↓↑
제의 공동체
↑
각종제사를 통한 죄의 처리
↑
정결의식을 통한 부정제거

이 같은 정결의 상태와 비슷한 정화의 상태가 있으므로 이에 대해서도 상호 관계의 규명이 있어야 할 것이다.

2.2.4. 정결과 정화

정결과 정화에는 차이가 있다. 그 차이점을 지적한다면 정화는 정결의식이 치러지고 난 다음에 나타나는 정결의 상태를 '정화되었다'고 말할 수 있다.[399] '개역성경'에는 '정화'라는 단어는 거의 사용되지 않는다. *NIV*에서도 '정화'를 뜻하는 'purgation'이 역시 나타나지 않는다.[400] 히브리어 'טָהֳרָה'을 영어로 번역한 '정결'의 'purification'

---

399) 어법상 '정결하게 되었다'고 말할 수 있으나 '정결되었다'고 말하기는 곤란하다.
400) 반면에 "정결"이라는 단어는 '개역성경' 전체에 98번 나타난다. 구약에 88번(레위기와 민수기에 46번 언급), 신약에 10번 사용되었다.

은 NIV에 10번 나타난다. 이러한 용례에 따라 속죄제와 정화제의 용어 사용에도 적용해 볼 수 있다. 앞에서 살폈듯이 'כִּפֶּר'가 사람일 때는 '속죄'가 되지만, 제단을 속죄한다고 할 때는 '정화'하는 것을 나타낸다. 이런 근거로 해서 정화제 논쟁과 관련하여 Milgrom 등 다수의 학자는 레위기 16:16에 나타난 회막의 오염된 부정[비인격체]을 위하여 속죄절차를 행하는 것 때문에 속죄제의 기능을 '정화제'라고 부른다.[401] 그러나 대속죄일의 목적이 성막의 정화에도 있지만, 사람에게도 똑같이 해당하기 때문에 정화제라고만 부를 수 없는 것이다. 또 '정화'를 뜻하는 의미는 국어나 영어나 히브리어에 잘 나타나지 않으므로 일단 '속죄제'를 '정화제'라고 부르는 것은 성경용어사용 빈도상으로도 적합지 못하다는 생각이 든다. 그래서 '정화제'보다는 '속죄제'라고 부르는 것이 속죄의 주동사격인 'כִּפֶּר'의 직접적 의미를 잘 나타낸다고 할 수 있다.

2.2.5. 정결과 성별

한편 '정결'도 '정화'도 아닌 일종의 '성별'이 있다. 레위기 16:6에 이에 대한 내용이 기록되었다. 이것은 속죄제를 드리는 과정에서 엿볼 수 있는 대목이다. 아론이 대속죄일의 속죄의식을 집전하면서 먼저 자기 자신과 권속[402]들을 위해 속죄제를 드리는 절차가 있다. 이때

---

[401] von Rad의 지적처럼 레 16장의 대속죄일에 나타난 의식의 대부분은 제단과 성소의 속죄를 위해 사용된다는 것을 지적하면서 의식의 형태에 따르면 아론 대제사장 자신을 위해 네 번(6,11,17,24), 이스라엘 공동체를 위해 세 번(10,17,24), 그리고 성소를 위해 한번(20) 속죄의식을 행하였다고 밝혔다. 그러므로 성소의 정화보다는 사람을 위한 속죄가 속죄일의 의식에 더 적합한 것이다. 따라서 비인격체인 성소를 위해 속죄하는 것을 "정화"라고 할 때 대제사장과 이스라엘 공동체의 속죄의식 횟수에 비해 성소는 1번 속죄의식을 행하기 때문에 속죄제 전체를 "정화제"라고 부르는 것은 횟수 비례에 의해 문제가 있다고 지적한다. Theologie des Alten Testaments Band, 1284.

[402] LXX는 "집 혹은 권속"을 뜻하는 "בַּיִת"를 "οἶκος"로 번역한다. 이 "οἶκος"는 "집, 가정(으로부터), 가족, 권속, 국가, 국민, 성건, 성소 등의 뜻으로 확대, 사용한다.

를 성별의식을 행한다고 말할 수 있는데, 정결의식처럼 어떤 매개체를 사용하는 것이 아니라 제사를 중심으로 볼 때 속죄제 자체가 곧 성별의식이 되는 것이다. 이러한 이해를 도표로 만들면 다음과 같다.

〈속죄의식의 단계〉

부정(죄)		거룩(교제)	
부정 →	정결의식 → (성별)	정화 →	성화

도표에서 보는 것처럼 정화와 성화의 과정은 정결의식을 거쳐 부정이 거룩한 쪽으로 성별 되므로 이루어진다. 제사장 위임식도 칠일 동안 거행되는 것은 거룩의 과정이 서서히 이루어져 감을 느낄 수 있다. 피부병과 유출병도 마찬가지이다. 정결의식과 관련해서 제사나 정화나 성별을 통해 어떻게 거룩에 도달하는지를 정리하여 보면 다음과 같다.

〈거룩의 단계〉

거룩	
↑	↑
성결	성화
↑	↑
정결 (성별)	정화
속죄의식	
↑	↑
죄	부정
(인격체)	(비인격체)

여기서 인격체는 사람이고 비 인격체는 성소나 제의 기구 같은 물체를 말한다.[403] 이처럼 구약에서 단 한 번의 의식으로 영원한 정결함을

---

403) 속죄대상이 비인격체 일 경우에는 "부정"이 "정화"가 되고 "죄" 일 경우에는 "속죄"가 된다. 이럴 때 "כפר" 앞에 붙이는 전치사에 의해 구별된다. 비인격체 앞에는 직접 목적어 את나 전치사 עַל 혹은 בְּ가 오고 인격체일 일 때는 전치사 עַל이나 בְּעַד가 사용 된다. 여기에 해당하는 히브리어 레위기 본문은 다음과 같다. 16:20(את); 8:15(עַל); 5:16(בְּ); 1:4(עַל); 9:7(בְּעַד)이다.

가져다주는 제사는 없다. 그래서 성경에서 부정과 오염, 정결과 성결404), 정화와 성화의 단계를 명확하게 구분 짓기가 쉽지 않다. 그 이유는 그 변화가 눈에 보이는 것이 아니라 하나님의 영역에서만 다루어지는 개념이기 때문이다. 이러한 단계는 선을 긋듯이 명확하게 구분하기는 어렵다. 개념과 의식적으로는 설명될 수 있지만 마치 방안의 찬 공기는 바닥으로 내려앉고 더운 공기는 천장으로 올라가는 것과 같이 구별선이 선명하지는 않다. 그럼에도 불구하고 정결의식이 이루어지는 과정에서 정결 매체인 피가 성막을 정화하고 인간을 정결하게 하는 핵심적인 정화 수단이므로 피를 중심으로 한 정화의 매체들을 다루어야 할 것이다.

2.2.6. 정결과 매체

레위기 1장부터 16장까지 제물의 피와 기름 등에 대한 정결의식이 나타난다.405) 여기에 기록된 피의 정결의식에는 피 뿌림, 피 바름, 피 흘림(흘러내리게 함), 피 쏟음(부음) 등이 나타난다. 이 부분을 정리하면서 어떤 매체가 가장 정결의 주도적인 역할을 하는지 알아볼 것이다.

2.2.6.1. 피 (דָם)

2.2.6.1.1. 뿌림 (זָרַק, to toss, הִזָּה, sprinkle)

제사에 피를 뿌리는 경우가 많다. 피 뿌림에는 두 가지 종류가 있다. 첫째는 레위기 1,3장에서 단 사면에 피가 뿌려졌다. 1:5,11; 3:2,8,13 이때는

---

404) 성결은 정상 상태의 본질에 속한다.
405) 레위기 16장 이후로는 제사의 정결의식을 통해 속죄하는 방법이 다시 등장하지 않는다.

'זָרַק' 로써 손으로 피를 뿌려 하나님께 귀속시키는 제사행위를 말한다. 두 번째는 레위기 4장에서 속죄제를 드릴 때 손가락으로 피를 성소의 휘장에 뿌렸다. 레4:6 이때 피 뿌리는 'הִזָּה'406)는 정화나 속죄를 위한 행위이다.407) 그리고 시내산에서 하나님과 이스라엘 백성이 언약을 맺을 때 동물의 피로 맺었다. 출24:3~8 이때는 단과 사람에게 나누어서 피가 뿌려졌다(זָרַק). 피를 둘로 나누어서 한쪽은 하나님을 상징하는 제단408)에 뿌리고 다른 한쪽은 이스라엘 백성에게 뿌렸다. 하나님과 인간 양편에 가장 중요한 것은 생명이고, 생명은 곧 피로 나타나기 때문에 피를 뿌리므로 양측의 화목을 이루고 관계를 회복시킨다.409) 이 피는 생명을 상징레17:11a하기 때문에 만약 언약의 당사자가 언약을 파기하면 자신의 제물을 쪼개듯이창15:10,17 생명을 내어 놓아야 한다. 그래서 언약을 지키지 못했을 때 드리는 속죄제사에서는 피가

406) "נָזָה" (spatter)의 Hiphil형(sprinkle).
407) Cf. Vriezen, *An outline of Old Testament theology*, 289.
408) 구약에 나타나는 제단은 다양하다. 제단이라는 "מִזְבֵּחַ"는 '제물을 드리는 장소'를 의미한다. 이 단어는 '제사를 드리기 위해 도살한다.'는 의미로서 "זָבַח"에서 유래되었으며, 분향단에도 적용되었다(출 30:1). Cf. de Vaux, *Ancient Israel*, 404-14. 제단의 종류를 보면 돌 제단(수 8:31; 삿 13:19), 토단(출 20:24), 나무위에 입힌 놋 제단(출 38:1), 나무위에 입힌 금 제단(향단을 말함, 출 30:1-6)이 있다. 때때로 제단은 정해진 이름을 가진다. 예를 들면 '세겜'에 있는 야곱의 제단은 "אֵל אֱלֹהֵי יִשְׂרָאֵל" (창 33:20), '르비딤'에 있는 모세가 쌓은 제단은 "יְהוָה נִסִּי" (출 17:15), '오브라'에 기브온이 쌓은 제단의 이름은 "יְהוָה שָׁלוֹם" (삿 6:24)이다. 제단은 하나님의 임재를 나타내는 일종의 표시가 되었다. 성경에는 또 다른 몇몇 중요한 제단들이 언급되어 있다. 이스라엘이 하나님과의 언약을 새로이 할 때 여호수아는 에발산에 자연 그대로의 돌로 단을 쌓았다(수 8:30). 요단 저편에 살던 르우벤 지파와 갓 지파와 므낫세 반 지파는 요단강 근처에 특별한 기념(증거) 제단을 쌓았다. 다윗은 예루살렘에서 자기에게 천사가 나타났을 때 성전 쪽 모리아 산에 제단을 쌓았다(삼하 24:25). 엘리야는 갈멜산에서 각 지파를 위하여 12개의 돌을 취하여 야훼의 단을 다시 쌓았다(왕상 18:30-32). 성막 건립 전에 최초로 쌓은 제단은 창 8:20에 처음 등장한다. "쌓는다"는 동사 "בָּנָה"는 'to build'의 의미로 돌단(출 20:25; 신 27:5-6)이거나 아니면 흙으로 만든 토단(土壇, 출 20:24)이 이에 해당한다. 이에 비해 번제단은 하나님께서 직접 그 모형도를 지시함으로 제작되었기 때문에 "쌓는" 제단과는 성격이 다르다.
409) 이때 단에 뿌려진 피는 성결을 위한 것 일 수 있으나 백성에게 뿌려진 피가 "언약의 피"(출 24:8)이기 때문에 언약이라는 상호성에 비추어 볼 때 제단이 하나님을 상징하는 것으로 볼 수 있다. Cf. Levine, *In the presence of the Lord*, 53.

요청되는 것이다.

이스라엘 백성이 언약을 어기면 동물이 백성을 대신해서 죽었다. 동물의 피가 인간의 목숨을 대신하여 속죄를 이루는 능력을 갖는 것이다.^{레17:11c} 그 실제적인 예가 레위기 4장에 나타나는 속죄제이다. 육체의 생명은 피에 있기 때문에^{레17:11,14} 동물의 피가 인간의 생명 대신 드려지는 것이다. 생명이 피인 것을 알 수 있는 것은 만약 인체의 피가 세포나 신체의 기관에 도달하지 않으면 사람은 즉시 사망을 일으키게 된다.410) 레위기 17:11에 의하면 'נֶפֶשׁ'생명 가 세 번, 'דָּם'피이 두 번, 속죄 단어 'כָּפַר'가 두 번 나타난다. 411) 이것은 생명과 피와 속죄는 상호 연관성을 가지고 있음을 뜻한다. 즉 피는 생명이며 이 생명의 피를 뿌림으로 속죄(대속)를 가져오는 것이다.412) 이 피를 뿌리되 제의의 속죄를 위해 관련된 모든 것에 접촉되어야 하므로 뿌리는 곳도 다양하다.

〈제단에 뿌림〉

번제를 드릴 때 제단 북편에서 제물을 잡아 제사장이 피를 먼저 제단 사면에 뿌린다.^{레1:11} 제사장 위임식 때에는 피를 사람의 신체 특정 부위에도 바르고 난 뒤 역시 제단 주위에 뿌린다.^{레8:24} 새의 경우는 피

---

410) M. R. De Hann, 『예수의 피』(*The Chemistry of Blood and Other Stirring Message*, 문홍일 역, 서울: 두란노, 1986〔1943〕), 13.
411) כִּי נֶפֶשׁ הַבָּשָׂר בַּדָּם הִוא וַאֲנִי נְתַתִּיו לָכֶם עַל־הַמִּזְבֵּחַ לְכַפֵּר עַל־נַפְשֹׁתֵיכֶם כִּי־הַדָּם הוּא בַּנֶּפֶשׁ יְכַפֵּר:
  속죄 생명 피   생명 속죄   피   생명
왜냐하면 그 육체의 생명은 피 안에 있다. 그리고 나 야훼는 너희에게 이 피를 주어서 제단에서 너희의 생명을 속죄하게 한다. 왜냐하면 그 피가 생명 안에서 속죄하기 때문이다.
412) 인간의 피는 독립적이며 개별적이다. 예를 들면 산모의 자궁에서 자라나는 태아에게 피는 한 방울도 주어지지 않는다. 태아에게 있는 모든 피는 태아 자신에게서 생성된다, De Hann, 『예수의 피』, 30. 한편 예수님은 성령으로 잉태되어 동정녀에게 나셨기 때문에 마리아의 피도 섞이지 않으셨음으로 '원죄'가 없으신 분이다. 그렇기 때문에 예수님은 타락한 아담의 후손이 아니라 여자의 후손(창 3:15)이 되시며, 그의 피는 깨끗하며, 깨끗한 피가 죄를 속할 수 있는 것이다.

양이 많지 않아 제단 곁(벽)에 뿌리고 남은 피는 단 밑에 흘린다.레5:9 (대)속죄일 때에는 제단 귀퉁이 뿔에 피를 바르고 그 위에 피를 뿌린다.레16:18~19 이때는 제단에 피를 바르고 또 뿌림으로 일종의 '이중정결의식'이 되는 셈이다.413)

〈성소 휘장에 뿌림〉

속죄제 때 제사장은 자신을 위해 수송아지의 피를 손가락에 찍어 야훼 앞 곧 성소의 'פָּרֹכֶת'(휘장) 앞에 일곱 번 뿌린다.레4:6 여기서 "뿌리다"는 'נָזָה' 동사를 사용하는데, 이 동사를 쓸 때는 좀 특별한 경우에 사용된다. 왜냐하면, 거의 성소 내부에서만 사용되기 때문에 자주 나타나지 않는다. 지성소와 성소 사이를 구별하는 천가리개출26:33인 휘장이 성소의 거룩과 지성소의 절대 거룩을 분리하거나 차단하는 상징이라면, 이곳에 피를 뿌리는 이유에 대해 Kurtz는 "휘장 그 자체가 속죄의 도구를 뜻하는 것이 아니라 그 뒤에 있는 속죄소"라고 말한다.414) 휘장에 뿌리는 피는 곧 속죄소에 뿌리는 피를 투영하는 것이라는 설명이다. 휘장에 뿌린 피를 통해서만이 속죄소를 들어갈 수 있음을 예표한다는 것이다. 이 휘장이 그리스도의 육체를 나타내고 있음히10:20을 고려할 때 십자가의 피 흘림과 관련이 되므로 적절한 해석으로 보인다.

〈제사장 옷에 뿌림〉

제사장 위임식 때 모세가 제단 위의 피를 가지고 아론과 그 아들들

---

413) 여기서 피 뿌리는 행위는 이스라엘 자손의 부정에서 단을 성결하기 위한 성결의식이다. 이는 시내산의 언약 비준식 때 뿌려진 언약의 피(출 24:8)와는 다른 기능을 가진다.
414) Kurtz, *Offerings, Sacrifices and Worship in the Old Testament*, 216.

의 옷에 뿌린다.⁴¹⁵⁾ 이는 옷을 거룩하게 하기 위해서다. 제사장 의복도 거룩해지는 의식이 필요하다.레8:30 이런 것을 볼 때 인격과 비인격을 포함해서 하나님께 드려지는 모든 것은 거룩해야 한다는 것과 제물의 피를 통해 접촉되는 매개체마다 거룩해지는 것을 알 수 있다.

〈속죄소 위와 앞에 뿌림〉

(대)속죄일의 성소와 회막의 속죄를 위해 제사장은 수송아지의 피를 속죄소 동편(위)에 뿌리고 또 앞에 일곱 번 뿌린다.레16:14 Milgrom은 뿌리는 피가 성소의 중앙에 가까이 오면 올수록 정결은 더 효과적이 되며, 죄와 부정함이 심할수록 피가 성소 안으로 스며드는 깊이가 더 해진다고 보았다.⁴¹⁶⁾ 그런 점에서 속죄를 위한 피 뿌림의 가장 효과적인 곳은 속죄소가 될 것이다.

2.2.6.1.2. 바름 (נָתַן, put)

손(가락)으로 피를 바르거나 쏟을 때는 'נָתַן'이라는 동사를 사용한다. 이 동사는 성소 내4:7에나, 성소 바깥 번제단4:25이나 일반적일 때 많이 쓰인다. 창28:20; 출21:22,30; 레2:1 등 ⁴¹⁷⁾ 피 바름에 대한 최초의 언급은 출애굽 하던 밤 양의 피를 집 문설주와 인방에 바르면서출12:6~7 시작된다. 겔45:18~19 참고 그 뒤 제사장 위임식 지침명령출29:12,20에서 나타난다. 바르는 이유는 성경에 설명되어 있지 않으나 거룩해지기 위한 구별행위이자 정결성별의식일 것이다. 항상 부정과 죄는 하나님과의 임재와 교제를 방해하기 때문에 야훼의 소유가 되려면 먼저 어떤 형태의 정

---

415) 이때는 Hiphil형 "הִזָּה"의 Qal형인 "הָזָה"(spatter)를 사용한다.
416) Milgrom, "Israel's Sanctuary" 78.
417) Kiuchi, *The Purification Offering in the Priestly Literature*, 122-23.

결의식이 있어야 한다. 이 같은 정결의식의 목적은 거룩한 것에 대한 접근을 전제한다.[418] 또 제사장 위임식 때 모세가 수양의 피를 아론과 그 아들들의 오른 귓불과 오른손 엄지가락과 오른발 엄지가락에 발랐다.레8:23~24 이 점에 대해 Gorman은 피 바르는 행위의 이 도혈제塗血祭를 신분 변경을 위한 '통과의례' rite of passage라는 용어[419]로 표현하는데 의미상 무리가 없어 보인다. 문둥병 환자의 정결케 되는 날인 제 팔일에도 제사장이 속건제의 피를 정결함을 받을 자의 오른 귓불과 오른손 엄지가락과 오른발 엄지가락에 바르는데,레14:14 이 역시 정결 과정을 통해 거룩한 하나님과의 관계가 정립됨을 나타낸다.

2.2.6.1.3. 흘림 (מָצָה, drain)

새의 번제를 드릴 때 머리는 비틀어 끊고 단 위에 불사르면서 피는 제단 곁(벽)에 흘린다.레1:15 피를 흘러내리게 하는 것은 짜내다시피 한 소량의 피로 인해 취해진 조치일 것이다. 또 속죄제를 드릴 때 경제적 능력으로 인해 비둘기를 바칠 때 속죄 제물의 피를 단 곁에 뿌리고 남은 피는 제단 밑에 흘린다.레5:9 이 피 흘림은 새의 피가 적기 때문이며, 남은 피를 제단 밑에 흘리게 하는 것은 역시 피를 처리하는 방법으로 생각할 수 있다. 제물로 바쳐진 피는 소량이라도 모두 거룩하게 처리해야 할 것을 일러 준다.

---

418) Jukes, *The Law of the Offerings*, 162-63

419) 이 '통과의례'에 대한 처음의 상태, 중간상태, 마지막 상태를 구분하는 분리의식과 통합의식에 대한 글과 도표는 다음의 논문을 참고하라. Edmund Leach, "The Logic of Sacrifice", *AAOT* edited by Bernhard Lang, issue in Religion and Theology 8 (Philadelphia: Fortress Press, 1985), 136-50; Gorman, *The Ideology of Ritual*, 175.

2.2.6.1.4. 쏟음 (שָׁפַךְ, pour out)

제사장이 죄를 지었을 때 드리는 속죄제에서 제물의 피를 뿌리고, 바르고 난 다음에 피 전부는 번제단 밑에 쏟는다.레4:7 420) 이때 쏟는 피는 나머지 피의 처리과정이면서 또한 속죄기능을 한다.레8:15 그리고 피를 제단 밑에 붓는 것은 생명의 주인이신 하나님께 돌려 드린다는 의미일 것이다. 한편, 포도주를 제주祭酒 421)로 제단 아래 붓는 의식도 피와 동일시하는 것일 수 있다.레23:13

지금까지 살펴본 피의 정결례는 피 뿌림, 피 바름, 피 흘림(흘러내리게 함), 피 쏟음(부음) 등으로 나타난다. 정결의식에 사용되는 피는 그 자체에 어떤 능력이 있는 것이 아니라 인간의 속죄를 위해 제정된 제사의 실체요소the tangible element로서 하나님께서 명명하신 것이다. 말하자면 피란 '드려진 생명'의 동의어로 사용된다.422) 피 자체에는 속죄의 능력이 없다는 사실은 피가 없는 곡식제사레5:11~12나 모세의 중재적인 기도출32:32를 통해서도 속죄의 기능이 있음을 볼 때 알 수 있다. 이런 점에서 피의 능력은 피 자체에 있는 것이 아니라 피에 속죄의 능력을 수여하는 하나님의 주권에 있는 것이다. 그러므로 피는 속죄의 수단으로서 역할을 한다. 이런 피가 희생제사로 사용되는 것은 피의 생명력이 하나님으로부터 부여되었기 때문이다. 창세기 9:14이하에 피의 생명력이 강조된다. 노아 홍수 이후 식물에 이어 동물도 인간의 식물이 되었다. 그러나 생명이 피에 있으므로 피 채로는 먹지 못하도록

---

420) 제2성전에서는 번제단의 기부(基部)가 융기와 돌출로 인해 피가 전혀 유실되지 않도록 만들어 졌다. P. E. Dion, "Early Evidence for the Ritual Significance of the Base of the Altar." *JBL* 106 (1987), 489-90.
421) "제주"(祭酒, libations)는 '개역성경'의 구약에는 "전제(奠祭)"(출 29:40)로, 신약에서는 "관제(灌祭, 순교의 피를 의미)"로 번역되었다(빌 2:17).
422) Martens, *God' Design*, 63.

하셨다.⁴²³⁾ 피의 식용금지가 주어졌다. 이는 피가 하나님의 것이기 때문이다. 하나님이 주신 생명력은 피에 담겨 있다. 하나님께서 이 점을 스스로 보여주셨다. 아브라함의 횃불언약창15장에서 볼 수 있는 것처럼 언약을 맹세하실 때 하나님께서도 쪼갠 희생제물의 사이를 지나가심으로써 언약을 지킬 것을 맹세하셨다. 이 횃불언약을 통해 자신의 존재가 곧 피로 대신할 수 있음을 나타내신 것이다. 그래서 하나님의 주권 속에 이 생명의 피가 하나님께 바쳐질 때 생명을 대신할 수 있으므로 인간의 죄와 부정을 씻는 속죄의 세제 역할이 가능한 것이다. 이 '제의용 세척제'가 곧 희생제사의 제도로 주어진 것이다. 이처럼 피는 속죄와 깊은 연관을 갖는데, 피의 속죄 제사는 이스라엘의 독특한 현상이기도 하다.⁴²⁴⁾ 희생제사에는 동물과 새의 피만 사용되었다.⁴²⁵⁾ 하지만 그리스도의 죽음으로 인해 생명의 피가 동물과 새의 피를 폐기시켰다. 히9:12 이 사실에서 우리는 그리스도의 피가 단번에 가장 효력이 강한 속죄의 매체라는 사실이 입증되었다.⁴²⁶⁾

2.2.6.2. 기름 (חֵלֶב)

희생제사에 기름이 사용된다. 이 기름은 'חֵלֶב' 라는 동물의 기름을 말한다. 화목제에서 "모든 기름은 야훼의 것"(레 3:16, כָּל־חֵלֶב לַיהוָה)이라고 말씀하셨다. 이는 성경에서 '기름(진)'이라는 표현이 땅the fat of

---

423) "피를 먹지 말라"는 규례에 대해서는 왕대일의 논문 "레위기 17:10-12 해석의 재고", 『구약신학저널』1 (서울: 도서출판 이레서원, 2000), 34-50을 참조하라; Cf. Tai IL Wang, *Leviticus 11-15: A Form Critical Study*, Ph. D. diss., Claremont, California, (1991).
424) 이스라엘 바깥의 고대 셈족이나 에게해(Aegean Sea) 지역에서 일반적인 신앙을 위해 제사를 지낼 때 신성과 관련하여 피를 사용하는 증거는 보이지 않는다. Dennis J. McCarthy, "The Symbolism of Blood and Sacrifice" *JBL* Vol. Lxxviii, (1969), 176.
425) 구약에는 인간의 피(삼하 20:12), 동물의 피(창 37:31), 새의 피(레 14:6) 등 3종류의 피가 나타난다. 그리고 이 피는 생명이 머무는 곳(창 9:4), 생명이 담겨있는 곳(레 17:11,14), 영혼이 거하는 곳(신 12:23)으로 묘사한다.
426) Douglas, *Purity and Danger*, 149

land이나 곡식, 동물의 최상 상태나 부분을 의미창45:18; 신32:14한다고 볼 때, 제물의 가장 값진 부분이 바로 이 기름이 될 수 있다. 이 최상의 것을 본래 주인이신 야훼에게 다시 돌려 드리는 것으로 보인다.

제사에서 기름의 사용은 레위기 3:3~5; 16~17에 나타난 화목제에서 잘 볼 수 있다. 화목제에서는 3종류의 제물을 드린다. 수컷이나 암컷의 소, 수컷이나 암컷의 양, 수염소이다. 화제427)로 드리면서 내장과 기름만 태운다. 이때 태우는 기름 부위를 보면 소의 경우는 내장에 덮인 기름, 내장에 붙어 있는 모든 기름, 두 콩팥과 그 위의 기름이다. 양의 경우는 미려골尾閭骨, 꼬리가 달린 등뼈의 마지막 부분에서 떼어 낸 기름진 꼬리,428) 내장에 덮인 기름, 내장에 붙은 모든 기름, 두 콩팥과 그 위의 기름이다. 수염소의 경우는 내장에 덮인 기름, 내장에 붙은 모든 기름, 두 콩팥과 그 위의 기름이다. 예외 없이 희생제물의 모든 기름을 태우는 이 화목제의 화제는 결과적으로 야훼께 "향기로운 냄새"3:5가 되며, "여호와께 드리는 식물"3:11이 된다는 것이다.429)

"여호와께 드리는 식물"과 관련하여 이 기름을 야훼께 돌려 드려야 하는 이유는 창세기 1:29~30에서 그 기원을 찾을 수 있다. 이 본문에 의하면 하나님께서 인간과 그 외에 생명체에게 각각 식물을 주셨다. 이때 식물이란 먹는 양식 혹은 음식을 말하는데, 즉 인간의 식물과 동물의 식물이 있는 것이다. 인간의 식물은 씨 맺는 모든 채소, 씨가진

---

427) 동물제사 가운데 다 태우는 번제와 화목제, 속죄제, 속건제에는 제물의 기름을 다 불사른다. 그러나 소제에는 기름이 없기 때문에 대신 예물위에 기름을 붓고 유황을 놓아서 불사르게 한다. 이렇게 볼 때 구약의 5대 제사는 모두 기름을 태우는 화제가 되는 셈이다(레 1:13; 2:16; 3:16; 4:10,21,26,31,35; 7:5).

428) 기름진 꼬리(אַלְיָה)를 달고 있는 양은 지금도 팔레스틴에서 흔히 볼 수 있는 짐승이다(레 3:9).

429) 화목제가 식사를 나누는 교제의 측면에서 본다면 태워진 기름은 하나님을 위한 음식이 되는 것이다. Jenson, "The Levitical Sacrifice System", 30-31. 그리고 제사장 몫으로 가죽과 뒷다리가 주어졌으며(레 7:30-32), 나머지는 제물을 바친 자의 가족이 먹었다(레 7:15).

열매 맺는 모든 나무였고, 짐승과 새와 땅에 기는 모든 것의 식물은 푸른 풀이었다. 그러나 노아 홍수 후에는 산 동물을 채소처럼 인간의 식물로 주셨다.창9:3 그러나 생명을 죽여 고기를 먹되 생명이 되는 피는 먹지 못하게 하셨다.창9:4 피는 생명이므로 야훼의 것이기 때문이었다. 이때 기름도 본래 피와 함께 야훼의 것레3:16이였기 때문에 "너희는 기름과 피를 먹지 말라"는 영원한 규례를 말씀하셨을 것이다.430) 그래서 제사를 통해 기름이 야훼께 드려질 때 "여호와께 드리는 식물"이 된다고 볼 수 있다. Noth도 이런 주장을 했지만431) 제사에서 기름을 태우는 것은 기름이 야훼의 소유이기 때문에 기름을 태움으로써 야훼께 다시 되돌려 드리는 행위로 본다면, 이는 마치 피를 따로 뿌리거나 바르거나 제단 밑에 쏟아 붓는 것도 피가 본래 야훼의 것이기 때문에 되돌려 드리는 것과 같은 맥락이다. 그런 점에서 속죄는 피와 기름(즉 생명체)을 제사를 통해 다시 야훼께 되돌리는 의식이라고 할 수 있다.

2.2.6.2.1. 부음 (מָשִׁיחַ, anointed)

레위기 4:3에 "기름 부음을 받은 제사장"이라는 표현이 있다.432) 'מָשִׁיחַ'는 동사 'מָשַׁח' (기름 붓다, 기름을 바르다)에서 유래하였다.433) 이 'מָשִׁיחַ'는 궁극적으로 '메시아'를 가리킨다. '기름 부음을 받은, 기

---

430) 그러나 가나안 땅에 들어가서 생축을 잡아 고기를 먹을 경우 "피는 먹지 말라"는 명령은 거듭되지만 기름에 대해서는 아무런 언급이 없다(신 12:15-25).
431) Noth는 피를 번제단 밑에 쏟는 것은 야훼에게 다시 돌려드림을 의미한다고 주석한다. *Leviticus*, 39.
432) "기름 부음을 받은 제사장"은 대제사장을 말한다. 레위기 4장에 기름 부음을 받은 대제사장이라는 표현은 3번 나타난다. 제사장 자신이 범죄 하여 속죄제를 드릴 때 두 번(4:3,5), 그리고 회중의 속죄제에 한 번(4:16) 등장한다. 그리고 레위기 전체로는 4번이며, 6:15에 아론의 뒤를 이을 대제사장에 대해 언급한다.
433) 레위기에 처음 나타난 "기름 부음을 받은 자"에 대한 MT의 표현은 4:3의 "מָשִׁיחַ"이다. 구약에서 이 단어는 약 40회 나오며, 주로 사무엘서와 시편에서 발견된다. LXX는 "χριστός" (레 4:5; 4:16; 6:22)로 번역하였다. 이는 "χρίω" (anoint)에서 유래되었다.

름부음을 받은 자'를 의미한다. 기름을 붓는 것은 야훼께 속하는 신분으로 구별하여 야훼의 소유임을 나타내고, 야훼의 존귀성을 기름이라는 매체를 통해 최상의 신분이나 상태를 나타내는 것으로 볼 수 있다.

2.2.6.2.2. 바름 (מָשַׁח, anointing, smear)

기름 바름은 기름 부음과 같은 동작이거나 연결된 동작이다. 신분의 변화이자 거룩해지는 의식을 나타낸다. 기름 바름을 도유제塗油祭라고 한다. 제사장 위임식 때 'שֶׁמֶן'이라는 기름의 관유灌油, anointing oil, 거룩하게 구별하는 데 쓰는 기름, 출30:22~25; 시133:2를 장막과 그 안에 있는 모든 것을 발라 거룩하게 한다.레8:10 제단과 그 모든 기구와 물두멍과 받침에도 발라 거룩하게 한다.레8:11 그렇게 한 후 아론의 머리에 부어 발라 거룩하게 한다.레8:12 434) 그리고 피와 함께 관유를 사용할 때는 제사장의 옷에 기름을 뿌린다.레8:30 기름을 바르면 구별하여 봉헌하는 의미를 지닌다.출30:23~34 그런 의미에서 기름 바름도 역시 신분의 변화를 통해 바쳐지므로 성별하기 위한 거룩한 의식으로 볼 수 있다.

2.2.6.2.3. 뿌림 (נָזָה, sprinkle)

이 'נָזָה'는 피 뿌릴 때와 동일한 Hiphil형 동사를 사용한다. 제사장 위임식 때 모세가 관유로 성막의 모든 부분을 거룩하게 하는 과정에서 제단에 기름인 관유를 일곱 번 뿌린다.레8:11 또 모세가 관유를 아론과 아들들과 그들의 옷에 뿌린다.레8:30 이때는 피도 함께 뿌려진다.

기름 부음이나 바름은 거의 제사장 위임식에서 나타난다. 위임식은 출애굽기 29장에서 모세가 야훼께 받은 지시대로 행하여졌다. 왜냐하

---

434) 기름을 붓는 도유식(塗油式)에서 "부어 바르다"라는 것은 한 동작을 나타낸다. 히브리어 "יָצַק"이다. 한편 위임식에서 아론 외에도 기름부음을 받은 제사장이 있는지는 성경에 나타나지 않는다.

면, 레위기 8장에서 이 위임식[435)]을 거행하면서 "여호와께서 모세에게 명하심과 같았더라"라는 어구를 6번 반복[8:9,13,17,21,29,36]하므로 이 일이 야훼의 지시대로 시행되었음이 나타나기 때문이다. 즉 모세의 지시와 행동은 야훼의 지시이다. 도표를 보자.

〈제사장 위임식〉

구분과 대상	아론과 그의 아들들
모세의 준비	의복, 관유, 속죄제의 수송아지와 수양 둘, 무교병 한 광주리
장소	회중이 모인 회막문
모세의 지시	회중이 물로 아론과 아들들의 몸을 씻김, 회중이 아론의 속옷을 입힘, 띠를 띠움, 겉옷을 입힘, 에봇을 더함, 띠로 에봇을 몸에 맴, 흉패를 붙임, 흉패에 우림과 둠밈을 넣음, 머리에 관을 씌움, 관위 전면에 '거룩한 관'이라는 금패를 붙임.[436)]
모세의 행동1	(관유의 사용) 관유로 장막과 성소기구에 발라 거룩하게 함, 단에 일곱 번 뿌리고 단에 속한 모든 기구와 물두멍과 그 받침에 발라 거룩하게 함. 아론의 머리에 관유를 발라 거룩하게 함. 아론의 아들들에게 속옷을 입힘, 띠를 띄움, 관을 씌움.
모세의 행동2	(속죄제 시행) 속죄제의 송아지를 끌고 옴, (아론과 아들들이 안수함), 모세가 피를 취하여 손가락으로 단의 네 귀퉁이 뿔에 발라 단을 깨끗케 함, 피는 단 밑에 단을 속하여 거룩하게 함, 내장에 덮인 기름과 간 꺼풀과 두 콩팥과 그 기름을 취하여 단 위에 불사름, 가죽과 고기와 똥은 진 밖에 불사름
모세의 행동3	(번제의 시행) (번제의 수양)수양을 드림, (아론과 아들들이 안수함), 피를 단 주위에 뿌림, 각을 뜨고 머리와 각 뜬 것과 기름을 불사름, 내장과 정강이를 씻음, 수양 전부를 단 위에 불사름.

---

435) 이 위임식은 생전의 모세가 하나님의 명령으로 처음으로 주도해 세운 제사장 제도의 '설립의례'(a rite of founding)이기 때문에 제사장들을 세울 때 마다 똑 같은 형태로 반복되지 않았을 것이다. 참고. 김의원, "제사장 위임식에 관한 연구", 『神學指南』가을호(1999), 44-72.

436) 제사장 의복은 안에서 바깥으로 갈수록 비싼 자재로 되어있고, 성소는 이와는 정반대이나 형태의 유사성을 지닌다.

	(위임식437) 번제의 수양)(아론과 아들들이 안수함), 모세가 잡아 피를 취함, 아론과 아들들에게 각각 오른 귓불과 오른손 엄지가락과 오른발 엄지가락에 바름, 피를 단 주위에 뿌림, 기름과 기름진 꼬리와 내장에 덮인 모든 기름과 간 꺼풀과 두 콩팥과 그 기름과 우편 뒷다리를 취함, 무교병 광주리에서 무교병 한 개와 기름 섞은 떡 한 개와 전병 한 개를 취하여 뒷다리 위에 놓음, 그 전부를 아론과 그 아들의 손에 놓아 요제를 삼음, 다시 그것을 취하여 단 윗 번제물 위에 불사름.
모세의 행동4	(관유/피사용) 관유와 단 위의 피를 취하여 아론과 그 옷과 아들들과 그 옷에 뿌려 거룩하게 함.
모세의 명령	아론과 아들들에게 회막문 안에서 고기를 삶아 위임식 광주리 안의 떡과 먹게 함, 고기와 떡의 나머지는 불사르게 함, 위임식은 칠일 동안 행하고 마치는 날까지 나가지 못하게 함, 〈명령의 목적〉제사장들을 여호와께서 속하게 하시려는 것 〈명령의 결과〉여호와의 부탁을 지키면 사망을 면함.

이 도표에서 얻어지는 하나의 결과는 위임식을 행하되 제사장이 사망을 면하는 길이 제시되고 있다는 것이다. 이는 대속죄일에 대제사장이 지성소에 무시로 들어가지 않아야 사망을 면한다(לֹא מוּת)는 내용과 동일하다. 이 같은 전제조건은 아론 대제사장은 부주의나 불순종으로 인해 사망할 수 있다는 사역의 불완전성을 함의한다.

이처럼 기름의 정결례도 피의 정결례처럼 기름을 사르고, 붓고, 바르고, 뿌림으로 하나님께 바침으로 구별하여 신분의 변화를 가져오는 매체 역할을 한다. 특히 메시아가 기름 부음을 받은 자[438]라는 사실은 이런 점에서 완전한 구별과 완전한 사역을 바라보게 한다.

---

437) 위임식(מלאים)은 칠일동안 하는데, 매일 같은 의식을 행한 것으로 보여진다. 이 위임식을 위임제(출 29:22; 레 7:37)라고도 한다. 같은 단어를 사용하고 있다.
438) 기름은 일반적으로 등(燈)과 연관이 있고, 등은 곧 빛이기 때문에 기름을 바르는 것은 거룩이 본체이신 하나님과 연관이 되는 상징적인 행동이라고 말할 수 있다. 시 132:7에 의하면 등과 기름이라는 표현을 통해 기름 부음을 받은 이가 곧 빛이라는 것을 암시한다.

2.2.6.3. 물 (מַיִם)

"샘물이나 방축물a cistern for collecting water 웅덩이는 부정해지지 않는다"레11:36 물은 부정한 것을 씻는 결례에 쓰였다.레11:32; 14:8 물은 심령이 죄에서 정결해지는 상징으로 표현된다.겔16:4 이처럼 물의 정결례도 피나 기름 못지않게 강력한 정결 매체가 되고 있다.

2.2.6.3.1. 씻음 (רָחַץ, wash)

번제를 드리면서 제물의 내장과 정강이를 물로 씻는다.레1:9 씻는 것은 깨끗하게 하는 것이고 이는 정결의식이다. 속죄제 때 고기를 유기(놋그릇)에 삶았으면 토기처럼 깨어버릴 수 없어서 닦고 물로 씻어야 한다.레6:28 바쳐진 고기의 거룩성 때문에 취해진 조치로 보인다. 또 제사장 위임식 때 거룩한 제사장 옷을 입히기 전에 아론과 그 아들들을 데려다가 물로 그들을 씻긴다.레8:6 씻음으로 부정한 상태에서부터 구별시킴을 볼 수 있다. 그리고 문둥병 정결의식에서 환자는 진 바깥에서 옷을 빨고 모든 털을 밀고[439] 물로 몸을 씻는다.레14:8 그 후 진으로 들어와서 장막 밖에 칠일을 거한 후 다시 몸을 씻는다.레14:9 이때 가지는 이 세정식은 두 번 반복해서 씻음으로 이중정결의식[440]을 치르는 셈이다. 유출병 환자의 접촉으로 말미암아 부정하게 된 자는 옷을 빨고 물로 몸을 씻어야 한다.레15:4~11 유출병 환자가 만진 질그릇은 깨뜨리고 목기는 물로 씻어야 한다.레15:12 유출병 환자가 몸이 깨끗해지면 칠일 후에 옷을 빨고 흐르는 물에 몸을 씻어야 한다.레15:13 설정한 자,

---

439) "털"을 미는 것은 새로운 출발, 즉 공동체의 새로운 생활의 시작을 뜻한다. Jenson, *Graded Holiness*, 84.

440) 진 바깥에서 첫째 날 옷을 빨고, 털을 밀고, 물로 씻고, 장막 바깥에서 일곱 째 날 역시 옷을 빨고, 털을 밀고, 물로 씻는다. 이는 부정의 등급에 따라 정화의 단계를 보여준다. Jenson, *Graded Holiness*, 169.

남녀가 동침한 후에도 전신을 물로 씻어야 한다.레15:16~18 여인의 유출로 인해 어떤 것이 접촉되었으면 그 접촉된 것과 접촉한 그 사람은 몸을 씻어야 한다.레15:21~22,27 (대)속죄일 날 제사장은 세마포 의복을 입기 전에 몸을 씻는다.레16:4 이 날 대제사장은 지성소에 나온 후 물로 몸을 다시 씻는다.레16:24 (대)속죄일 날 염소를 아사셀에게 보낸 자는 옷을 빨고 몸을 씻은 후 진에 들어온다.레16:26 제물의 사체를 진 바깥에서 불사른 자도 옷을 빨고 몸을 씻은 후 진에 들어온다.레16:28 스스로 죽은 가축이나 들짐승에게 찢겨 죽은 것을 먹은 자는 유대인, 본토인, 타국인을 불문하고 옷을 빨고 몸을 씻어야 한다.레17:15 부정한 자가 물로 씻지 아니하면 성물(קֹדֶשׁ, sacred offerings)을 먹을 수 없다.레22:6

제의와 관련하여 물로 씻는 것은 사람의 몸, 제물의 일부, 제기祭器 등 3종류가 있으나 대부분은 사람의 몸을 씻는 것이다. 이때 물로 몸을 씻는 것은 부정을 정결하게 하는 세정식의 대표적인 행위이다.

2.2.6.3.2. 뿌림 (הִזָּה, sprinkle)

문둥병의 정결의식과 가옥의 정결의식 때 흐르는 물과 새의 피를 함께 섞어 일곱 번 뿌리는 의식이 나타난다.레14:6~7,51 이때 적은 양의 새 피만을 뿌릴 수 없어 물에 탔던지, 아니면 피와 물을 함께 뿌리는 의식을 하였는지 명확하지 않으나 물도 피처럼 뿌리는 의식을 한다.441) 이 뿌리는 물은 정화수 역할을 한다.442) 민수기 19:20에 의하면 정결케 하는 물로 뿌리는 정결법의 모습이 나타난다. 또 민수기 31:23에 의하면 미디안과의 전쟁 후 전리품들을 정결케 하는 물로 씻는 장면이 기

---

441) 기름도 뿌리기는 하되 피와 물을 뿌릴 때 사용하는 Hiphil형 "הִזָּה"를 쓰지 않고 Qal형 "נָזָה"를 사용한다.
442) 민수기에는 물을 뿌려 속죄하는 의식이 레위인(8:5-7), 일반 백성(19:20), 군인들의 전리품(31:23)에 나타난다.

록되었다.443) 부정을 씻기 위함이다. 그러므로 물을 뿌리는 것은 피 뿌림과 기름 뿌림과 함께 정결의식의 주요 매체로 나타난다. 물은 죄에서 정결해지는 상징으로 사용된다. 히10:22; 딛3:5 참고

정결하게 하는 매체에 대해 지금까지 살펴본 것처럼 피나 기름과 물은 죄나 부정으로부터 구별시키는 데 사용된다. 이 세 가지 매체는 '뿌림'의 공통점을 갖고 있다. 여기에 보면 '피 뿌림'과 '기름 뿌림'의 히브리어 동사는 다르다('피 바름'과 '기름 바름'의 히브리어 동사도 다르다). 그러나 '물 뿌림'과 '기름 뿌림'의 히브리어 동사는 다르지만 '물 뿌림'과 '피 뿌림'의 히브리어 동사는 같다. 이것은 피와 물이 동일하게 주요한 정결 매체임을 나타낸다고 판단된다.

이같이 모든 정결의식에는 피, 기름, 물이라는 매체를 사용하여 구별(귀속)의식을 먼저 하고 그다음에 정결과 속죄와 거룩과 회복과 변화가 일어남을 볼 수 있다. 이 정결의식의 주요 매체로 사용되는 피와 기름과 물은 사실 인간의 몸속에 있다. 이 요소들은 곧 생명체를 형성한다. 이 요소들이 살아있는 인간의 인격을 상징한다고 볼 때, 하나님의 온전한 정결 매체로 이 땅에 물과 피로 임하신 성육신하신 그리스도의 육체와 이를 증거 하는 성령(기름)을 떠올리게 한다.요일5:6~7 444) 이제 정결의 최종적 단계라고 할 수 있는 거룩에 대해 살펴본다.

---

443) 일반적으로 민 19장에 물로 정결케 하는 규례가 제시되었으나, 민 31장의 불과 물의 정결 규례는 보충된 것으로 여겨진다. 민 31:19-24까지는 시체와 오염에 대한 정결의식인데, 19-20절까지는 모세가 일반적인 규례를 말한 것이고, 21-24절까지는 제사장 엘르아살이 구체적인 방법을 제시한 것이다. David P. Wright, "Purification from Corpse-Contamination in Numbers XXXI 19-24", VT XXXV, 2 (1985), 222, 216.
444) 요일 5:6-7에 의하면 '성령과 피와 물이 예수가 하나님의 아들임을 증거 한다'고 말한다. 그가 물로 세례 받으심(요 1:31)과 십자가에서 물의 쏟으심(요 19:34)과 십자가에서 피를 흘리심(요 19:34)과 물로 세례를 받을 때 성령(기름)의 머무심(요 1:33)은 곧 정결매체를 통한 정결의식을 행한 것이라는 점에서 그의 죽음이 곧 어린양의 제사였다(요 1:29)는 도식이 성립된다.

2.2.7 정결의 거룩

앞에서 언급한 '정결과 성별' 란의 두 번째 도표에서 제사의 속죄의 식을 거쳐→ 정결, 성별, 정화의 층을 넘어→ 성결, 성화를 거쳐→ 거룩함의 단계로 상승하는 그림을 그려보았다. 이 최종적인 거룩함의 단계가 무엇을 말하는지, 그것을 알려면 성경의 관련 본문들을 해석하고 정리함으로써 어떤 결론을 내릴 수 있을 것이다. 우선 거룩한 변화를 가져오는 것들이 있다.

2.2.7.1. 거룩한 변화

거룩에 대한 이해 가운데 실제로 무엇을 바치거나, 먹거나, 태우거나, 안수하거나 등의 합당한 속죄행위로 말미암아서 거룩해지는 것들이 있다. 이는 역시 속죄를 통해 거룩해지는 것들의 경우를 밝히는데, 이러한 거룩한 상태는 하나님레10:3외에도 인간,출29:33 물건,출29:34 장소,레10:18 시간출16:23 등에서도 하나님과 연관될 때 발생함을 말한다. 이 거룩이라는 말은 항상 피조물과 구별된 하나님의 존재나 하나님의 사역과 관련된 것들과 하나님께 속한 곳에 한정적으로 사용된다.[445] 이러한 이유는 거룩은 '하나님의 완전한 인격' 으로부터 유래하기 때문이다. 어떠한 것이 거룩한 변화로 제시되는가?

2.2.7.1.1. 십일조 생축

속죄의 목적으로 바친 것은 다 야훼께 지극히 거룩하다.레27:28 [446] 야훼께 바친 것은 사람이든 물건이든 거룩하게 된다.[447] 이렇게 거룩

---

445) 기동연,『성전과 제사에서 그리스도와 만나다』, 110.
446) 하나님께 바친 후에 그것을 자의적으로 다시 취하면 화를 당하게 된다. "너희는 바칠 물건을 스스로 삼가라 너희가 그것을 바친 후에 그 바친 어느 것이든지 취하면 이스라엘 진으로 바친이 되어 화를 닺케 할까 두려워하노라" (수 6:18).
447) Wenham, *The Book of Leviticus*, 22.

해진 것은 다시 속죄의 제물이 될 수 없다. 왜냐하면, 이미 거룩해졌기 때문이다. 레위기 27:28~33에 의하면 야훼께 바침으로 그것이 거룩해진 상태가 잘 드러난다. 바침으로 거룩하게 되는 것은 거룩한 야훼의 성품divine personality이 수납 속에 있기 때문이다.448) 이 본문에 의하면 하나님께 이미 (십일조로) 바쳐진 생축은 제물로 사용될 수 없다. 규례에 의한 것이든 인위적인 행동이든 일단 야훼께 바쳐진 것은 거룩하다. 이것으로 속죄의 제물을 삼을 수는 없다.449) 이중적인 봉헌은 허락되지 않는 것이다. 그 규례를 보면 땅의 십 분의 일 곧 땅의 곡식이나 나무의 과실은 야훼의 것임으로 성물이다. 사람이 십 분 일을 내지 못해 죄를 지었으면 그것의 오분의 일을 더 해 내야 죄가 속해진다. 십 분의 일은 항상 거룩한 것이기 때문에 잘못 행했으면 속량을 받아야 한다. 소나 양의 십 분의 일은 소나 양을 막대기 아래로 통과시켜 열 번째를 야훼의 거룩한 것으로 바쳐야 한다. 사람이 이 열 번째 생축의 우열을 비교하여 견주거나 바꾸지 못한다. 만약 바꾸게 되면 원래의 열 번째 생축과 인위적으로 바친 열 번째 생축 둘 다 야훼의 것이 되므로 사람이 이를 취할 수 없다. 이렇게 거룩해진 것은 속죄 제물로 사용하지 못한다.450)

이것은 십일조를 잘못 요용했을 때 속죄가 필요하다는 것과, 그 십일조는 일정한 (정결)의식을 거쳐 본래의 봉헌대로 야훼의 거룩한 소유가 된다는 것이다. 이런 점에서 한번 구별된 것은 영원히 거룩해진

---

448) O. R. Jones, *The Concept of Holiness*, 144-45. Cf. "Holiness" *ABD* Vol.3 (New York: Doubleday, 1992), 237-54.
449) 예를 들어 피를 가지고 회막에 들어가 성소에서 속하게 한 속죄제 희생의 고기는 먹지 못한다(레 6:30). 이 규정은 피가 제의에 사용되었을 때는 이미 하나님께 바쳐진 거룩한 상태임을 나타내기 때문이다.
450) 이때 속량을 뜻하는 "אשׁם"이라는 속죄 용어를 사용한다.

다는 속성을 알게 된다.[451]

2.2.7.1.2. 식사

바친 것도 거룩해지지만 먹는 것도 거룩과 관계가 있다. 속죄 의식의 하나로 사용되는 '속죄 제육'(אָכַל הַחַטָּאת, '먹는 속죄제')은 레위기 10장의 사건에서 그 의미를 찾을 수 있다. 아론의 아들 나답과 아비후 제사장이 제단의 향로를 잘못 취급하여 야훼로부터 벌을 받아 죽었다. 남은 아들 엘르아살과 이다말 제사장이 성소의 일을 보았다. 모세가 백성(회중)이 속죄제로 드린 염소를 찾았다.레10:16 찾은 이유는 고기를 먹는 문제 때문이었다. 그런데 엘르아살과 이다말이 속죄제를 드리고 염소를 이미 불살라버렸다. 모세가 대노하였다. 왜냐하면, 제물의 피를 성소에 가져오지 않는 고기는 백성의 죄를 사하기 위해 제사장이 거룩한 곳에서 먹어야 하는 일 때문이었다.[452] 즉 제사장이 '속죄 제육'으로 먹어야 하는데 이를 어기고 불살라버린 것이다.[453] 이 사건에서 아론은 대노하는 모세에게 자신의 뜻과 심정을 토로하였다. "백성이 오늘 속죄를 받으려고 속죄제와 번제를 드렸다. 참혹한 일이

---

451) 구별이 곧 거룩이라는 사상은 성막과 삶에서 볼 수 있다. 즉 육신적인 순결이나 청결은 야훼의 육신적(보이는) 성막에 임재 하는 것과 상응한다. 이 말은 거룩하신 하나님이 성막에 임재 해 있음으로 성막을 출입하는 자는 하나님과 같이 거룩해져야 하는 것이다. 이는 정결한 동물과 부정한 동물에 관한 하나님의 근본적 관심은 백성의 거룩함을 염두에 두고 있다는 사실을 뜻한다. 이스라엘 백성은 생활 속에서 정결한 것과 부정한 것을 판별해야(레 10:10)하며, 그런 것을 가르치지 않는 제사장은 죄를 짓는 것이다(겔 22:26). 구별된 삶이란 의식주를 구별하고, 생각을 구별하고, 몸을 구별하여 거룩하신 하나님을 닮아가는 것이다. 이것이 이스라엘 백성의 삶의 목적이고(레 11:43-45) 성도의 생활이다. 십일조도 이와 같이 구별된 삶으로 이해해야 한다.
452) 속죄 제육은 제사장과 회중 속죄제에는 먹지 않고, 족장과 평민 속죄제에만 먹는다. 이 기사는 제사장들의 실수를 지적한 것이다. 상황으로 볼 때 회중의 속죄제임으로 제사장들이 고기를 먹지 못한다. 그러나 피를 성소에 들여오지 않았기 때문에 회중의 속죄제 이기는 하지만 반드시 그 고기는 먹어야 한다. 그러나 제사장들은 첫째, 회중의 속죄제를 드리면서 피를 잘못 처리 했고, 둘째, 그 결과 때문에 제물의 고기를 먹어야 하는데 이것도 먹지 않고 태웠기 때문에 두 가지의 실수를 동시에 범한 것이다.
453) 레위기의 먹는 제사는 번제를 제외한 화목제, 소제, 속건제, 속죄제이다. 단 여기서 속죄

이미 나에게 임한 마당에 속죄 제육까지 먹으면 야훼께 염치없는 일이 아니겠는가?"[454] 이 말을 들은 모세는 아론의 제사장의 직무와 관련하여 취한 그의 자세를 좋게 여겼다는 내용으로 이 사건은 마감된다.[455] 이 사건을 통해 볼 때 제사 규례를 따라 제육을 먹는 것도 속죄요, 먹지 않는 것도 속죄다. 결과적으로 왜 제사장이 속죄 제육을 먹어야 하느냐는 질문에는 두 가지 측면의 설명이 가능하다. 첫째는 거룩함을 유지하고자 죄를 제의적으로 떠맡는 것이고,[456] 둘째는 궁극적

제 중에서 족장과 평민의 속죄제사만 제사장이 먹을 수 있다. 그리고 못 먹는 제사는 타 태우는 번제와 제사장과 회중이 드리는 속죄제다. 왜냐하면 제사장과 회중의 제사는 성소에 피를 가져가는 제사임으로 금지되어 있다(레 6:30). 그래서 먹을 수 있는 제사는 다음과 같다. 번제(누구든지 안 됨), 소제(제사장과 아론 자손의 남자는 먹음), 화목제(제사장이 제물의 가슴과 오른 넓적다리를 먹음, 제물을 드린 자와 그 가족이 먹음), 속죄제(족장과 평민이 드린 것을 제사장과 아론 자손의 남자들-이것은 아론 자손 중에 제사장 직임을 하지 못하는 남자를 포함한 제사장의 가족(priest's family)도 될 것이다, 레 21:17-23), 속건제(제사장과 아론 자손의 남자들)이다. Cf. Jenson, "The Levitical Sacrifice System", 26-27. 한편 레위인은 십일조로 바쳐진 거제물은 어디서나 먹을 수 있다(민 18:31).

454) Molgrom은 모세가 대노한 이유는 먹는 절차에 대해 익숙하지 못한 초기 제사장들의 두려움 때문이며(they were afraid to eat it), 모세가 이를 질타한 것으로 해석했다. Milgrom, "Two Kinds of Hattat" *Studies in Cultic Theology and Terminology*, SJLA 36 (Leiden: E. J. Brill, 1983), 74.

455) 여기서 제사 고기를 먹는 행위는 봉사에 대한 사례의 측면으로 볼 수 있으나 제사를 잘못 드렸다는데 문제가 있다. 왜냐하면 모세가 먹는 문제 때문에 대노하였기 때문에 제의 절차상의 하자가 발생하였음을 나타내는 것이다. 한편 Kiuchi는 레위기 10장에 나타난 아론의 걱정과 대속죄일에 아론이 자신과 자신의 집안에 대한 죄를 대속하기 위해 드리는 속죄의 식과는 아무런 인과론적인 관련이 없음을 지적한다. Kiuchi, *The Purification Offering in the Priestly Literature*, 77-85; 이 사건과 관련하여 Young은 Drive의 레 10:16-20 사건은 레 9:15-16을 수정한 것이라고 주장에 대해 잘못이라고 반박한다. Young의 주장은 속죄제 때 드릴 때 그 피를 성소에 들여가지 아니 할 때는 거룩한 고기이기 때문에 불사르지 않고 먹어야하는데 제사장들이 잘못 취급한 것에 대한 문제이지 속죄제의 발전이나 수정이 아니라는 것이다. Edward J, Young, *An Introduction to the Old Testament* (Grand Rapids, Michigan: William B. Eerdmans Publishing Co, 1964), 77.

456) "이는 너희(제사장들)로 회중의 죄를 담당하여 그들을 위하여 여호와 앞에 속하게 하려고 너희에게 주신 것이라" (레 10:17). 제사장들이 속죄제 고기 일부를 먹는 이유는 그렇게 함으로써 속죄제를 드린 사람의 죄를 속하고 그것을 제의적으로 담당(נָשָׂא)하기 위함이다. 이 "נָשָׂא"라는 동사는 죄 또는 죄책이라는 뜻을 가진 "עָוֹן"이라는 명사와 함께 사용될 때에는 죄 또는 죄의 형벌을 '떠맡는다.' 는 의미를 가진다. 기동연,『성전과 제사에서 그리스도를 만나다』, 272.

으로 거룩한 대제사장이신 그리스도와의 연합을 함의含意하는 것이다.457)

하나님께 바쳐진 제사장이 하나님께 바쳐진 제물을 먹는 그 자체가 거룩한 행위임이 나타나므로, 거룩의 발생은 하나님과 관련된 모든 것과 모든 일에 해당한다는 사실을 새삼 깨닫게 된다.

2.2.7.1.3. 태움

태우는 것도 거룩하게 하는 것에 속한다. 속죄제는 제물의 피를 뿌리고 바른 다음 태우거나 먹거나 둘 중의 하나를 하게 되어 있다. 즉 고기를 태우거나 먹거나 한다. 제사장 규례에 의하면 고기를 태우는 속죄제the burning of the hattat는 대제사장과 회중에 해당하고, 먹는 속죄제the eating of the hattat 458)는 족장과 평민에 속한다. 속죄제를 드리는 헌제자들은 태우는 것이 먹는 것보다 더 중요한 정결의식으로 여겼다. 속죄제에서 먹는 것은 제사장들의 봉사에 대한 사례의 성격을 넘어서 백성의 죄를 담당하는(떠맡는) 것까지를 의미레10:17하지만, 태우는 것은 먹는 속죄보다 더 완전성을 가진다. 왜냐하면, 속죄제에서 제물로 바쳐진 송아지 전체를 진 바깥 재 버리는 곳인 정결한 곳에서 태울 때, '태우다'라는 'שׂרף' 동사는 '없애다' to destroy라는 뜻이 있기 때문이다. 즉 제물을 태우는 것은 죄를 완전히 제거하는 상징적인 의미가 있어서 거룩한 상태가 더 온전해짐을 나타내기 때문이다.

---

457) 제물의 먹는 문제가 어떻게 그리스도와의 연합과 관련이 있는지에 대해서는 다음의 글을 참조하라. Maureen Beyer Moser, *ABR* 54:3-SEPT (2003), 298-311.
458) 피를 가지고 회막에 들어가 성소에서 속하게 한 속죄제 희생의 고기는 먹지 못한다(레 6:30).

2.2.7.1.4. 안수를 통한 열납된 제물

안수를 통해 제물이 열납되면 속죄의 효력이 발생하기 때문에레1:4 안수의 과정을 통해서도 거룩함이 이루어진다. 레위기의 안수(례)에 대한 언급은 모두 14곳이다.459) 안수할 때 공통적인 특징은 통상적으로 모두 '머리에 안수'(סָמַךְ יָדוֹ עַל רֹאשׁ)하는 것이다. 이 가운데 13곳은 동물에게 안수하는 것이며, 한번 사람의 머리에 안수함이 나타난다.460) 이 사람은 야훼의 이름을 빙자하여 남을 저주한 죄로 돌로 처형을 당하기 전에 무리가 그의 머리에 안수하였다.461) 그 외는 모두 희생제물의 안수이다. 대속죄일에 광야로 보내는 염소의 안수는 두 손으로 한다.462) 이는 이스라엘 자손의 모든 불의와 그 범한 모든 죄를 고하고 그 죄를 염소의 머리에 둔다고 안수의 목적을 밝히고 있다. 레16:21 이때는 속죄의 기능 가운데 전가463)의 의미로 해석된다.464) 백성의 집합적인 허물을 제물염소에게 덮어씌우는 것이다. 그런데 레위기에서 안수하는 장면 14곳 가운데 안수가 속죄가 된다는 것을 밝히는 것은 레위기 1:4이다. "그가 번제물의 머리에 안수할지니 그리하면

---

459) 레 1:4; 3:2,8,13; 4:4,15,24,29,33; 8:14,18,22; 16:21; 24:14.
460) 레 24:14. 한편 민수기에서 레위인 임직식에서 안수하는 장면이 나타난다(민 8:10).
461) 이때 행해진 안수는 아마 두 손으로 했을 가능성이 있다. 왜냐하면 대속죄일 때 아사셀 염소에게 두 손으로 한 것은 죄의 전가를 말함으로, 이 죽음은 처형당하는 자신의 책임임을 밝히는 것으로 보이기 때문이다.
462) 안수는 '한 손으로' 했을 것으로 추측된다. 왜냐하면 "두 손으로" 하였다는 표현은 레 16:21에만 나타나기 때문이다. 본인은 한 손으로 안수할 때는 주로 개인적일 때 사용되며, 이때는 제물과의 '동일시(연합과 일치)'로, 두 손으로 할 때는 집합적일 때 사용되며, 이때는 '전가'의 의미가 있다고 생각한다. 왜냐하면 그리스도의 죽음은 인류의 죄를 떠맡았을 때는 전가이지만, 개인적으로는 '나대신' 죽었다고 생각되기 때문이다.
463) 전가(轉嫁, imputation)의 효력이 발생하는 주체는 인간이 아니라 하나님이시다. 그런 점에서 전가는 하나님께서 그렇게 간주(חָשַׁב)하셔야한다(참고, 창 15:6).
464) 안수의 의미는 '죄의 전가'(the person presenting the offering, Noordtzij, *Leviticus*, 32), '동일시'(the death of the animal in some way substituted for the death of guilty person, Wenham, *The Book of Leviticus*, 28), '제물의 소유권'(a statement of ownership, de Vaux, *Studies in OT Sacrifice*, Cardiff: University of Wales, 1964, 28) 등이 주장되고 있다. Cf. J. H. Kurtz, *Offerings, Sacrifices and Worship in the Old Testament*, 82-101.

열납되어 그를 위하여 속죄가 될 것이라"레1:4 여기서 안수가 속죄가 되는 과정을 살펴보면 일단 제물이 열납되어야 한다. '열납되다' 는 동사는 'רָצָה' 로, '기뻐함으로, 호의적으로 받아들이므로' 라는 의미이다. 하나님의 명령에 조금이라도 차질이 생기면 제사는 열납되지 않는다.레7:18 열납되지 않으면 헛된 제물이 되는 것이다.사1:13 야훼께서 안수한 제물을 열납하시는 것은 정당한 제물일 때 가능하다. 즉 규례에 따른 제물의 종류와 상태가 적격일 때, 즉 절차와 방법이 온전할 때 열납하시는 것이다. 그러한 합당한 제물과 절차로 안수할 때 그 제물은 하나님께서 받으시고 속죄가 이루어지는 것이다. 제사는 열납(רָצוֹן)의 조건이 충족될 때 효력이 발생하는 것이다.

효력이 발생하여 번제물에 안수하여 번제의 속죄가 이루어지면 "여호와께 향기로운 냄새(רֵיחַ־נִיחוֹחַ לַיהוָה, an aroma pleasing to the God)"가 된다.레1:9,13,17 소제도 제사장이 기념물로 제단 위에 불사르면 "여호와께 향기로운 냄새"가 된다.레2:2,9 화목제도 화제로 드리면 "여호와께 향기로운 냄새"가 된다.레3:5 465) 이렇게 볼 때 화제466)을 통해 번제나 소제나 화목제의 제물이 열납되면 이는 곧 하나님과의 화목이 이루어짐을 뜻한다. 이런 의미에서 안수는 열납이라는 효력발생을 통해 제물을 거룩하게 하는 수단이 되는 것이다.

이처럼 생축의 십일조나, 제사 때 먹거나, 제물을 태우거나, 안수를 통해서 제물이 열납되면 속죄를 통해 거룩함이 발생함을 볼 수 있다. 다시 말하면 거룩한 하나님과의 접촉이 이루어지는 곳에서는 항상 거

---

465) 혹은 "여호와의 식물" 이 된다(레 3:11).
466) 이 태우는 화제(burning rite)는 성경에 나타난 제사의 목적을 이루는 것으로, 즉 하나님과의 상호교통(communication with God)을 의미한다고 주장한다. Christian A. Eberhart, "A Neglected Feature of Sacrifice in the Hebrew Bible: Remarks on the Burning Rite on the Altar", HTR 97 (2004), 485.

룩한 변화가 발생한다는 사실이다. 이런 측면에서 거룩함의 주체 문제가 대두된다.

2.2.7.2. 거룩의 주체

거룩의 개념[467]을 이해하는 데 있어 중요한 것은 거룩의 주체 문제이며, 거룩의 주체적 행동이 어떻게 나타나는가 하는 것이다.

2.2.7.2.1. 회막의 임재

거룩이 유지되어야 거룩을 감지할 수 있을 것이다. 거룩을 유지하는 것을 이해하기 위해 성경 어디에서 '속죄제' 단어가 최초로 사용되었는지 살펴볼 필요가 있다. 왜냐하면, 거룩은 죄 처리가 우선이기 때문이다. '속죄제' 라는 용어가 처음 기록된 곳은 출애굽기 29:1~14 단락 가운데 14절이다. 이는 (대)제사장 직분의 위임식출29:1a 때이며, 제사장들을 거룩하게 하기 위해서다.출29:1b 제사장들이 거룩해야 하는 목적은 속죄제를 통해서 백성의 거룩이 유지되기 위함이다.출29:1~4 이러한 속죄를 통해 이루어진 거룩을 어떻게 유지하는가를 순서에 따라 볼 수 있는 것이 같은 장에 있는 출애굽기 29:43~46이다. 이 본문에 의하면,[468] 거룩함은 볼 수 없지만 거룩함이 가시화된 것이 성막에 나

---

467) Jones에 의하면 거룩의 개념은 인격의 개념과 매우 가까우며, 거룩은 하나님 인격의 완전한 모습(perfect vision)으로 이해했다. O. R. Jones, *The Concept of Holiness* (Ruskin House Museum street, London: George Allen & Unwin Ltd, 1961), 183. 이런 점에서 거룩은 구약 계시의 핵심적인 단어가 될 것이다.

468) "이는 너희가 대대로 여호와 앞 회막문에서 늘 드릴 번제라 내가 거기서 너희와 만나고 네게 말하리라 내가 거기서 이스라엘 자손을 만나리니 내 영광을 인하여 회막이 거룩하게 될지라(the place will be consecrated by my glory, וְנִקְדַּשׁ בִּכְבֹדִי) 내가 그 회막과 단을 거룩하게 하며 아론과 그 아들들도 거룩하게 하여 내게 제사장 직분을 행하게 하며 내가 이스라엘 자손 중에 거하여 그들의 하나님이 되리니 그들은 내가 그들의 하나님 여호와로서 그들 중에 거하려고 그들을 애굽 땅에서 인도하여 낸 줄을 알리라 나는 그들의 하나님 여호와니라"(출 29:43-46). 이 출애굽기 29장은 레위기 8장과 평행본문이다.

타나는 하나님의 임재[469] 현상이다. 거룩은 곧 하나님의 임재와 직접적인 관련이 있다는 말이다. 즉 하나님의 임재[470]는 곧 하나님의 영광이며,[471] 하나님의 거룩이 분급分給, impartation of Holiness된 것이다.[472] 그분의 영광이 임재를 통해 암시하는 바는 사람 중에 거하심으로 그들의 하나님이 되시기 위함이다.레26:11~12 이 사상의 구체적 표현이 성막[473]이다. 성막은 하나님의 영원성과 거룩성이 인간의 시간과 세상과

---

[469] 하나님의 임재(divine presence)는 성막의 중심 주제이며, 거룩함, 경이로움, 생명을 줌, 위험 등 여러 가지 해석으로 나타난다. W. H. Bellinger, Jr., "Leviticus and Ambiguity", Perspectives in Religious Studies, *Journal of the NABPR* (1997), 220.

[470] Westermann은 하나님께서 계시를 위해 나타나심의 임재(theophany)와 구원을 위해 나타나심의 현현(epiphany)을 구별한다. *The Praise of God in the Psalms*, trans. K. R. Crim (Richmond, 1961), 98-101.

[471] 성막이 완성되었을 때 하나님의 영광이 구름으로 가시적으로 나타나신 임재(출 40:34-35)를 유대교에서 하나님 보좌에 나타난 야훼의 모습, 혹은 하나님의 시현(示現)을 뜻하는 "Shekinah Glory"라고 부른다. *IDB*, Vol4, 317-19. "여호와의 영광"은 이스라엘 자손의 눈에는 "맹렬한 불"(consuming fire)같이 보였다(출 24:17).

[472] Jeffrey J. Niehaus, *God at Sinai: Covenant & Theophany in the Bible and Ancient Near East* (Grand Rapids, Michigan: Zondervan Publishing House, 1995), 25-26.

[473] "אֹהֶל מוֹעֵד"라는 성막의 이름은 다양하게 사용되고 있다. 그 이유는 성막에 대한 이해의 각도에 따라 다르게 부르기 때문이다. 우선 가장 많이 불리는 이름이 "אֹהֶל"이라는 장막(the tabernacle or dwelling place, 레 8:10)이다. 장막은 인간의 장막과 하나님의 장막으로 나누어지지만 성경에서는 대부분 하나님의 장막을 가리킨다. 그 다음이 회막(the Tent of Meeting, 출 40:2)이다. 회막으로 부르는 이유는 하나님과 인간 사이, 인간과 인간 사이의 만남이 이루어지는 곳이기 때문이다. 다음으로는 성막(the tabernacle, 출 40:2)이다. 장막이지만 하나님이 임재하시는 거룩한 곳이기 때문에 성막이라고 부른다. 몇 군데에서는 성막을 증거막(the tabernacle of the Testimony, 민 9:15)으로 표현한다. 이유는 성막에 두 돌 판을 넣은 증거궤가 있기 때문이다(출 40:3). MT는 "אֹהֶל מוֹעֵד"를 "만남의 막(幕)"을 뜻하는 "the tent of meeting-회막"으로 부르지만 LXX는 "the tent of testimony-언약을 나타내는 증거막(τῆς σκηνῆς τοῦ μαρτυρ)"으로 번역하였다. 이 점에 대해 Tov는 다음과 같은 어원학적인 문제임을 지적한다. 즉 "מוֹעֵד"의 두 끝 자음인 "עד"는 '증거'를 나타낸다. 그리고 "עד"으로부터 파생된 단어 "רעי"(Qal형의 designate, Niphal형의 appear, gather, agree, let appear)와 "הוע"(Hiphil형의 call to witness, serve as a witness)의 사용으로 "회막"과 "증거막"이 교차 사용되었다는 것이다. Emanuel Tov, *The Text-Critical Use of the Septuagint in Biblical Research*, JBS (Jerusalem: Simor Ltd, 1997), 177.어떤 한 곳에서는 성막을 법막(the Tent of the Testimony, 대하 24:6)으로 부른다. 이유는 증거궤를 법궤라고도 하기 때문이다(출 40:3). 이것을 도표로 만들어보면 다음과 같다. 아래의 도표 외에도 "בֵּית יְהוָה"(야훼의 집)라는 명칭을 사용힌디(출 34:26). 그리고 성막의 (지)성소(sanctuary, 출 15:17)라는 "קָדֹשׁ"는 동사 "קדשׁ"(창 2:3)에서 파생되었다.

함께 만나는 놀라운 접촉점으로 나타난다.출25:22 474) 이러한 일련의 과정들이 언약을 통해 설명된다.

2.2.7.2.2. 언약의 목표

출애굽기 29:43~46의 본문에 의하면 하나님은 성막 안에 가시적이고도 생생한 모습으로 임재 하신다. 이것은 언약을 설명하는 포괄적이고 내재적인 모습이다. 하나님은 회막 문에서 이스라엘 자손들을 만날 것을 약속하셨다. 만나시고자 임재하시는 야훼의 모습이 영광(כָּבוֹד) 그 자체가 되기 때문에 회막이 거룩해진다. 그 거룩한 회막 안에 있는 단들이 결과적으로 거룩해지고, 제사장들이 거룩한 직분을 행하게 된다. 그 결과 하나님이 이스라엘 자손 중에 거하시게 되므로 그들의 하나님이 되시는 것이다. 이스라엘 백성은 하나님이 자기들의 하나님이 되시려고 애굽에서 인도하여 내신 줄을 알게 되었다.창17:7; 출

이름	히브리어	영어	횟수	구절	의미
성막	미쉬칸(מִשְׁכָּן)	the tabernacle	82	출 40:2	거룩한 막
장막	미쉬칸(מִשְׁכָּן)	the tabernacle	229	레 8:10	거하는 막
회막	오헬 모에드 (אֹהֶל מוֹעֵד)	the Tent of Meeting	146	출 40:2	만나는 막
증거막	오헬 에두트 (אֹהֶל עֵדוּת)	the tabernacle of the Testimony	5	민 9:15	증거궤의 막
법막	오헬 에두트 (אֹהֶל עֵדוּת)	the tabernacle of the Testimony	1	대하 24:6	법궤의 막

한편 성막이 진 중앙에 위치하는 것은 이스라엘 백성을 보호하고 통치하는 것을 의미한다. 이것은 현존하는 하나님의 왕권(the present kingship of God)을 나타낸다. Dumbrell, *Covenant and Creation*, 104; 회막에 대한 정확한 평면도에 대해서는 다음을 참고하라. Rolf Rendtorff, *Leviticus, Biblischer Kommentar Altes Testament* (Neukirchener Verlag, 1992), 164; 그리고 회막에 대한 보다 상세한 내용은 다음의 글을 참고하라. G. Henton Davies, "Tabernacle", *IDB*, Vol.4. 498-506; 그리고 회막과 성전과 회당에 대한 관계 연구는 다음의 글을 참고하라. Shubert Spero, "From Tabernacle(Mishkan) and Temple(Mikdash) to Synagogue (Bet Keneset), *Tradition*, 38 no 3 Fall (2004), 60-85.
474) 성막은 하나님께서 사람과 함께 거처하시면서(출 25:8-9), 인간을 만나시고 말씀하시며(출 25:22), 예배를 받으시고(레 1:1-4), 용서하시는(레 4:20) 곳이다. 레위기 9장은 하나님께서 성막에 강림하셔서 백성을 만나시는 첫 장면이 등장한다(9:23-24).

6:7 이에 따라 거룩하신 하나님과 이스라엘 백성 간에 언약관계가 성립되었다.신14:2 다시 말하면 언약은 체결 이후부터 쌍무적인 관계인데, 하나님의 거룩이 이스라엘에 최종적인 언약목표로 요구된다. 그러므로 언약을 통해 거룩한 하나님처럼 되는 것이 언약을 맺는 이유이다. 언약이 없이는 거룩한 요구가 성립되지 않는다. 언약관계 때문에 거룩함이 요구되는 것이다. 이 절대적 거룩성은 언약의 목표가 된다. 모든 율법은 이 점을 지향하고 있다. 그래서 백성에게는 거룩한 하나님의 임재와 그 임재의 자리를 위해 백성 각자 자신에게 거룩함이 요구되었다. 이것이 하나님께서 언약을 맺은 이유로 설명된다. 한 걸음 더 나아가서 이 이유는 하나님에 대한 영원한 기억을 하도록 하고 있다.

2.2.7.2.3. 영원한 기억

출애굽기 29:43~46에 의하면 회막을 지으신 최종적 목적이 잘 설명되고 있다. 내용을 순차적으로 요약해보면 다음과 같다.

- 회막을 지은 목적은 하나님이 이스라엘 백성과 만나기 위해서다.[475]
- 회막이 거룩해야 하는 이유는 하나님이 여기에 임재하시기 때문이다.
- 회막은 결국 하나님의 임재로 인하여 거룩해진다.
- 거룩한 회막을 유지하려면 단과 제사장을 거룩하게 하여야 한다.

---

475) Cassuto는 이 구절을 해석하면서 특히 "거기서"(there)를 강조한다. 회막을 지칭한다, 회막에서 이스라엘 자녀들과 만나 말하겠다(Divine communication)는 것이다. *A Commentary on the Book of Exodus*, trans., Israel Abrahams (Jerusalem: The Magnes Press, The Hebrew University, 1997), 388-89.

- 단과 사람을 거룩하게 하는 방법이 제사이다.[476)
- 제사의 목적은 단과 사람을 거룩해지기 위한 수단이 된다.
- 거룩해진 제사장이 거룩한 직분을 행할 수 있다.

(다시 되돌아가서)
- 회막을 지은 목적은 하나님이 이스라엘 자손 중에 거하시기 위함이다.
- 이들 가운데 거하시는 목적은 그들의 하나님이 되시기 위함이다.
- 그들의 하나님이 되셔서 애굽에서 구출하신 야훼를 기억하게 한다.[477) 그리고 야훼 자신을 알리신다("나는 그들의 하나님 여호와로다").[478) 그들이 야훼가 누구인지 알게 되므로 야훼를 경외하게 되고 그에 대한 섬김이 자연히 제의적인 섬김으로 표현된다.[479)
- 이렇게 발생한 언약의 핵심은 야훼를 영원히 기억하게 하는 것이다.

Davies에 의하면 출애굽기 29:43~46을 통하여 레위기의 제사제도 안에 언약개념이 넓게 퍼져 있음을 지적하고, 거룩하신 하나님이 이스라엘 백성 가운데 거하시려면 거룩한 시공간이 필요하기 때문에 이스라엘 백성은 항상 거룩함을 유지해야 한다고 주장하였다.[480) 이러

---

476) Klawans는 하나님의 거룩한 임재를 유지하는 방법이 매일 드리는 제사와 바르게 드리는 제사라고 주장한다. "Pure Violence: Sacrifice and Difilement in Ancient Israel", 152.
477) "내가 그들의 하나님 여호와로서 그들 중에 거하려고 그들을 애굽 땅에서 인도하여 낸 줄을 알리라"는 문구는 구속적인 자기주장의 공식(the redemptive self-assertion formula)으로 알려졌다. Walter C. Kaiser, Jr., *Toward an Old Testament Theology* (Grand Rapids, Michigan: Zondervan Publishing House, 1978), 12-13.
478) 이것은 하나님의 자기천명(Divine self-predication)이다. Cf. Morgan L. Phillips, "Divine Self-Predication in Deutero-Isaiah", *BR* 16 (1971), 31-51.
479) 참고. 신득일, "구약에 나타난 야훼 / 경외의 삶" 『고신신학』3, (부산: 고신신학회), 13-48. 하나님께서 명령하신 규례를 따라 이웃에게 자비와 사랑을 베풀면 곧 그들이 하나님을 경외하는 자들이라고 볼 수 있다(레 19:14). 하나님에 대한 경외는 사람을 생명에 이르게 한다(잠 19:23).
480) Davies, "An Interpretation of Sacrifice in Leviticus", 151.

한 주장은 정당하다. 왜냐하면, 대속죄일이 성막에서 치러지는 것은 하나님의 임재를 위한 거룩 유지가 성막과 이스라엘 공동체에 필요하기 때문이다. 하나님의 임재와 거룩한 시공간의 관계는 출애굽기 19:10~12 [481)]에도 잘 나타난다. 여기에 분리된 제한 영역이 나타난다. 이곳을 침범하거나 접근하면 위험하다. 왜냐하면, 거룩함은 깨끗함을 요구하는데, 그 이유는 하나님은 자신의 거룩한 속성[암4:2]으로 인해 반드시 거룩한 곳에 임재 하신다는 사실 때문이다. 하나님의 거룩을 회복하고 유지하는 방법이 제사제도라고 할 때, 언약의 율법을 범과했을 때 드리는 속죄제가 하나님 임재와 거룩[482)]을 유지하는 직접적인 수단이 되는 것이다.[483)] 거룩과 언약과 성막과 언약과 제사의 관계를 도표로 정리해보면 다음과 같다.

---

481) "여호와께서 모세에게 이르시되 너는 백성에게로 가서 오늘과 내일 그들을 성결케 하며 그들로 옷을 빨고 예비하여 제 삼일을 기다리게 하라 이는 제 삼일에 나 여호와가 온 백성의 목전에 시내산에 강림할 것임이니 너는 백성을 위하여 사면으로 지경을 정하고 이르기를 너희는 삼가 산에 오르거나 그 지경을 범하지 말지니 산을 범하는 자는 정녕 죽임을 당할 것이라."

482) 거룩(קדשׁ, das Heilige, Holiness, the holy)을 분리(separation)나 질서의 경계의 개념으로 이해하는 측면이 있다. Hartley, *Leviticus*, lvii. 이 분리의 개념은 주로 Gammie에 의해 주장되고 있다. *Holiness in Israel* (Minneapolis: Fortress Press, 1989), 9-44. 그는 창조기사와 성막 건축이 구조적인 짝을 이룬다는 Blenkinshop의 이론을 수용하여 우주가 혼돈의 세계에서 질서의 세계로 분리된 것처럼 성막도 속된 공간으로부터 신성한 공간으로 분리되었다고 주장한다. 그는 거룩함의 개념을 신적인 영역을 유지하는 상태와 이것을 위해 정화를 통해 회복하는 과정으로 이해한다. 이 분리 모티브는 성막과 제사의 등급 등의 공간적 분리와, 안식일 준수 등의 시간적 분리와, 성결한 삶의 상태적 분리 영역으로 나눈다. 곧 창조질서는 이런 분리에 의해 유지되고 정화를 통해 회복이 가능하다고 보는 것이다. 그리고 Gorman은 이스라엘의 제사제도는 언약의 회복으로 보는 것이 아니라 신적인 창조질서를 유지하고 질서가 파괴되었을 때 회복하기 위한 창조질서의 복구(constructing the created order)를 위한 수단으로 본다. *The Ideology of Ritual*, 229-30. 그래서 그는 이 분리가 파괴되면 거룩함이 사라진다고 보았다. 본인의 견해는 거룩함을 논함에 있어 일단 구별 되어야 한다는 것에는 찬성한다. 그러나 하나님의 인격성보다 구별만을 위한 무리한 분리이론의 개진은 거룩한 하나님을 닮아가는 목적에서 이탈할 수 있다고 본다. 그리고 제사제도의 역할은 피의 제사가 핵심이 되지 않으면 방향의 혼돈을 초래할 수 있다고 본다.

483) 한편 Otto는 종교에는 명확한 개념적 이해와 언어적 표현을 초월하는 어떤 비합리적 요소가 확실히 존재한다는 사실을 전제하여 이것을 '누멘적 감정'(das numinöse Gefühl)이라고 정의하였다. 이 감성은 신성 혹은 성스러움(das Heilige)에 대한 이해를 심화시킨다고

〈거룩-언약-성막-제사의 관계〉

```
거룩              목적은 야훼를 기억하는 것
↓↑     ↘           ↗
임재   ←   연결고리가 언약
↓↑       ↗
성막   ←   거룩을 회복하는 방법이 제사(속죄제)
```

이러한 목적에 따른 순환 관계 속에 하나님은 백성에게 제사를 통해 거룩한 변화를 가져오는 사실들을 가르쳐줌으로써 하나님의 존재를 알게 하신다.

지금까지 살펴본 대로 정결의식은 크게 두 가지의 범주로 나눌 수 있다. 한 가지는 제사를 드리기 전에 부정을 제거하고자 드려지는 의식이며, 또 한 가지는 제사를 통해 얻어지는 속죄 후에 정결한 상태에 관련된 것이다. 그런 점에서 정결의식을 제사의 준비단계라고 한다면, 제사는 실행단계라고 할 수 있고, 그 이후의 정결은 거룩을 지향하는 도달 단계로 부를 수 있을 것이다.

지금까지 논문 본론의 두 가지 큰 주제인 '제의'와 '정결의식'을 통해 속죄개념들이 어떻게 이루어지는지를 살폈다. 이제까지 한 논의는 성막을 중심으로 이루어졌다. 그런데 성막 바깥에 이스라엘 백성이 살았다. 또 그들은 가나안 땅에 들어가서 살아야 한다. 이때 그들이 사는 사회 공동체 안에서도 성막의 속죄와 같이 제도적인 속죄가 이루어지도록 제정된 것이 있는지 검토할 차례다. 오경의 희년과 도피성

주장하였다. 그에 의하면 속죄는 거룩한 것에 대한 '가리움'으로서 심화된 형태라고 분석하였다. 즉 속된 존재로서의 인간은 장엄한 것에 가까이 설 수 있는 가치가 없다는 감정(예를 들면 이사야의 소명환상이나 가버나움의 백부장 이야기)에서 어떤 '가리움'이 필요한데, 이것을 속죄의 개념으로 보았다. Rudolf Otto, 『聖스러움의 意味』(Das Heilige, 길희성 옮김, 왜관: 분도출판사, 1991), 11, 115.

이 이와 관련성이 있어 보인다. 특히 희년의 경우, 속죄개념의 범주와 비껴가는 느낌이 있다. 그러나 대속죄일에 나팔을 불면서 희년이 시작되므로 일차적으로 절기로서 연관성이 있다. 또 희년에 나타나는 개념들이 '귀속', '되돌림', '무르기', '예속' 등이므로 이는 속죄단어 중 '상환'의 의미를 지닌 'גאל'과 'פדה'와 동일개념에 속하므로 관련 연구의 정당성을 가질 것이다.

2.3. 제도

2.3.1. 희년

레위기 25장은 희년제도를 다룬다.[484] 특히 레위기에서 이 문제를 다루었다는 것은 제사 이후의 삶과 연관이 있을 것으로 보이는데, 무엇 때문에 이 제도가 생겼으며, 이 제도가 제사와의 어떤 관계가 있는지 살펴보아야 할 것이다. 희년이라는 말은 레위기 25:10에 처음으로 등장한다.[485] 이 의미는 희년제도가 레위기의 속죄 제사와 연관이 있음을 뜻한다.[486] 왜냐하면 레위기는 제사법과 정결법을 가르치고 있으며 이 두 법은 상호보완적인 관계를 맺는데, 즉 제사를 통해서 정결함을 받은 백성이 하나님 앞에서 어떻게 거룩한 삶을 살 것인가에 대해 제시하고 있기 때문이다. 그래서 레위기에 언급된 희년제도[487]는 왜 이런 거룩한 삶을 살아야 하는지에 대해 말하는 것이다. 모세가 시내산에서 율법을 받았다는 말로써 시작하는 이 제도는 그 자체가 권

---

484) 레 25장의 희년제도에는 10가지의 주요 주제가 있다. ① 자유의 공포(10) ② 안식년 준수 (4,11) ③ 땅의 안식(2,4-5) ④ 안식년의 소출로 인한 식물 공급(6-7,12,19-22) ⑤ 조상의 기업으로 되돌아감(10,13,24-55) ⑥ 땅과 인간의 소유주는 하나님(23,38,42,54) ⑦ 경제적, 정치적, 문화적 노예상태로부터 해방(14-17,23-55) ⑧ 고용된 노예, 부당한 대우, 학대, 경멸에서 벗어남(14-17,23-55); ⑨ 죄로부터의 자유(14-17,23-55) ⑩ 축하와 안전한 삶(21), 그리고 축복과 은총(26:3-13)이다. 이 외의 주제로서 '정의'(justice)를 들 수 있다. J. Frank Henderson, "Justice and the Jubilee Year" *LM* 7 (Fall, 1988), 191-95.
485) 그리고 레 27:16-25와 민 36:4에 언급된다.
486) 희년법을 다루는 레위기 25장과 이어지는 26-27장에는 "גאל"이라는 말을 사용하는 "구속(속량)"과 "구속자("고엘", 근족)"와 "(구)속하다" 등의 단어가 29회 나타나므로 희년에는 구속이라는 개념이 많이 깔려 있음을 볼 수 있다.
487) 비평학자들은 희년제도를 "성결법전"(Holiness Code)에 속한 것으로 본다. 비평학자들은 이 성결법전이 에스겔(학파)에 의해 작성되었다가 후대의 레위기에 들어갔다고 본다. 소위 P문서는 창세기로부터 시작되는 제사장계의 역사서술을 말하며 '성결법전'은 이와는 별도의 법전을 뜻한다. Klostermann은 레 17-26장은 성결을 집중적으로 다루고 있다는 점에서 '성결법전' 혹은 '성결법' 이라고 명명하였다. A. Klostermann, A., *Ezechiel und das Heiligkeitsgesetzes in Der Pentateuch: Beiträge zu seinem Verständnis und seiner Entstehungsgeschichte*. (Leipzig, ABD, 1893); Cazelles에 의하면 레위기에서 1-16장까지를 P자료로, 17-26을 H자료로 나눈다. '성결법전'은 ① 짐승도살원칙(17:1-16) ② 그릇된 성관

위가 있음을 나타내며 4단계로 설명되고 있다. 이러한 순차를 따라 그 의미들을 살피면서 특히 이 제도가 어떤 속죄의 개념을 담고 있는지 살펴보겠다.

2.3.1.1. 귀속

레위기 25:1~6에 의하면 안식년의 준수는 하나님께서 모세에게 주신 명령이다.레25:1 이 제도를 시행해야 하는 곳은 광야가 아니라 가나안 땅에 들어가서다.레25:2 이 제도의 목적은 땅이 야훼 앞에 안식하기 위함이라고 밝히고 있다.레25:2 땅은 실제적으로 인간의 삶이 이루어지는 장소이자 하나님의 나라가 이루어지는 통치적 개념을 상징한다. 신명기 5:15에 의하면 출애굽의 목적이 안식일을 지키기 위함이라고 말한다.[488] 희년은 가나안 땅에 들어가서 제 칠 년 째가 되면 땅을 쉬어 안식하게 하라는 명령에서부터 비롯된다. 이는 창세기 2:2("하나님

계(18:1-18) ③ 종교적, 윤리적인 규정들(18:19-20:27) ④ 제사장들의 성결법칙(21:1-22:33) ⑤ 종교축제(23:1-44) ⑥ 성소의 예배(24:1-23) ⑦ 안식년과 희년(25:1-55) ⑧ 보상과 형벌(26:1-46)로 분류한다. H. Cazelles, *Introduction critique á l'Ancien testament, La Torah ou Pentateugue*, tome 2 (Paris, 1973), 95-224; '제사법전' 과 관련하여 Eissfeldt는 레위기의 P를 1-7장, 11-15장, 17-27장까지, 그리고 H를 17-26장까지 나누었다. *The Old Testament An Introduction*, 205. P문서 안에 H가 중복해서 들어 있는 것은 P문서 안에 H를 포함시켰음을 의미한다. 그리고 Westermann는 P문서에서 제사법전의 첫 부분을 출애굽기(25-31, 35-40장)로 보고, 둘째 부분을 레위기 전체로 보며, H는 P에 들어오기 전에 독립적으로 존재하였다고 생각했으며, 셋째 부분을 민수기(보충자료인 1:1-6; 부록인 7:1-10:10; 추가보충인 15, 19, 25-31, 34-36장)로 구분하였다.『聖書入門』(*Handbook to the Old and New Testament*, 金二坤・黃成奎, 共譯, 서울: 韓國神學硏究所, 1981), 74-81. 여기서 Westermann의 제사법전의 3단계 구분은 동의하는데 어려움이 있다. 왜냐하면 레위기 8장에 "모세에게 명하심과 같았더라"라는 문구가 6번(9,13,18,21,29,36) 나오는데, 이는 출애굽기에서 지시된 내용이 레위기에서 시행하고 있음을 나타내는 증거로 보이기 때문이다.

488) 이것은 신명기 십계명(신 5:6-21)의 네 번째 안식일 계명을 설명하는 부연 구절로 십계명 중 가장 긴 내용을 할애하고 있다. 이는 출애굽기 십계명(출 20:11)의 평행절과 비교해 볼 때 출애굽기는 창조의 교리가, 신명기는 구속의 교리가 두드러지게 나타난다. Duane L. Christensen, *Deuteronomy*, Vol.6A, *WBC* (Nashville: Thomas Nelson Publishers, 2001), 120.

의 지으시던 일이 일곱째 날이 이를 때에 마치니 그 지으시던 일이 다 하므로 일곱 날에 안식하시니라")에 대한 반복이다. 7년마다 땅의 안식년을 지킴으로 땅이 하나님께 귀속된다는 사실을 통해 땅으로 상징되는 삶과 하나님 나라의 궁극적인 목적이 하나님의 안식에 있음을 알려준다. 안식일, 안식년, 희년을 통해 땅이 안식하는 것은 인간을 위해서가 아니라 '야훼를 위한 안식'(שַׁבָּת לַיהוָה, sabbath for Yahweh)이라고 밝힌다.레25:4 이는 모든 안식개념은 야훼께 귀속되어 있음을 뜻한다.

2.3.1.2. 되돌림

레위기 25:8~22까지의 내용에 의하면 안식년이 일곱 번 지나면 49년째 안식년을 맞는다. 이스라엘은 7월 1일이 신년이다.레23:24 다음해 7월 1일이 되면 50년이 시작된다. 이 50년째가 희년이다. 그래서 희년에는 앞 해가 49년째 안식년임으로 두 해를 연달아서 휴경하게 된다. 이런 경우를 걱정하여 백성이 질문할 수 있다. "심지도 못하고 산물을 거두지도 못하면 무엇을 먹고삽니까?" 이에 대해 "매년 6년에 복을 내려 그 소출이 삼 년 쓰기에 족하게 할 것"25:21이라는 것이 하나님의 대비책이다.489) 희년은 하나님이 제정하신 안식년이자 거룩한 해이다.레25:12 실제적인 희년은 7월 10일 (대)속죄일 날레23:27에 나팔490)을 불어 거룩한 해年 임을 알리고 전국 거민에게 자유491)를 공포레25:10함으로

---

489) 쉽게 계산하면 7월이 새해이므로 48년째 7월 이전에 수확할 때 3년치 식량을 확보하여, 이것을 49년 6월까지 먹고, 49년 7월부터-50년 6월말까지(안식년), 50년 7월부터-51년 6월 말까지(희년) 먹고, 새 양식을 위해 51년 7월 이후에 파종하라는 것이다.
490) "שׁוֹפָר"라고 불리는 양각(羊角)나팔(수 6:4)은 전쟁용 물건으로 사용된다. 그리고 절기를 알리는데 사용된다(민 29:1).
491) "דְּרוֹר"는 문자적으로는 "흐르는", "자유롭게 달리는" 뜻을 가진, "자유나 석방"을 말한다. 출 21:2; 신 15:2; 렘 34:8,14; 겔 46:17; 사 61:1에 이 단어가 지닌 의미들이 나타난다. 이 단어는 아카드어 (an)duraru='freeing from burdens.'에서 차용되었다. Noth, *Leviticus*, 187.

시작된다. 이런 점에서 희년은 (대)속죄일과 깊은 연관성을 갖는다. 희년은 히브리어로 'יוֹבֵל'이다.492) 뜻은 '수양, 수양의 뿔'이다. 희년을 알리는 특징은 속죄일 날 나팔을 부는 것이다.493) 희년이 되면 두 가지가 시행된다. 첫째는 채권과 채무494)의 개인적 관계를 모두 조건 없이 청산하고 각각 자기의 기업(אֲחֻזָּה, possession)으로 돌아간다.495) 또한 각각 자기의 가족과 친족에게 돌아간다. 이때 '돌아가다'의 의미는 'שׁוּב'로 '나라나 땅이나 동물을 되찾아지는 것' the return to property.을 말하고 있다. 이 희년에는 파종과 추수가 금지되고, 희년을 기준으로 물건매매 값을 매기도록 정하였다. 이렇게 '되돌림'이 실행되면서 희년의 정신이 무엇인지를 알게 된다. 실제로 '되돌림'이 있어야 희년의 규례를 지키는 증거가 된다.496) 하나님께서 이 희년을 지킬 것을 권면하면서 희년은 안식년 7번째 안식년에 이어 오는 것이므로 특히 규례를 지켜 하나님을 경외할 것을 명령하신다.497) 아울러 이 규례를 지키

---

492) LXX는 "희년"을 "ἄφεσις"로 번역한다. 뜻은 "용서, 죄의 말살, 죄수들의 석방"을 의미한다.
493) 이때 부는 나팔이 "수양의 뿔"로 만들어 졌기 때문에 희년을 "יוֹבֵל"로 불렸을 것이다. 출 19:13의 시내산 언약 장면에서 나팔을 길게 부는 과정을 묘사할 때 "나팔"을 "ram's horn"이라고 번역하고 있다. "יוֹבֵל"을 영어로 쓸 때는 "jubilee"라고 하는데 이것은 히브리어의 영어 음역에 따른 표기로 추측된다. Cf. Hartley, Leviticus, 434. 이 나팔은 종국적으로 그리스도의 승리와 재림을 알리는 역할을 한다(슥 9:14; 고전 15:52; 살전 4:16; 마 24:31).
494) 채무는 한 가족을 땅으로부터 분리해 놓을 수 있는 가능성이 있기 때문에 "안식과 약속의 땅"(신 3:20)이라는 언약을 지키기 위해서는 법적 장치 등을 통해서라도 해결해야 할 과제이다.
495) 원소유자인 임대인은 자신의 세습 자신을 임차인으로부터 ① 친족이 채무 빚을 갚거나 ② 가장이 돈을 모아 갚거나 ③ 희년이 되면 무를 수 있다. 여기서 희년의 개념은 야훼가 자신의 친족이 됨을 뜻한다. Hartley, Leviticus, 443.
496) 희년이 이스라엘 사회에서 대체로 지켜지지 않았다는 사실이 렘 34:8-16절의 구절로 미루어 짐작된다. 그러나 구체적으로 희년을 완전히 실행했다는 내용이 나타나 있지는 않지만 몇몇 본문을 통해서 이스라엘이 이 제도를 이행한 것으로 볼 수 있다(레 27:16-25; 민 36:1-4; 렘 32:6-15). 신득일, "희년의 윤리," 『高麗神學報』제25집, (부산: 고려신학대학원 편집실, 1994), 34.
497) Sarna는 시드기야의 노예 해방에 대한 철저한 연구를 통해 588/87년과 595/94년에 유다에서 안식년이 있었다고 결론지었다. N. Sarna, "Zedikiah's Emancipation of Slaves and Sabbatical Year," Orient and Occident, Ed. H. Hoffner, Jr. AOAT 22 (Kevelaer: Bucker & Becker, 1973), 143-49.

면 가나안 땅에서의 안전과 안식의 복을 주겠다고 약속하신다.

2.3.1.3. 무르기

세 번째 단계인 레위기 25:23~28에 의하면 희년제도를 통해 다시 토지(땅)에 대한 문제를 강조한다. 토지는 야훼의 것[498]이기 때문에 토지를 영구히 팔면 안 된다고 규정한다. 단지 인간은 나그네와 우거하는 자로 하나님과 이 땅에 함께 있음을 밝힌다.레25:23 그렇기 때문에 토지의 소유자를 통해 일정한 기간이 지나면 땅을 되돌려 주어야 한다. 이것이 희년의 'גְּאֻלָּה'(토지 무르기)[499] 정신이다.[500] 토지를 돌려주면서 하나님이 우리에게 무상으로 주신 구원의 은혜를 알게 하는 것이다. 또 희년에는 동족이 가난하여 살기가 어려우면 이자 없이 돈이나 양식을 꾸어주도록 하고 있다.레25:37 출애굽과 가나안 땅으로의 인도하는 분이 야훼임을 알리고자 형제끼리 사랑 해야 함을 가르치고 있다. 이 모든 것은 안식의 땅에 들어가서 살아야 하는 거룩한 삶의 모델을 제시한 것이다. 거룩한 생활은 이웃 사랑하기를 네 몸과 같이 할 때 이루어진다고 말한다.레19:18 이런 까닭에 이 희년은 사회개혁의 원리로 사용하도록 하는 사회법이 아니라 이웃과 더불어 하나님을 잘

---

498) Noth, *Leviticus*, 186.
499) 히브리어 "גְּאֻלָּה"는 본 논문의 속죄용어에서 다뤘던 גאל의 명사형이다. 이 "גְּאֻלָּה"가 구속의 새로운 주제로 등장한다. Noth, *Leviticus*, 189. Hubbard의 견해에 의하면, "무르기는 이스라엘에 존재하는 하나의 제도화된 출애굽이 되는 셈"이라고 말한다. R. Hubbard, Jr., "The Go'el in Ancient Israel: Theological Reflections on an Israelite Institution, *BBR* 1 (1991), 11.
500) 또 가옥의 경우도 무르기를 할 수 있다(레 25:29-31). 촌락의 가옥은 희년에 무상 무르기를 할 수 있다. 그러나 성 안에 있는 가옥은 매입한지 일 년 내에 무르지 못하면 희년이 되어도 해당하지 않는다. 이유는 도시의 성읍은 토지개념이 아니라 변하는 유동적인 재산으로 보는 것이다. 단 레위인의 경우는 별도다(레 25:32-34). 레위인은 본래 기업이 없고 단지 48개의 지정된 성읍에 살기 때문에 가난한 레위인은 가옥을 무르지 못하면 주거지가 없게 되다. 그래서 레위인 만은 언제든지 가옥을 무를 수 있고, 최종적으로는 희년에 가옥을 되찾을 수 있다. 그리고 레위인이 부여받은 성읍의 목축지인 들은 땅이기 때문에 영원히 팔지 못한다.

섬기도록 하기 위한 종교법이다.[501] 그래서 희년은 구속받은 백성이 야훼를 경외하는 구체적 표현이자 지켜야 할 거룩한 삶의 지표를 보이고 있다.

2.3.1.4. 예속

희년제도의 마지막 (단계의) 규례는 레위기 25:39~55까지 수록되어 있다.[502] 가난한 동족을 자신의 종으로 삼지 말고 '품군[503]'이나 우거하는 자' hired worker or a temporary resident among같이 희년까지 있게 하라는 명령이다. 왜냐하면, 그들은 하나님께서 애굽 땅에서 인도하여 낸 하나님의 품(삯)군(שָׂכִיר, hired worker, 고용된 일꾼)이기 때문이다. 그래서 종으로 팔면 안 된다는 설명을 제시한다.[504] 희년의 내용을 보면 크게 두 종류의 종으로 대별된다. 첫째는 이방인은 희년이 되어도 풀려나지 못한다. 그러나 히브리 종은 풀려난다. 둘째는 이방인에게

---

501) 신득일, "희년의 윤리", 37.
502) 출 21:1-11과 신 15:12-18에서는 히브리 종에 대한 사면기간이 7년째이다. 그러나 희년의 히브리 종의 사면기간은 50년째이다. 이 차이는 선택적 방면과 무조건적인 방면으로 나눌 수 있다. 그 이유는 7년째 될 때에는 종에게 부여되는 자유의 유무선택을 종 스스로가 하게 되어 있기 때문이다(출 21:5; 신 15:16).
503) '개역성경'에서 사용하는 "품군"은 원어상 두 종류로 나뉜다. 첫째는 "שָׂכִיר"로 "삯군"(레 25:53)의 의미를 지닌 "고용된 일꾼"(hired worker, 레 25:40)을 말한다. 이 품군은 임금을 목적으로 일정한 삯을 받고 여러 가지 일에 종사하는 노동자이기 때문에 가족 구성원에는 포함되지 않는다(출 12:45; 레 22:10). 또 하나는 "עֶבֶד"로 "노예나 하인"(slave, servant, 레 25:42,55)을 뜻한다. 희년과 관련하여 이스라엘 백성은 하나님에게 두 번째 의미인 "עֶבֶד"라고 부른다.
504) 여기에 나타난 종에 대한 규례는 다음과 같이 행해야 한다. 동족을 종으로 부릴 경우는 동족의 종인 이스라엘 자손은 서로 엄하게 부리지 못한다. 그리고 이방인을 종으로 부릴 경우는 종은 남녀를 불문하고 이방인 중에서 구한다. 이방인의 자녀나 가정을 가진 이방인도 종으로 삼을 수 있다. 이방인의 종은 후손들에게 물려줄 수 있다. 이방인의 종은 영원히 종으로 삼을 수 있다. 그리고 이방인에게 팔려갔을 때 속량의 기준은 만약 부요한 이방인에게 가난한 동족이 종이 되었으면 속량(종으로 팔릴 때의 받은 값을 되돌려 주고 풀려나는 속량을 앞에서 언급된 "גְּאֻלָּה"라고 하는데, "친족, 밭의 되삼, 되찾기의 권리, 되찾기의 가격"을 뜻함)할 수 있다. 형제, 삼촌, 사촌, 근족 중 누구든지 가능하다. 종으로 팔린 동족이 부요하게 되면 스스로 속량할 수 있다. 속량 할 때의 계산은 자기가 팔린 해로부터 희년까지 연수

는 히브리 종을 팔지 못한다. 그래서 히브리인은 희년으로 인해 이방인에게 영원한 종이 되지 않는다. 이러한 규례를 담는 희년의 속량제도에서 이스라엘 백성은 노예나 종으로서의 '하나님의 품꾼(עֲבָדִים)'으로 묘사하고 있다. 레위기 25:55에 의하면 "이스라엘 자손은 나의 품꾼이 됨이라 그들은 내가 애굽 땅에서 인도하여 낸 나의 품꾼이요 나는 너희 하나님 여호와니라"[505]라고 말한다. 어떻게 해서 이스라엘 백성은 하나님의 노예나 종이 되었을까? 그 이유는 애굽에서 노예 생활을 하던 이스라엘 백성을 하나님께서 행하신 구속에 근거한다.^{출6:6} 구속하신 이유는 이들의 조상과 맺은 언약을 기억하셨기 때문이다.^{출2:24} 그 조상의 자손들이 애굽 땅에서 고역으로 말미암아 탄식하며 하나님을 찾았을 때 그 언약의 자손을 권념하셨다. 그들을 구해내면서 이스라엘 자손들을 자기의 백성으로 삼고 자기는 그들의 하나님이 되실 것을 다시 다짐하셨다.^{출6:7} 그래서 본래 조상과 언약을 맺을 때 주기로 맹세한 가나안 땅으로 그들을 인도하신 것이다.^{창15:18~21} 이 과정에서 이스라엘 자손들은 이방인의 땅 애굽의 노예 신분에서 벗어나서 하나님의 백성(종)이 되었다. '하나님의 종'은 예속적 개념이다. 이방 땅에서 강제적인 종의 신분에서 벗어나서 하나님에게 예속된 종의 신분으로 바뀐 것이다. 그래서 희년제도의 목적은 가나안 땅에서 안식을 누리기 위해 삶의 모든 부자유스러운 상태를 원래의 목적대로 되돌려 놓는 것이다. 이는 출애굽 이전에 가졌던 종의 신분(죄로 말미암은 죄인의 신분)으로 다시 전락할 수 없다는 것을 뜻한다. 그리고 희년

를 기준으로 물릴 몸값을 정한다. 만일 희년이 멀리 있으면 남은 연수만큼 속하는 몸값을 정하여 갚는다. 그리고 희년이 가까이 있을 때도 주인과 계산하여 속하는 몸값을 정하여 준다. 단 이때는 이방인 주인이 종을 샀군과 같이 여기고 심하게 부리지 못한다. 종이 스스로 속하지 못하면 희년 때에 히브리 종과 자녀는 자유하게 된다.

505) 여기서 주체적 의미로서 "나는 너희 하나님 여호와니라"는 야훼의 자기소개 형식문 (Yahweh's formula of self-introduction)은 레위기 25장에서 3번(17,38,55) 나타난다.

을 지킬 때마다 출애굽에 대한 기억을 새롭게 할 것을 가르치고 있다. 그리고 이 땅에서 하나님 나라 모습을 바라보게 한다. 그 이유는 희년을 통해 공정한 분배와 삶의 균형이 다시 실행되기 때문이다.506) 이는 타락으로 말미암은 인간의 파멸 상태가 회복됨을 뜻한다.

이같이 희년은 '귀속' '되돌림' '무르기' '예속' 등의 표현처럼 구속을 통한 원상회복을 예시한다. 이 희년의 회복은 하나님의 뜻으로 이뤄지는 무상의 은혜로서 주의 백성이 거룩한 하나님 나라에 들어가는 것을 의미한다.마20:1~16 참고 이런 의미에서 희년을 가리켜 신구약은 반복하여 '야훼의 은혜의 해' (שְׁנַת־רָצוֹן לַיהוָה) 사 61:2, 눅 4:19)라고 기록하고 있다. 희년제도는 현실적으로 이스라엘 백성의 영구적인 종에 대한 신분보호를 위해 만들어진 '동족노예방지법'507)이다. 그러나 구속사적으로 볼 때는 죄의 신분에서 우리를 해방시킨 그리스도의 성취된 사역을 가리킨다.사61:1~3 예수님이 가르치신 주기도문 가운데 "우리가 우리에게 죄지은 자(빚진 자)를 사하여 준 것(탕감하여 준 것) 같이 우리의 죄를(빚을) 사하여(탕감하여) 주옵시고"마6:12라는 내용은 정확하게 희년의 정신을 반영하고 있다. 이 점에서 희년은 하나님의 나라와 깊은 관계가 있음을 알 수 있다.508) '자유의 해'를 다루는 레위기 25장은 이스라엘의 사회적 정의social justice in Israel의 측면에서 해석해야 한다는 관점이 있으나,509) 이 희년은 '메시아의 날'인 '주의 날' the Day of Lord을 대망하는 의미를 담고 있다고 말하는 것이 더 타당

---

506) 제사장도 이 희년의 정신을 바탕으로 예물을 받도록 강조하고 있다(레 27:16-25).
507) 이 법의 세 가지 대비책은 다음과 같다. 첫째, 가난한 동족에게 무이자로 돈을 빌려준다. 빌려줄 형편이 안 되면 먹을 양식을 나눠준다(레 25:36-38). 둘째, 더 절박해지면 분배 받은 땅에서 수확할 권리를 판다. 그러나 땅은 야훼의 소유임으로 팔지 못한다(레 25:23-25). 셋째, 그래도 해결이 안 되면 자기 자신을 팔아 품군이 되거나 빌붙어서 산다. 그러나 종으로 부려서는 안 된다(레 25:39-40).
508) Henderson, "Justice and the Jubilee Year", 191.
509) Gerstenberger, *Leviticus*, 398.

하다.510) '주의 날'은 초림과 재림을 통해 나타나는 그리스도의 구원과 심판의 날이다. 그런 점에서 희년제도는 그리스도의 사역 성취와 완성의 모습을 드러낸다. 이러한 그리스도의 사역을 나타내는 또 하나의 모형을 제시하고 있는 것이 있는데 그것은 도피성으로 여겨진다. 특히 이 제도는 대제사장의 죽음이 가져오는 구속의 의미가 그 핵심에 있다고 판단되므로 그리스도의 죽음과 대비對比하여 논문 본론의 결론에 다가서도록 하겠다.

2.3.2. 도피성

2.3.2.1. 보호처

이곳은 과실로 사람을 죽인 자를 복수자로부터 보호하도록 설치되었다. 민35:1~28; 신4:41~43; 19:1~13; 수20:1~9; 21:13~40; 대상6:54~81 도피성511)은 '레위인을 위한 특별조치에 관한 행정포고령'이다. 모세가 가나안을 눈앞에 두고 지금 여리고와 마주 보는 요단강 가의 모압 평지에 머무르고 있었다. 야훼께서 모세에게 이스라엘 백성이 레위인에게 그들이 거주할 48곳의 성읍을 주고, 그 성읍을 둘러싼 목축지인 들을 주도록 하였다.512) 성읍은 그들이 사는 주거지가 되고 들은 그들이 소유한 가축을 키우는 곳으로 정하였다. 이 목축지의 넓이는 성읍을 중심으로

---

510) 단 9:24-27에 있는 칠십 이레의 환상은 열 번 째 희년에 시작되는 메시아 시대를 설정하고 있다. Andre Lacocque, *The Book of Daniel* (Atlanta: John Knox Press, 1979), 178.
511) 도피성에 대한 언급은 구약에서 출 21:12-14; 민 35:9-34; 신 4:41-43; 19:1-13; 수 20:1-9에 언급되어 있다. 상황설명에 따라 각각 출애굽기는 "한 곳", 민수기는 "여섯 성읍", 신명기는 "세 성읍", 여호수아는 "여섯 성읍"으로 표기되어 있다. Cf. A. Graeme Auld, "Cities of Refuge in Israelite Tradition" *JSOT* 10 (1978), 26-40; Jeffrey Stackert, "Why Does Deuteronomy Legislate Cities of Refuge? Asylum in the Covenant Collection (Exodus 21:12-14) and Deuteronomy (19:1-13)", *JBL* 125, no 1 (2006), 23-49; Charles Lee Feinberg, "The Cities of Refuge", *Bs*, 103, no 412 (1946), 411 17.
512) Cf. John R. Spencer, "Levitical Cities", *ABD*, IV, 310-11.

동서남북 빙 둘러서 1km가 조금 넘도록 하였다. 이 가운데 여섯 성읍
513)은 특별히 살인자들이 피하여 갈 수 있는 도피성을 만들었다. 이곳
은 실수로 인한 살인자들만 피할 수 있도록 만들어졌다.514) 그러나 고
의적인 경우의 살인자들은 스스로 일시적인 피신은 시도할 수 있으나
도피성에서 영구적인 보호는 받을 수 없었다.515) 고의적인 살인자로
판명된 자는 반드시 처형하도록 되어 있다.516) 고의적인 살인의 경우
피해자의 가족이나 친지 중에 복수할 자517)는 이 범죄자를 만나면 직
접 죽였다. 도피성에 들어올 수 있는 경우오살, 誤殺는 실수로 사람을 죽
인 자에 한해 허락민35:22~25; 신19:5되었다.518) 한 가지 단서조항은 도피
성에 피해 사는 살인자는 대제사장이 죽기까지는 돈속전을 내고 방면
하지 못하였다.519) 이는 대제사장의 죽음만이 자유속죄함을 얻을 수 있

---

513) 위치는 요단강을 중심으로 오른쪽에 세 곳, 왼쪽에 세 곳을 둔다. 즉 요단강의 오른쪽인 동부에 남쪽에서부터 베셀, 길르앗 라못, 골란과 요단강의 왼쪽인 서부에 남쪽에서부터 헤브론, 세겜, 게데스로 지정하였다(민 35:13; 신 4:41-43; 수 20:7-8).
514) 방법은 복수자를 피해 "מִקְלָט עִיר"라는 도피성으로 피신하되, 살인자가 회중 앞에서 판결을 받을 때까지다. 대상은 이스라엘 백성, 외국인, 이스라엘 백성과 함께 사는 본토인 가운데 살인한 자들이다. 단 이 살인자들은 실수로 사람을 죽인 자에 한한다. ① 원한 없이 우연히 사람을 밀치거나 기회를 엿보지 않았는데 무엇을 던져 죽이는 자(민 35:22) ② 원한도 없고 헤치려는 마음도 없었는데 보지 못한 채 사람을 죽일만한 돌을 던져서 사람을 죽인 자(민 35:23) ③ 어떤 사람이 그 이웃과 함께 벌목하러 삼림에 들어가서 손에 도끼를 들고 벌목하려고 찍을 때에 도끼가 자루에서 빠져 그 이웃을 맞춰 죽게 한 자(신 19:5)였다.
515) 도피성에 들어올 수 없는 경우(고살, 故殺)는 다음과 같이 규정했다(민 35:16-21). ① 철연장으로 사람을 쳐 죽인자(민 35:16) ② 사람을 죽일만한 돌을 들고 사람을 쳐 죽인자(민 35:17) ③ 사람을 죽일만한 나무 연장을 들고 사람을 쳐 죽인자(민 35:18) ④ 마음에 증오를 품고 사람을 밀쳐 죽이거나 기회를 엿보아서 무엇을 던져서 죽인자(민 35:20)이다.
516) 이때 살인자를 판단할 때 회중은 증인의 말을 들어야 한다. 증인은 적어도 두 사람 이상이어야 한다.
517) 여기서 "보수자(avenger)"의 역할은 분노나 혹은 피를 흘리고자 하는 욕망의 분출이 아니고 정의와 관련된 의무로 생각한다. Philip J. Budd, *Numbers*, WBC (Waco, Texas: Word Books, Publisher, 1984), 383.
518) '언약서' (출 20:23-23:19)는 우발적인 살인의 경우에 도피처를 인정하고 있으나(출 21:13), 살인의 경우는 그 도피처가 영구적인 보호처가 되는 것을 허용하지 않고 있다(출 21:14).
519) 증인에 의해 유죄가 판정된 고의적인 살인자는 돈(속전)을 내고 살아날 수 없었다.

음을 의미하였다. 도피성에는 일단 살인자 누구나 도피할 수 있었으나 재판을 받은 후 보호결정이 정해진다. 이 성에 들어올 수 있거나 없는, 이 두 경우에 재판하게 되는 회중^{백성}들은 사건의 경위를 잘 따져서 살인자와 피를 보복할 친족 사이를 판단하였다. 회중들은 의도적인 살인과 비의도적인 살인을 구별하여 판결해야 한다. 성읍의 장로들이 회중을 대표하여 재판관이 되어^{신19:12} 살인자가 의도적이 아니라는 사실이 증명되면 가해자를 보복자의 손에서 구해내어 도피성에서 살게 하였다. 도피성에 사는 살인자는 대제사장이 죽기까지 거기서 살아야 한다. 만약 살인자가 그 도피성을 빠져나갔다가 피해자의 보복자를 만나면, 보복자는 항시 그를 죽일 수 있었다. 이때는 죄가 되지 않는다. 살인자는 대제사장이 죽기까지 그 도피성에 항상 있어야 한다. 방면하는 시기는 대제사장이 죽으면 살인자는 본래 자기가 살던 곳으로 돌아갈 수 있다.

하나님께서 왜 이러한 도피성을 신설하였는가에 대한 궁금증은 여러 각도에서 생각해 볼 수 있을 것이다. 따라서 본 논문에서는 보복(법)과 속죄의 측면에서 다음과 같은 내용으로 도피성 제도의 의미를 살펴보고자 한다. 첫 번째는 제단(뿔) 역할의 확대이며, 두 번째는 하나님의 자비에 근거한 동해복수법에 대한 이해이며, 세 번째는 땅의 속죄에 대한 고찰이며, 마지막으로 대제사장의 죽음으로 말미암은 죄(인)의 사면 문제를 다루겠다.

2.3.2.2. 제단(뿔)의 확대

출애굽기 21:12~14에 의하면 고의적으로 살인죄를 범하지 않는 자들은 먼저 제단으로 도피할 수 있었다.[520] 이 본문에 의하면 만일 사람이 계획한 것이 아니고 하나님이 그 사람을 죽게 허락한 일이라면 그 사람은 하나님이 정한 한 곳으로 피신할 수 있었다. 이때 제단은 살인자의 도피처가 된다. 그러나 사람이 이웃을 의도적으로 죽이고 제단으로 도피했다면 제단이지만 끌어내어 죽이게 되어 있었다. 출애굽기 21장에 언급된 제단이 고의적이 아닌 살인자들의 임시 도피처가 되었다면 가나안 땅의 고정적인 도피성은 제단의 역할을 확대된 것으로 볼 수 있다. 한편, 성소의 제단이 여전히 도피처의 역할을 지속해 나갔다는 것521)은 아도니야 사건에서도 확인된다. 열왕기상 2:28~31에 의하면 솔로몬이 왕이 되기 전에 먼저 왕이 되려고 하였던 형 아도니야가 솔로몬이 정식으로 왕이 되자 목숨을 부지하고자 제단으로 달려가 성소의 제단 뿔522)을 잡았다. 또 아도니야를 지지했던 요압 장군도 역시 야훼의 장막으로 도망하여 제단 뿔을 잡았다. 왕상2:28 이처럼 제단으로 도망하는 것과 도피성으로 피신하는 것은 하나님에게 용서를 구하여 생명을 부지한다는 공통점을 갖는다. 여기에는 용서하시려고 하는 하나님의 자비가 베어져 있다.

2.3.2.3. 자비법

이스라엘 백성이 일단 지파별로 가나안 땅에 정착하면 한두 군데의

---

520) 보호 장소로서의 성소(the sanctuary as a place of asylum)에 대해서는 다음의 책을 참고하라. Creach, *Yahweh as Refuge and the Editing of the Hebrew Psalter*, 50-73.
521) 통일왕국 시대부터 성소를 가지고 있는 각 성읍은 비록 "도피성"이라는 전문적 용어가 생겨나지 않았을지라도, 어떤 의미에서 도피성이었을 것이다. Budd, *Numbers*, 382.
522) 히브리어로 "קֶרֶן"이라는 "뿔"(horn)은 일반적으로 야훼의 능력과 권위와 구원을 베푸시는 힘을 상징한다(삼상 2:10; 삼하 22:3). 번제단과 향단 네 모퉁이에 각각 뿔이 있다. 상징적으로는 야훼의 능력과 힘을 나타낸다고 볼 수 있고, 실제적인 측면에서 번제단의 뿔들(horns)은 제물을 걸어두기 위한 것이라는 견해가 있다(시 118:27). 부정적으로 볼 때 뿔은 사단의 권세(계 13:1)를 나타낸다. 본래 하나님의 임재를 상징하는 석주(石柱)를 나중에 제단 위에 상징적으로 작게 장식해 놓았다는 설도 제기된다. de Vaux, *Ancient Israel*, 414. 본인의 생각은 뿔이 번제단이나 향단에 있는 것은 권위를 상징하는 것으로 본다. 일반적으로 동물의 뿔은 힘을 과시하는 모습이므로 곧 하나님의 능력과 권위를 나타내는 것으로 본다. 그리고 제물과 관련시킨다면 제단을 짐승의 몸통으로 볼 때 뿔은 실제로 짐승의 뿔을 나타내는 것으로도 여겨질 수 있을 것이다.

도피성만으로는 거리상 멀리 있는 여건 때문에 법적인 보호가 실제로 어려웠을 것이다. 그래서 하나님은 가나안 땅에 세 성읍, 반대편인 요단 이편에 세 성읍을 도피성으로 정하도록 명령하셨다.민35:9~34 이런 점에서 하나님의 공의는 자비로우시며 실제적이다. 특히 하나님의 자비는 성경에 나타난 히브리법과 함무라비 법전을 비교해 볼 때 더욱 두드러진다. 그 한 가지 예가 성경에 나타난 '동해복수법' lex talionis이다. 이는 히브리법에 속하는 복수제한법이다.[523] 가해자와 피해자 사이의 같은 양이나 크기나 규모로 보복하도록 제한하는 이 법은 더 큰 비극적 상황이 발생하지 않도록 조처하는 것이 목적이다. 예를 들면 상대방이 주먹으로 나를 때려 눈을 멀게 했다고 돌로 그 사람을 쳐서 죽이면 안 되며, 피해자도 주먹으로 가해자를 때려 상대방의 눈을 멀게 하도록 복수를 제한하는 것이다.[524] 이런 히브리법과는 달리 함무라비 법전 제196-214조[525]는 동해복수법에 관해 판시하고 있는데, 이 가운데 몇 가지를 살펴보면 이 법은 처벌적 보복이 목적임을 알 수 있다.[526] 함무라비 법전은 19개 조항의 동해복수법을 제시하나 구약

---

523) 한편 생명을 통제하는 이 동해복수법과 생명을 담고 있는 피 때문에 발생하는 정결과의 문제를 다루는 문제에 대해서는 다음의 글을 참고 하라. Bernard Jackson, "Talion and Purity", *Reading Leviticus: A conversation with Mary Douglas*, edited by John F. A. Sawyer, JSOTSup 227 (Sheffield Academic Press, 1996), 105-23.
524) 이 법은 통상 로마법으로 사용될 때 "ius talionis" 혹은 "lex talionis"라고 표기한다. 영어식 표기는 "talion"이며, 풀이하면 "동일한 보복"(equal punishments)이다. 이 법은 법의 역사에서 명확한 재정배상과 피해보상법으로 발전해 왔다. 현대에서는 "as you do to me, so I to you"라는 경구로 고착된 이슬람법의 근간을 이룬다. Cf. Gerstenberger, *Leviticus*, 366-69.
525) *ANET*, 175.
526) 제196조. 만약 어떤 사람이 다른 유사한 사람의 눈 하나를 멀게 하면, 사람들이 그의 눈을 멀게 할 것이다(šumma awîlum în mār awîlim uhtappid, înšu uhappadū, 설형문자의 영문 표기) M. E. J. Richardson, *Hammurabi's Law: Translation and Glossary* (London: T&T Clark, 2000), 102, 105. / 제197조. 만약 그가 다른 사람의 뼈를 부러뜨리면, 사람들이 그의 뼈도 부러뜨린다. / 제198조. 만약 그가 노동자의 눈을 멀게 하거나 뼈를 부러뜨리면, 은 한 마나(mama)를 지불해야 한다. / 제199조. 만약 한 사람이 다른 사람의 노예를 눈멀게 하거나 뼈를 부러뜨리면, 그 노예의 값의 절반을 벌금(은)으로 내야 한다. / 제200조. 만약 한 사람이 동료의 이를 부러뜨리면 그들은 가해자의 이를 부러뜨린다. / 제209조. 만약 한 사

법전의 동해복수법talion formula은 단 세 곳에만 나타난다.[527] 이 같은 동해복수법에 대한 함무라비 법전과 히브리 법전의 유사성은 서너 가지 있으나[528] 목적에서 상이성은 아주 구별된다.[529] 이렇게 다른 이유는 함무라비 법전은 총괄적으로 왕의 통치를 위해 제정되었으나[530], 히브리 법전은 언약백성인 이스라엘에 대한 야훼 하나님의 자비를 시행하기 위한 당위법이기 때문이다.[531] 그러므로 성경의 동해복수법은 히브리법 개념의 근원적 이해로부터 시작되어야 하는데 그 첫째가 제의법이며,[532] 두 번째가 당위법이며,[533] 세 번째가 언약법이

람이 다른 사람의 딸을 때려서 유산시키면, 그는 태아(foetus, 임신 3개월이 넘은 태아)를 위해서 은 10 세겔을 벌금으로 내야한다.

[527] "그러나 다른 해가 있으면 갚되, 생명은 생명으로, 눈은 눈으로, 이는 이로, 손은 손으로, 발은 발로, 데운 것은 데움으로, 상하게 한 것은 상함으로, 때린 것은 때림으로 갚을지니라"(But if there is serious injury, you are to take life for life, eye for eye, tooth for tooth, hand for hand, foot for foot, burn for burn, wound for wound, bruise for bruise, 출 21:23-25). / "네 눈이 긍휼히 보지 말라 생명은 생명으로, 눈은 눈으로, 이는 이로, 손은 손으로, 발은 발로니라"(신 19:21). / "파상(破傷)은 파상으로, 눈은 눈으로, 이는 이로 갚을지라. 남에게 손상을 입힌 대로 그에게 그렇게 할 것이며"(레 24:20). Cf. Hans Jochen Boecker, *Law and The Administration of Justice in the Old Testament and Ancient East,* trans., Jeremy Moiser (Minneapolis: Augsburg Publishing House, 1980), 172.

[528] 첫째, 둘 다 형법이다. 둘째, 두 법전 다 조건적(casuistic)인 형태를 취하고 있다. 셋째, 둘 다 문자적으로 신체의 상해에 대해 동일한 복수를 제시한다.

[529] 첫째, 함무라비 법전은 처벌적 보복이며, 히브리 법전은 제한적 보복이다. 제한적 보복이란 상해 받은 이상의 상해를 가하지 않는 규정을 뜻한다. 둘째, 함무라비 법전의 기능은 사회복지를 보중하는 것이고, 히브리 법전은 보복으로 인해 일어나는 정의의 불평등을 보호하는 것이다. 셋째, 함무라비 법전은 왕들의 임무 수행과 직접적으로 관련이 되어있고, 히브리 법전은 이스라엘 공동체의 언약법 준수와 관련이 되어 있다. 넷째, 함무라비 법전은 권고이며 경고적인 기능을 갖고 있으나 히브리 법전은 복수의 개념을 축소나 자제시킴으로 예방적이고 처방적인 기능을 갖는다.

[530] 석비에 기록된 함무라비 법전의 전문 말미에 이 같은 목적을 명시해 놓았다. "나는 백성의 복지를 증진시키고 그 땅의 언어로 법과 정의를 확립시킨다(I established law and justice in the language of the land, thereby promoting the welfare of the people). Cf. *ANET,* 165.

[531] 함무라비 법전은 시내산에서 하나님이 모세를 통해 이스라엘 백성에게 주신 "언약법전"(Covenant Code: 출 20:22-23:19)보다 대략 300년 정도 앞선다. 만약 히브리 법전이 함무라비 법전을 모방했거나 관련이 있다면 안팎의 유사성이 훨씬 많아야 하는데 그렇지 못하다. 반면에 상이성이 많음에도 불구하고 히브리 법전이 함무라비 법전과 표면적으로 상충하거나 해석에 수정을 가하지 않는 것은 법정신이 다르다는 것을 암시한다. 따라서 두 개의 법은 실제적으로 독자적이고 개별적인 법이다.

다.534)

이처럼 히브리 법전은 제의법과 당위법과 언약법의 정신이 근간을 이루고 있으므로 동해복수법은 하나님의 자비 아래에서 조망되어야

---

532) 히브리법은 다음의 법 개념들로 이루어져 있다고 말할 수 있다. 첫 번째로 제의법이다. 이 법은 흔히 종교법으로 불린다. 일반적으로 고대 근동 법은 민법과 형법만 있었다. 그러나 히브리 법전으로 인해 제의법이 첨가되었다. 물론 히브리법도 고대 근동 법전에 나타난 항목과 동일한 민법과 형법이 있다. 제의법은 민법과 형법에는 나타나지 않는 제사제도와 절기에 관한 법이다. 즉 희생제물, 정화, 예배의 양식과 목적, 절기의식에 관한 것이다. 한편 비평학자들은 히브리 법전을 "언약법전"(Covenant Code, 출 20:22-23:19), "십계명"(Decalogue, 출 20:2-17; 신 5:6-21), "의식십계명"(Ritual Decalogue, 출 34:14-26), "신명기법전"(Deuteronomic Law, 신 12-26), "성결법전"(Holiness Code, 레 17-25), "제사법전"(Priestly Procedures, 레 1-7; 11-16)으로 나누고 이 속에 제의법이 각기 들어있음을 주장한다. 이 법전들 속에 나타난 제의법으로 인해 분류상 고대 근동 법전에 새로운 범주가 생긴 것은 제의가 히브리 법전의 독특성이자 주된 관심사라고 지적된다. Cf. George Fohror, *Introduction to the Old Testament*, trans., David E. Green (Nashville: Abingdon Press, 1978), 108; Schmidt, *Old Testament Introduction*, 110-119; John H. Walton, *Ancient Israelite Literature in its Cultural Context* (Grand Rapids, Michigan: Zondervan Publishing House, 1989), 75-77.

533) 당위적인 형식을 취하는 당위법(apodicitic law)은 조건법과 다르다. 조건법은 전제절(protasis)과 귀결절(apodosis)로 이루어지는 조건적 판례법이다. 이에 반해 당위법은 법규가 시행되어야 하는 이유를 밝히는 동기절(motive clause)을 함유한 당위적 금령법이다. 히브리 율법은 조건법의 형식을 취하고 있어도 그 기반은 금령적 당위법으로 구성되어 있으므로 율법 그 자체는 당위법이라고 말할 수 있다. 그래서 고대 근동 법은 대부분 조건법으로 되어 있지만 히브리법은 당위법으로 되어 있다고 본다. Alt에 의하면 당위법은 무조건적(unconditional)인 형태로 다음의 네 가지로 분류한다. 사형명령(출 21), 저주선언(신 27:15-26), 성(性)에 대한 금령(레 18:7-17), 십계명(출 20; 신 5)이다. "The Origins of Israelite Law" in *Essays on Old testament History and Religion* (1966), 79-132. 이런 관점에서 볼 때 동해복수법으로 기록되어 있는 출 21:23-25는 조건법처럼 보이지만 21장 전체는 당위법에 속하는 것이다. 왜냐하면 21장의 주된 규정은 "반드시 죽일 것"이라는 사형의 당위적인 명령이 기조를 이루기 때문이다. 그래서 이 구절들은 조건적인 보복이 아니라 하나님의 명령에 어긋나는 자를 보응하는 벌이다. 이 보응은 조건적 처벌의 목적보다 언약 준행의 차원에 역점을 두고 있다. 한 가지 지적되는 것은 동해복수법에 대한 조건법과 당위법의 적용이 다르다. 조건법은 왕의 직무수행과 관련된 법률 집행이지만, 당위법에 속한 동해복수법은 보복불균등을 막는 보호조치이다. 이런 상황은 창 4:23-24에 나타난 라멕의 노래(Song of Lamech)에 나타난 복수와 상반된 모습을 보인다. Alt, "The Origins of Israelite Law", 174-75. 당위법은 당위규정과 함께 명령과 금령으로 되어 있으며 실수로 인한 범죄는 벌금으로 대치하거나 과도한 보복을 금지하고 있다. 이유는 실수 그 것 자체는 금령에 준한 범의(犯意)가 희박하기 때문이다. 따라서 언약법에 속한 당위법의 동해복수법은 인간 처벌만을 위한 조건법의 동해복수법보다 인간적이고 자비로운 법이다.

534) 율법은 딱딱한 통치법령이 아니라 하나님과 이스라엘 간에 맺어진 인격 당사자들 간의 언약법이다. 율법이 언약법이 되는 것은 "내가 거룩하니 너희도 거룩할찌어다"(레 11:45)라고 말씀하시기 때문이다. 그러나 고대 근동의 법 정신에는 이 '거룩성' 같은 절대성을 삼

한다. 이는 성경의 히브리법이 거룩하신 하나님의 'חסד'에 기초해 있음을 말한다.535) 하나님의 자비는 그분의 성품이자 속죄를 통해 그 분의 나라를 세워나가시는 구속의 근원이다. 이런 점에서 지나친 복수를 제한하는 성경의 동해복수법과 실수에 의한 살인자를 보호하는 도피성 제도는 서로 상응하는데 특별히 도피성을 통해 밝히는 또 하나의 강조점은 피 흘림으로 인한 땅이 더럽혀지는 것을 막으시려는 하나님의 의도가 있다.

2.3.2.4. 땅의 속죄

하나님의 백성이 누리는 풍성한 삶은 땅에서 이루어진다. '땅'이라는 단어는 구약에서 '여호와', '사람', '이스라엘' 다음으로 많이 나오는 명사(2000여 회) 중의 하나다. 그런 점에서 구약에서 '땅'은 '언약'보다 더 지배적인 주제로 취급되기도 한다.536) 땅은 단순한 토지 이상을 의미한다. 땅은 소유주와 임시 거주자의 실제적인 관계가 성립하는 곳이다. 땅에 대한 약속과 땅에서 영위하는 삶이 상징하는 모든 것은 하나님의 전체 계획과 관련된다.537) 땅에 대한 약속과 더불어 구속

을 만한 것이 없다. 다만 법의 정의 실현의 이상적인 원리로서의 '예증모본집' 같은 형태를 띠고 있는 것이다. 그에 비해 히브리 법전은 이 '거룩성'에 기초한 언약을 잘 지키도록 안내하는 규범으로서의 율법인 것이다.

535) "חסד"는 일반적으로 "견고한 사랑" 혹은 "선하심"을 뜻한다. 이는 언약 관계에서 나타나는 하나님의 신실하신 성품을 요약한 말이다. 하나님은 "אמה" ("faithfulness")의 기준에 따라 행동하심으로 그의 "חסד" (loving kindness)를 확정하신다. Walter C. Kaiser, Jr., *Toward Old Testament Ethics* (Grand Rapids, Michigan: Zondervan Publishing House, 1991), 222-23.

536) Martens, *God's Design*, 11-320.

537) 땅에 대한 섭리는 신명기에서 열왕기서까지의 주제를 살피면 잘 드러난다. 신명기의 주제는 땅을 차지하는 것이다. 모세언약에서는 땅이나 안식 등의 문제가 잘 드러나지 않지만 신명기에는 나타난다. 이 주제의 약속들 가운데 우선 땅을 차지할 것을 거듭 말씀하신다(신 1:8, 39 등). 그 이유는 족장들에게 언약으로 약속한 땅이기 때문이다(신 1:8, 35 등 18회). 약속의 땅으로 인도하는 구속이 출애굽의 목적이다. 이 땅은 야훼의 이름으로 주셨다(신 26:8-9). 이 땅은 또 선물로 주셨다. 모든 것이 준비되어 있는 젖과 꿀이 흐르는 땅이다. 이 땅은 야훼의 눈이 항상 그 위에 머무는 권고하시는 땅이다(신 11:12). 여호수아는 신명기와

역사의 출발점인 아브람의 부르심으로 시작된다.창12:1 이하 538) 땅에 대한 약속은 가끔 독립적으로 주어지지만, 주로 후손에 대한 약속과 관련되어 나타난다.창13:14~16; 26:4; 27:3; 35:9~12 땅은 애굽에서 노예로 살았던 이스라엘 백성에게는 완전한 선물이었다.539) 본래 땅의 주인은 야훼이시다.레25:23 소산의 십일조도 땅의 소유자가 야훼이시기 때문에 바치는 것이다. 이러한 선물로서의 땅540)은 분명 인간들에게 축복이다. 가나안이 축복의 땅이라는 의미는 풍요와 안식이라는 개념에서 잘 나타난다. 하나님께서 주신 '약속의 땅'은 젖과 꿀이 흐르는 땅이다.민13:27; 신6:3; 11:9 이 약속의 땅은 안전과 평화를 가져다주는 안식의 축복이 있음을 성경은 분명히 밝힌다.신12:9~10 그래서 '약속의 땅'은 야훼가 인간과 만나시는 땅으로서 하나님 임재의 광의적이고 유형적인 상징으로 설명된다. 이렇게 주어진 축복의 땅은 수여자와 수혜자 간의 특별한 양식을 요청하는데, 인간의 행위가 수여자의 뜻에 맞게 살도록 요청되고 있는 것이다. 예를 들면 땅 주인의 명령에 반하는 잘못된 행위는 온당치 않을 뿐 아니라 땅을 더럽힌다는 사실이다. 하나

주제가 연결되고 있다. 여호수아의 주제는 땅을 실제로 차지하는 것이다. 사사기는 여호수아와 연결됨으로 땅을 통한 계시역사가 이어지고 있다. 그들은 땅을 차지하지 못하였다. 할당된 땅 점령에 실패한다. 룻기에서는 사사기에서 잃어버린 땅을 얻는다. 땅을 돌려받는 것(에덴)과 가문의 회복(창 3:15, 메시야)이 룻기의 주제가 된다. 이 땅을 얻는 것은 어디까지나 율법(언약)을 순종할 때 주어지는 약속으로 제시되고 있다. 참고. 한정건, 『구약성경신학』강의안 (천안: 고려신학대학원, 2005), 29-94; Kaiser, *Toward an Old Testament Theology*, 88-89.

538) 아브람은 "땅의 모든 족속이 너를 인하여 복을 받을 것"(창 12:3)이라는 말을 들은 후 소돔 고모라 땅에 있을 때 하나님으로부터 눈을 들어 보는 땅을 자신과 그의 자손에게 주겠다는 약속(창 13:14-15)을 받았고, 횃불언약시에는 더 확대되어 애굽강에서부터 큰 강 유브라데까지 주겠다는 약속을 받았다(창 15:18).

539) 이스라엘은 포도나무와 감람나무를 심지도 않고 성을 건축하지도 않았으나 포도원, 감람나무, 성읍을 포함한 땅이 이스라엘의 소유가 되었다(신 6:10).

540) Brueggemann이 땅이 지니는 선물적 측면의 중요성을 강하게 주장하였다. Walter Brueggemann, *The Land: Place as Gift, Promise, and Challenge in Biblical Faith* (Philadelphia: Fortress Press, 1977).

님 나라의 구도에서 볼 때 다스리는 자와 다스림을 받는 자, 그리고 다스림이 있는 통치 장소로서의 땅이 더럽혀지면 안 된다. 이것은 야훼의 창조질서를 역행하는 행위이기 때문에 하나님은 특히 이스라엘 백성이 거하는 땅을 더럽히지 않도록 경고하신다.[541] 그러므로 야훼께 대한 범죄는 곧 '약속의 땅'을 더럽히는 결과가 된다.시106:38 [542]

도피성에 대한 제도를 시행토록 명령하신 하나님은 왜 도피성을 세워야 하는지에 대한 목적을 설명하시면서 이 땅의 문제를 최종적으로 거론하셨다. "너희는 거하는 땅을 더럽히지 말라 피는 땅을 더럽히나니 피 흘림을 받은 땅은 이를 흘리게 한 자의 피가 아니면 속할 수 없느니라 너희는 너희 거하는 땅 곧 나의 거하는 땅을 더럽히지 말라 나 여호와가 이스라엘 자손 중에 거함이니라"민35:33~34고 말씀하셨다. 하나님이 이스라엘 자손 중에 거하시는 것은 하나님의 임재를 말하는데, 거기에 부정한 것이 있어서는 안 될 것이다. 그러므로 땅을 더럽게 하는 피 흘림이 없어야 한다. 그런데 문제는 인간들의 피 흘림이 끝나지 않고 계속되고 있다는 것이다. 살인이 멈추지 않는 것이다. 그래서 살인 그 자체의 문제보다 지속적인 피 흘림으로 말미암은 땅의 더럽힘이 더 문제인 것이다. 그 이유는 그 땅에 하나님이 거하실 뿐 아니라 임재의 조건으로서 그 땅은 깨끗해야 하기 때문이다. 그렇게 하려면 필연적으로 '땅의 속죄'가 필요하다. 고의적이든 비고의적이든 살인으로 말미암은 인간의 피 흘림이 멈추지 않는 한 땅의 더럽힘은 증가할 수밖에 없다. 해결 방법은 이미 땅에 흘린 더러운 피를 대속하는 깨끗한 피 흘림의 대가代價가 있어야 한다는 것이다. 왜냐하면, 피가 피

---

541) 땅은 인간들의 죄로 인해 더러워지면 땅의 안식을 위해 토하는 습성이 있다(레 18:24-28). 대표적인 예가 포로로 잡혀가는 것이다(렘 25:11; 29:10). 이것은 성경적 땅의 '자정능력(自淨能力)'으로 부를 수 있을 것이다. 이때 토하는(내치는) 것은 하나님의 심판이지만 더러워진 땅의 회복을 위해서는 속죄가 필요하다.
542) Klawans, "Ritual Purity, Moral Purity, and Sacrifice in Jacob Milgrom", 22-23.

를 속하기 때문이다.레17:11 도피성이 있을 때 무고한 살인자의 피 보복이 줄어들어 땅이 덜 더럽혀지지만 이미 흘린, 또 흘릴, 피에 대한 땅의 속죄가 대두되는 것이다. 그런데 이 땅의 속죄를 이루려면 살인자가 흘린 피를 어떻게 처리해야 하느냐는 문제가 대두된다. 이 과제를 해결하시고자 하나님께서는 도피성에서 살인자와 화해하는 조건으로 제시한 것이 대제사장의 죽음이다. 땅에서 저지르는 온갖 범죄를 대표하는 피 흘림의 살인과 대제사장 죽음을 통해 이루어지는, 죽음과 속죄의 상관관계를 정립하면서 논문 본론의 결론을 도출하겠다.

2.3.2.5. 대제사장의 죽음

하나님이 가나안 땅에 세우신 도피성 제도는 'לְחֻקַּת מִשְׁפָּט'라는 '판단하는 율례' legal requirements, 민35:29로 규명하고 있다. 이러한 제도도 특이하지만, 죄의 사면도 일반 규례와는 다르다. 살인사건과는 관계없는 대제사장이 죽어야 풀려날 수 있다.543) 대제사장은 하나님께 속한 직분이므로 결국 하나님이 사면해주는 것과 같다는 결론을 얻게 된다. 살인자는 죄를 지은 자이다. 비록 비고의적이지만 생명을 앗아가는 것은 '생명의 피가 담긴 하나님의 형상'을 침범하는 것이다.창9:5~6 따라서 당연히 벌을 받아 죽음을 당해야 한다. 그럼에도, 도피성으로 피한 자는 살게 된다. 이 도피성 제도에서 대제사장의 죽음이 갖는 의미는 무엇인가? 살인자의 석방 조건으로 '생명의 속전'도 허용되지 않는 곳민35:32이 도피성이지만 결론적으로 말하면 대제사장의 죽음이 속전을 대신해주는 셈이 된다. 즉 그의 죽음이 그 범죄를 상쇄시킨다

---

543) 대제사장은 이스라엘에서 왕과 같은 사법적인 기능을 갖고 있다(참조. 신 17:9). 특별히 군주시대 이전에는 그의 죽음이 사법적인 효력의 중지를 가져왔음으로 도피성에서 제한적인 생활을 하는 사람들에게는 대사면의 기회가 주어졌을 것이다. 도피성은 살인자를 벌주는 감옥이 아니라 율법의 명령을 따르는 사람들의 피난처로서 역할을 담당한다. Robert I. Vasholz, "Short Contribution: Israel's Cities of Refuge", *PCSR* 19/2 (1993), 118.

고 말할 수 있다. 이와 관련하여 인간 대제사장들의 반복적인 죽음은 사역의 제한성을 나타내지만, 직분적으로는 사역의 '완성 고리'를 지닌다. 왜냐하면, 각각의 죽음으로 각각의 직분을 감당하였기 때문이다. 도피성에 들어온 자들의 살인을 속죄하기 위해서는 대제사장의 죽음만이 만족할 만한 속죄가 된다.[544] 그 이유는 대제사장이 죽기 전에는 생명의 속전을 받고 도피성을 나가지 못하게 하였는데,35:32 이는 생명은 생명으로 갚아야 한다.출21:23; 레17:11,14는 사실을 재확인하는 것이다. 이러한 사실에 따라 살인을 속죄하려면 그에 어울리는 죽음이 있어야 하며, 인간의 죽음만이 인간의 죽음을 속할 수 있으므로 성스러운 인물의 대표레21:10이며, 공동체의 대표레21:4인 대제사장의 죽음이 이러한 요구에 들어맞는 것이다.

궁극적으로 정당한 복수자는 하나님 자신이다.창9:5 피해자 측보다는 최종적으로 하나님이 '피를 보수하는 자'로 불리는 'גֹּאֵל' the avenger of blood, 민35:25이시다. 그러므로 하나님은 죄에 대해서는 '피를 보수하는 자'인 'גֹּאֵל'이시고 죄를 용서하시는 면에서는 '기업을 무르는 자'인 'גֹּאֵל' kinsman-redeemer, 룻2:20이 동시에 되시는 것이다. 복수자로서의 하나님은 대제사장의 죽음을 그러한 범죄의 '화해조건' a condition of reconciliation [545]으로 받아들이시는 것이다. 그래서 하나님은 죄에 대해서는 보복자가 되시고 용서하시는 측면에서는 도피성이 되시는 것이다. 이러한 관계에서 제사장이 죽었을 때 죄인이 석방되는 것은 제사장이 살인죄와 벌에 대한 화해조건이 되는 것이다. 그래서 도피성의 대제사장의 죽음은 영원한 대제사장으로서 우리의 죄를 대신하여 죽으신

---

544) Philip J. Budd, *Numbers*, WBC, 384.
545) 하나님의 화해조건은 '동등조건'일 것이다. 왜냐하면 완전하신 하나님의 조건은 완전한 대상이어야 하기 때문에 그리스도의 모형인 대제사장의 죽음만이 이 조건을 충족시킬 수 있을 것이다(참고, 히 5:7; 시 22:24).

그리스도의 모형이 된다.

속죄제(대속죄일)와 도피성에는 유사성이 있다. 유사성이 있다는 것은 기능과 의미의 동질성을 말한다. 앞에서 살펴본 것처럼 도피성에서는 대제사장이 죽어야 살인자의 속죄가 이루어진다. 속죄제(대속죄일)의 특징은 피 흘림에 있다. 도피성에서 살인자의 죄가 속해지는 특징은 대제장의 죽음에 있다. 즉 이 죽음은 곧 제물의 피 흐림과 같은 것이다. 속죄제(대속죄일)의 특징과 도피성 제도의 특징을 도표로 비교해 보면 유사성의 관계를 잘 볼 수 있다.

〈속죄제(대속죄일)와 도피성 비교〉

속죄제(대속죄일)(레 4~5, 16장)	도피성 제도(민 35:1~28)
범과자(헌제자)는 회막으로 온다	살인자는 도피성으로 피한다
제사장이 속죄한즉 사함을 받는다	대제사장이 죽으면 죄인이 방면된다
제사장은 그의 허물을 위해 속죄한다	대제사장의 죽음이 살인자를 속죄한다
대제사장이 지성소에서 나오기까지 아무도 회막에 있지 못한다	살인자가 대제사장이 죽기까지 도피성을 나오지 못한다

두 경우가 비슷하다. 그러나 한 가지 차이점은 마지막 항목이다. 대제사장과 회중, 대제사장과 살인자의 관계는 같다. 그런데 상황적 묘사가 다르다. 대제사장과 회중의 관계는 대제사장이 속죄소 즉, 지성소 안에 있고 제사장들과 회중은 회막 바깥에 있다. 회막 바깥에 있는 제사장들과 회중은 대제사장이 속죄제의 절차를 마치고 나올 때까지 회막 안으로 들어갈 수 없다. 그 이유는 대제사장이 전적으로 제사장들과 회중을 죄를 대신해서 지금 홀로[546] 속죄를 드리기 때문에 제사

---

546) 구약에서 하나님과 관련하여 "홀로"(בַּד)를 사용할 때는 주로 하나님의 유일성, 독자성, 고유성을 나타내나(신 32:12; 왕상 8:39; 왕하 19:15; 욥 9:8; 시 72:18; 148:13; 사 44:24; 슥 14:9), 신약의 그리스도의 시역과 관련하여 표현된 히 9:7의 "홀로"($\mu\acute{o}\nu o\varsigma$)는 고립성이나 고독성을 내포하는 것으로 보인다.

장과 회중이 그 순간에 회막에 있어서는 안 되는 것이다. 하나님께서 대제사장의 속죄 제사를 열납하시면 지성소에서 살아서 나오게 된다. 그때까지는 아무도 회막에 있지 못한다. 본래 성소에는 평민들이 들어갈 수 없으나 "누구든지 회막에 있지 못한다"16:17는 명령은 지금 대제사장만이 모든 제사장들과 회중을 대표하여 회막에 있음을 나타낸다. 그러나 도피성에서는 그 반대다. 살인자가 도피성으로 피신할 수는 있으나 나올 때는 대제사장이 죽어야 나오게 된다. 살인자와 대제사장이 함께 도피성 안에 사는 것이다.

이렇게 대제사장을 중심으로 상황이 전개되는 구도를 볼 때 도피성은 회막 바깥이고, 회막은 오히려 도피성 바깥이 된다. 다시 말하면 지금 대속죄일의 회막 안에는 대제사장이 있다. 회중은 바깥에 있다. 그리고 지금 도피성 안에는 제사장과 살인자가 함께 있다. 그러나 대속죄일의 속죄절차가 끝나면 회중은 회막 안으로 들어 올 수가 있다. 자유로운 상태가 되는 것이다. 마찬가지로 도피성에서 대제사장이 죽으면(직분이 끝나면) 살인자는 도피성 바깥으로 나갈 수 있다. 즉 대속죄일은 대제사장이 살아야 죄가 속해지고, 도피성에서는 대제사장은 죽어야 죄가 속해진다. 이것은 그리스도의 죽음이 곧 생명이 됨을 뜻하는 상호교차적인 의미로 볼 수 있다.

결과적으로 대속죄일과 도피성에서 대제사장의 온전한 사역이 끝나면, 회중과 살인자는 모두 죄 사함을 받고 자유로운 상태가 되는 것이다. 그런 점에서 예수께서 "그러므로 아들이 너희를 자유케 하면 너희가 참으로 자유하리라"요8:36고 했을 때 이런 대제사장 죽음과 속죄의 배경이 깔려있다고 말할 수 있다. 이 대제사장이 죽으면 피 흘린 자의 죄를 용서하시겠다는 것이다. 죽음으로 말미암은 용서가 속죄라고 말할 때 대제사장의 죽음은 하나님이 거하시는 땅(하나님의 나라)의 정화를 위해 바쳐진 속죄제물을 상징한다. 이런 점에서 대제사장의 죽음은 도피성이 갖는 모형론적 의미의 한 결론으로 정리된다. 이 의미를 논할 때 신약의 히브리서가 대제사장의 속죄사역을 점진적으로 연결하고 있음을 볼 수 있다.

2.3.2.5.1. 영원한 속죄

히브리서가 "영원한 속죄"9:12라는 표현을 사용하므로 구약의 속죄 개념을 연속적이며 통일적으로 다루게 된다. 그리고 아론 제사장의 (대)속죄일 사역과 그리스도의 대제사장직 사역에 대해 밀접하게 연관시켜 언급하고 있는 것도 그렇다.[547] 속죄사상과 관련하여 "염소와 송아지의 피로 아니 하고 오직 자기 피로 영원한 속죄를 이루사 단번에 성소에 들어 가셨느니라"히9:12는 구절에 근거하여 대제사장의 '영원한 속죄' ($αἰωνίαν\ λύτρωσιν$) 가 무엇을 뜻하는지 알게 된다. 모세에게 제사를 가르쳤던 하나님은 이제 예수 그리스도를 통해 누구든지, 언제든지 하나님 앞에 나아올 수 있음을 가르쳐주고 있다. 히브리서는 바로 이 점을 우리에게 알려주고 있는 것이다. 이것은 구약제사제도가 그리스도의 사역으로 이동하는 것을 뜻한다.[548]

내용상으로 볼 때 히브리서는 구약을 모형론적으로 전달할 수 있는 가장 풍성한 전개를 제시한다.[549] 히브리서에는 옛 언약과 새 언

---

[547] F. F. Bruce, *The Epistle to the Hebrews*, NICOT (Michigan: Grand Raids, 1964), liv-lvi; Walter Edward Brooks, "The Perpetuity of Christ's Sacrifice in the Epistle to the Hebrews", *JBL* 89, no 2. Je. (1970), 205-14.

[548] "제사직분이 레위기에서 그리스도에게로 변역한즉 율법도 반드시 변역해야만 했다" (when there[was]a change of the priesthood[from Levi to Christ], there must also be a change of the law)(히 7:12). Fuller, *The Unity of the Bible*, 371. 참고. 조병수, "처음부터 끝까지"-히브리서의 신학과 설교, 『교회와 문화』8호, (한국성경신학회, 2002), 47-83.

[549] 모형론적 해석은 그 뿌리를 구약에서 발견할 수 있다. 모형론적 해석은 구속사를 필요로 하는데, 이는 모형과 대형 사이의 유추와 상승이라는 요소가 구속사 내에서 추출되기 때문이다. 모형론적 주해는 사건들, 혹은 사물들 사이의 연결 관계를 계시의 역사적 구조물 내

약,550) 모세와 그리스도, 율법과 복음 사이의 모형론적인 대칭 관계를 반립적反立的보다 비교적인 인상을 주고 있다.551) 옛 언약 속에 들어 있는 새 언약552)은 하나님께서 계획하신 구속사의 점진성을 나타낸다고 생각한다. 그래서 '살아있는' 히4:12 말씀을 주시는 하나님과 '어제나 오늘이나 영원토록 동일하신' 히13:8 예수 그리스도와 '영원하신 성령' 히9:14에게는 어떤 변화도 없고 어떤 변경도 없다. 그러므로 옛 언약에서 주어진 것과 새 언약에서 주어진 것에는 본질과 실체에서 아무런 차이가 없고, 하나일 뿐이며, 율법은 복음의 다른 형식이라고 말할 수 있다. 생명을 살리는 측면에서 율법은 복음과 동일하다.레18:5 동일하기 때문에 율법과 복음은 언약의 구조에서 동일 선상에 놓고 조명해야 한다. 이런 점에서 '신약의 레위기' 라고 불리는 히브리서가 왜 레위기의 내용을 집중적으로 인용하고 있는지 먼저 살펴보아야 할 것이다.

레위기는 히브리서에서 중요한 위치를 차지하고 있다. 이 사실은 히브리서를 읽을 때 레위기적인 표현들을 많이 만나게 된다는 점에서

에서 찾고자 시도한다. Sidney Greidanus, *Preaching Christ from the Old Testament: A Contemporary Hermeneutical Method* (Grand Rapids, Michigan: W. B. Eerdmans Publishing Co., 2004), 90-98; 모형은 사전적(事前的)이고 전이해적(前理解的)이다. 모형적 해석에는 본래적 해석(성경의 예시)과 추론적 해석(독자의 이해)이 있다. 이에 비해 상징은 실재가 내재화 된 것이다. Vos, *Biblical Theology*, 144-47.

550) 눅 22:20에 의하면 새 언약은 그리스도의 피로 세운 언약이다. 그러므로 예수님은 새 언약의 중보자이시다(히 9:15). 이렇게 볼 때 옛 언약은 모세를 통해 시내산에서 동물의 피로 세운 언약임이 잘 대비된다(출 24:8).

551) Cf. Leonhard Goppelt, *Typos: die typologische Deutung des Alten Testaments im Neuen*, Darmstadt, 1939, reprinted 1969, *Typos: The Typologicall Interpretation of the Old Testament in the New* (Grand Rapids, Michigan, 1982), 161-63.

552) 새 언약은 그리스도인들로 하여금 계명을 지키도록 해주는 내적이며 영적인 능력의 법을 공급해주었다(히 8:10). 새 언약의 뛰어난 축복은 죄인을 자유롭게 하여 하나님의 존전에 계속 나아가게 해주는(히 10:19,22), 죄사함인 것이다(히 8:12). Thomas Hewitt,『히브리서』(*The Epistle to The Hebrews*, 정일오 역, 틴델 신약주석 시리즈 15, 서울: 기독교문서선교회, 1982), 50.

쉽게 발견할 수 있다.[553] 레위기는 히브리서 5장 이하 13장까지 골고루 분포되어 있다.[554] 레위기에 대한 인용보다 재해석을 시도하였다고 볼 수 있다. 특이한 점은 레위기 16장의 대속죄일이 히브리서 9장에 집중적으로 사용되고 있다는 것이다. 왜 레위기 16장이 히브리서 9장에 집중적으로 사용되었을까?[555] 그것은 히브리서 저자가 레위기에서 구속사의 의미를 발견하였기 때문으로 보인다.[556] 대속죄일의 대제사장이 바로 그리스도임을 나타내려는 의도에서 그렇게 한 것이다.[557] 구속의 모형에 따라 히브리서를 분석해 보면 몇 가지 사실이 드러난다.[558] 첫째로 히브리서는 대제사장과 관련하여 레위기에 나타난 아론 제사장의 기능이 매우 제한적이라고 한다.히8:5; 9:23~24; 7:28 둘째로 히브리서는 성막을 불완전한 것으로 이해한다.히8:5; 9:9 그러나 히브리서 저자는 레위기를 기반으로 여러 가지 구속사적인 전진을 감지하였는데, 즉 그리스도의 대제사장직the high priesthood of Christ을 확대하면서 확립시킨 것이다. 동일한 기능이지만 불완전한 대제사장과 완전성을 지닌 그리스도의 관계를 대비시켰다. 히브리서 5:1~10은 아론 대제사장과 그리스도 대제사장이 둘 다 하나님 앞에 서 있다는 기능

---

553) Paul Ellingworth, *The Epistle to the Hebrews, A Commentary on the Greek Text* (Grand Rapids, Michigan: William B. Eerdmans Publishing Company & Carlisle: The Paternoster Press, 1993), 488-515.
554) 그런데 한 가지 지적할 것은 히브리서가 한 번도 레위기를 직접적으로 인용하지 않고 단지 간접적으로 사용하고 있다는 것이다.
555) 대속죄일의 의식이 히브리서에서 처음으로 확실하게 언급되고 있는 곳은 9:7절이다. Felix H. Cortez, "From the Holy to the Most Holy Place: The Period of Hebrews 9:6-10 and the Day of Atonement as a Metaphor", *JBL* 125, no 3 (2006), 529.
556) 조병수, "히브리서에서 사용된 레위기" 『신약신학 열두 논문』(수원: 합동신학대학원 출판부, 1999), 177-90. Cf. Wenham, *The Book of Leviticus*, 25.
557) C. J. den Heyer, *Jesus and Doctrine of the Atonement* (Harrisburg, Pennsylvania: Trinity Press International, 1998), 116-19; Vern S. Poythress, *The Shadow of Christ in the law of Moses* (Phillipsburg, New Jersey: P & R Publishing, 1991), 41-49.
558) George H. Guthrie, "The Structure of Hebrews: A Text-linguistic Analysis, *NovTsup* 73 (Leiden: Brill, 1994), 144; Cortez, "From the Holy to the Most Holy Place", 543-46.

적 역할의 유사성은 인정하지만, 기능적 능력 면에서는 큰 차이를 보이고 있음을 강조한다. 그 차이 가운데 우선 속죄의 문제를 들고 있다. 대제사장은 백성을 위해 속죄해야 하듯이 자기를 위해서도 속죄해야 한다.히5:3 그러나 그리스도는 자기를 위하여 속죄할 필요가 없다. 죄가 없으시기 때문이다.히4:15 다음은 반복적인 제사 문제다. 대제사장의 수효는 많다. 그것은 대제사장이 죽음을 인하여 항상 있지 못하고 바뀐다.히7:12 그러나 그리스도는 영원한 제사장이시다.히6:20; 7:21 또한 대제사장의 제사 반복은 (대)속죄일의 시효와 관련이 있는데, 대제사장은 일 년 일차 제사히9:7; 10:1~3 때마다 해마다 다른 제물의 피를 가지고 성소에 들어가야 하지만,히9:25 그리스도의 제사는 단회적이며 최종적이다.히7:27; 9:26 559) 그다음은 대제사장의 반차의 문제다. 대제사장은 아론의 반차를 따른다.히5:4 그러나 그리스도는 멜기세덱의 반차를 좇는다.히5:6,10; 6:20 560) 또한 대제사장의 기능문제에서도 양측은 차이가 난다. 집전의 장소가 한쪽은 땅의 성소지만 다른 쪽은 하늘의 성소다.히8:1~2; 9:11,24 그리고 바쳐지는 중요한 제물의 문제에도 차이를 나

---

559) 그리스도 속죄제사의 최종성은 "단번에" (히 7:27)에 나타난다. 헬라어 "ἐφάπαξ"를 옮길 때 NIV는 "once for all"이라고 번역했다. 이것은 횟수는 한번이지만 최종적이라는 뜻을 담고 있다. "단번에"는 그리스도 속죄의 한 특징을 나타내는 단어이다.
560) 아론보다 멜기세덱의 반차가 큰 것은 상호 신분(히 7:1-3)과 두 사람의 관계(히 7:4-10), 그리고 시간적인 우선성(히 7:5, 10), 대제사장이 된 조건(히 7:11-28; 7:28)이 다르다; Sellin-Fohrer가 공동 저술한 바에 의하면 자료층에 속하지 않는 구절들(창 14장; 출 15:1-9; 출 19:3b-8; 신 32장)들 가운데 멜기세덱이 등장하는 창세기 14장은 어떠한 자료층에도 속하지 않고, 고립적으로 생겨났다가 오경에 결합된 것이라고 말한다. 『舊約聖書槪論』 (Introduction to the Old Testament, 金二坤 · 文熹錫 · 閔泳珍, 共譯, 서울: 大韓基督敎出版社, 1995), 206-10. 이 책에서 예루살렘을 "살렘"이라고 익명을 사용한 것은 후기 연대를 가리키는 것이며, 이것은 후기의 미드라쉬라고 보아야한다는 것이다. 그래서 멜기세덱은 가나안 원주민의 왕이었으며, 다윗이 예루살렘 도시를 정복할 때 이 멜기세덱의 통치기간이었을 가능성을 제시하였다. 그러나 이 멜기세덱은 아론 대제사장의 반차와는 다른 영원한 제사장(시 110:4)이기 때문에 이 구절들을 후기의 미드리쉬적인 성경해석으로 돌리는 것은 계시된 성경의 내용을 크게 훼손하는 것이며, 멜기세덱에 대한 연구는 다음의 글을 참고하라. 한정건, "멜기세덱: 11QMEL과 히브리서의 비교연구" 『聖經과 改革主義神學』(서울: 개혁주의신행협회, 1986), 145-71.

타낸다. 피에 대한 중요성은 같지만, 제물의 종류는 다르다.^{히9:12~14,19;} ^{10:4} 그리스도는 자신이 흠 없고 온전한 제사장^{히7:26~28}이자 동시에 온전한 제물이 된 것이다.^{히9:14} 그 결과로 이제 우리는 예수의 피를 힘입어 누구든지 성소에 들어갈 담력을 얻었다고 밝힌다.^{히10:19} 조건과 자격의 변경으로 예수의 피로 인해 누구든지 성소에 들어갈 수 있는데, 이는 온전한 구원의 길을 의미한다.^{히7:5} 이렇게 볼 때 히브리서가 레위기를 사용하여 우리에게 주려고 하는 교훈은 그리스도의 대제사장직이다.

히브리서 1장부터 시작해서 그리스도의 우월성, 그리스도 제사장직의 우월성, 그리고 희생제물로서의 그리스도의 우월성이라는 세 가지의 중심주제가 전개되고 있다.^{1:1~10:18} 히브리서 기자는 당시 성도들이 여러 가지 이유로 다시 되돌아가려고 했던 유대교에 대하여 '기독교의 우월성' 이라는 주제를 전개함에 있어서 그 주안점을 '그리스도는 어떤 분인가?' 에 두어 성도들을 권면하고 있다. 이것을 좀 더 세분하면 선지자보다 우월하신 그리스도,^{1:1~3} 천사보다 우월하신 그리스도,^{1:4~2:18} 모세보다 우월하신 그리스도,^{3:1~4:13} 그리고 아론보다 우월하신 대제사장 그리스도^{4:14~10:18}로 나눌 수 있다. 여기서 한 걸음 더 나아가본다면 10:19~12:29까지의 권면도 '새롭고 산 길 되시는 예수 그리스도' 에 기초하여 전개되고 있다. 구약의 불충분한 제사가 그리스도를 통해 완전해짐으로 구약시대의 성도들도 구원을 받는 근거^{히 11:39~40}가 됨을 밝힌다.⁵⁶¹⁾ 그 때문에 히브리서 특징과 그 중심 개념이 '그리스도의 대제사장론' 이라는 결론이 자연스럽게 자리 잡는다. "그러므로 저가 범사에 형제들과 같이 되심이 마땅하도다 이는 하나님의

---

561) G. Vos, *The Teaching of the Epistle to the Hebrews* (Grand Rapids, Michigan, 1956, 2nd ed. edited and rewritten by J. G. Vos, Nutley, New Jersey, 1974), 131.

일에 자비하고 충성된 대제사장이 되어 백성의 죄를 구속하려 하심이라"히2:17고 표현하고 있다. 그렇다면, 히브리서에만 그리스도의 대제사장직이 나타나는가 하고 물을 때 물론 그렇지 않다. Cullmann은 요한복음 17장도 그리스도의 대제사장적인 요소가 나타난다고 주장한다.562) 구약에도 그리스도께서 '대제사장'이라는 개념이 나타난다.슥3:8 그러나 신약에는 히브리서를 제외하고는 드러나게 나타나지 않는다. 그래서 히브리서만큼 그리스도의 대제사장직을 특색 있고 구체적으로 묘사한 책이 없기 때문에 특별한 의미가 부여되고 있는 것이다. 특히 다음의 두 가지 점에서 신약의 다른 부분과 비교할 때 특별한 차이점을 보이고 있다. 첫째로, '멜기세덱'(מַלְכִּי־צֶדֶק, my king is Sedek, 히 7:1~3)의 계통을 따른 예수의 제사장직은 신약의 기독론에 완전한 새로운 차원을 도입하고 있다. 특별히 히브리서 저자의 탁월한 독창성이 있다면, 그는 신약성경 가운데 그리스도의 제사장직을 드러내어 천명하는 유일한 저자라는 점이다. 바울은 한 번도 이 주제를 다룬 적이 없다. 그는 제사장, 대제사장, 혹은 대제사장직에 관하여 언급한 적이 없다. 히브리서 저자는 7장에서 예수를 대제사장으로 소개할 때 무엇보다도 멜기세덱을 그 모형563)으로 사용하는데 크나큰 관심을 보인다. 히브리서 7장에서 저자가 예수의 제사장직을 설명할 때 멜기세덱을 모형으로 사용하는 이유는 다음 네 가지 기독론적 사실을 설명하기 위함으로 볼 수 있다. ① 맹세로 세워진 제사장21절 ② 왕적 제사장14절 ③ 영원한 제사장3절 ④ 온전함을 이루시는 대제사장

---

562) Oscar Cullmann, *The Christology of the New Testament* (SCM Press, 1988), 105-107.
563) 모형이란 존재하는 물체들, 사건들, 사람들 그리고 제도들이 다른 물체들, 사건들, 사람들, 그리고 제도들과 부합되는 관계가 존재하는 것을 믿는 것을 말한다. George Wesley Buchanan, *To the Hebrews*, AB (Garden city, New York: Doubleday & Company, Inc, 1972), xxiv.

26~28절이다. 이것은 유일하고 참된 제사장the only real priest을 나타내는 것이다.564) 히브리서를 살펴보면 대제사장 예수와 구약 (대)제사장들이 나란히 비교된다. 이것은 특히 히브리서 7:11~28에 잘 나타난다.

〈구약 대제사장과 예수의 대제사장직 비교〉

구분	구약의 (대)제사장들	대제사장 예수
반차(11-19)	레위 계통 반차565)	멜기세덱 반차
방식(20-22)	맹세 없이 됨	맹세로 됨
수효(23-25)	죽음 때문에 수효가 많음	갈리지 않는 직분자
횟수(26-27)	자신과 백성의 죄 위해 매일	단번에 드림으로 반복 불필요
대상(28)	약점을 가진 자들	영원히 종국에 도달하신 이

언뜻 보기에는 히브리서가 예수 대제사장과 구약 대제사장의 불연속성을 날카롭게 강조하는 것처럼 보인다. 그러나 이 두 관계는 긴밀한 연속성에 있다. 그것은 직분의 문제에서 그렇다. 둘째로, 대제사장의 직분의 기원히5:1~10을 보면 예수 대제사장과 구약 대제사장의 기원의 비교가 기록되어있다.566) 히브리서는 구약의 대제사장 가운데 예수 제사장과 비교할만한 대표적인 인물로 아론을 취급한다.5:4 그런데 아론 대제사장과 예수 대제사장 사이에는 동일성이 있다. 그것은 두 인물이 모두 스스로 이 존귀5:4와 영광5:5을 취한 것이 아니라 하나님의 부르심5:4과 말씀하심5:5을 따라 되었다는 것이다. 아론과 예수가 대제사장이 된 것은 비록 지파에는 차이가 있지만(레위와 멜기세덱),

---

564) Berkhof, *Systematic Theology*, 605.
565) 가나안 정복 후, 아론의 자손들은 13곳의 성읍이 주어져, 주거와 가축을 기를 수 있었다 (수 21:10-19). 그들의 수가 증가하여, 다윗은 이것을 24반으로 편성했다. 큰 절기의 행사에는 전부가 참가하지만, 보통 때는 한 반이 한 주일씩 봉사하고, 안식일 저녁의 희생제사가 드리지기 전에 교대했다(대상 24:1-19. 왕하 11:9). 바벨론 포로 후 스룹바벨과 함께 귀국한 것은 불과 4반이었는데(스 2:36 39), 후에는 24반이 원래대로 편성되었다(눅 1:5, 9).
566) Cf. Bruce, *Hebrews*, 88-105. 저자는 이 구설글을 그리스도의 자격(Christ's Qualifications)이라는 소제목하에 주석하고 있다.

하나님이 불러 세우셨다는 점에서는 차이가 없다(5절, '이와 같이' = οὕτως). 더 나아가서 아론 대제사장과 예수 대제사장은 연약성을 가지고 있다는 점이나[5:2,7f] 사람들과 밀접한 관계를 맺고 있다는 점에서 [5:2,9] 동일하다. 그리고 직분의 대상[7:11~19] 문제도 연속성을 나타낸다. 히브리서는 레위의 제사장 직분이 종국이라면, 아론의 반차를 따르지 않고 멜기세덱의 반차를 따르는 다른 제사장을 세울 필요가 무엇인가 라고 묻는다.[히7:11] 레위의 제사장 직분이 종국이 아니다. 그러므로 제사장 직분이 필연적으로 이동해야 한다. 다시 말하면 제사장 직분 그 자체가 이동하는 것이 아니라 제사장 직분의 대상이 이동하는 것이다. 이렇게 볼 때 제사장 직분은 연속적이다. 히브리서가 다른 신약 성경과의 특별한 차이를 묘사하는 것은 멜기세덱의 존재와 대제사장 직분의 이동이다. 이것이 그리스도의 대제사장직에 대한 핵심이다.

레위기 제사제도에서 죄가 심각할수록 더욱더 효과적인 제사가 요구되었다.[567] 하나님의 거룩함에 가장 일치하는 사람이 이 일을 감당하도록 하였다. 그가 대제사장이다. 대제사장은 직분상 하나님의 임재에 더 가까이 제물을 가지고 가야만 했다. 이 모든 특징을 고려할 때 그리스도의 죽음이 최고의 제사였다. 이것을 아래와 같이 도표로 그릴 수 있다.

⟨그리스도의 죽음을 나타내는 상징과 실재⟩

상징	실재
정한 동물	정한 제사장=대제사장
이 동물이 죽어야	이 대제사장이 죽어야
흠 없는 어린 양	죄 없는 예수 그리스도

---

567) Wenham, *The Book of Leviticus*, 97.

Jenson은 히브리서 9:15를 해석하면서 "그리스도의 실재적인 이 희생제사가 시내산 언약보다 더 좋은 언약을 우리에게 선사했다"[568]말한 것은 언약이 성취되는 그리스도의 완전한 속죄를 잘 지적한 표현으로 보인다. 이렇게 히브리서에 나타난 속죄에 관한 구절들을 통해 나타난 그리스도의 완전한 속죄는 '영원한 속죄' 라는 표현으로 집약될 것이다. 왜냐하면, 영원한 속죄는 완전한 속죄를 나타내기 때문이다. 다음의 구절들이 이러한 사실을 증거 해주는 근거를 마련한다. 히브리서 5:1에 "대제사장마다 사람 가운데서 취한 자이므로 하나님께 속한 일에 사람을 위하여 예물과 속죄하는 제사를 드리게 하나니"라고 했다. 이것은 대제사장의 자격에 대해서 말하고 있다.[569] 지금까지의 대제사장들은 사람들 가운데서 뽑았다. 사람인 대제사장들이 사람을 위하여 하나님께 예물과 속죄의 제사를 드렸다.[570] 사람인 대제사장이 사람을 대신하여, 그리고 사람을 위하여 제사를 드림으로 어떤 한계를 가지고 있었음을 지적하고 있다. 대제사장은 백성과 마찬가지로 자신을 위해서 제사를 드렸다. 이는 인간 대제사장의 한계를 드러내기 때문에 율법의 대제사장은 백성을 위하여 속죄제를 드리면서 자신의 범과를 위해서도 속죄제를 드리도록 한 것이다. "이러므로 백성을 위하여 속죄제를 드림과 같이 또한 자기를 위하여 드리는 것이 마땅하니라"히5:3고 그 배경을 설명한다.

레위기에서 대제사장은 자신의 죄와 자신의 권속을 위해 수시로, 그리고 일 년에 일차씩 속죄제를 드렸다. 이는 비록 그가 기름 부음을 받은 대제사장이지만 불완전한 인간이라는 점을 드러낸다. 이제 이러한 불완전한 속죄를 극복하도록 취해진 조치들이 히브리서에 나타나기

---
568) Jenson, "The Levitical Sacrificial System", 38.
569) Ellingworth, *The Epistle to the Hebrews*, 272-75.
570) 여기서 "사람을 위하여"는 사람을 대신하여(represent)라는 뜻이다.

시작한다. 그것은 속죄소를 덮는 것들로부터 나타난다. "그 위에 속죄소를 덮는 영광의 그룹들(Χερουβìν)이 있으니 이것들에 관하여는 이제 낱낱이 말할 수 없노라"히9:5고 했다. 법궤를 덮는 그룹은 초월하시는 하나님의 영광스러운 임재의 표시였다.571) 속죄소572)를 통한 하나님의 임재의 의미가 그리스도를 통해 확대되고 있음을 시사하고 있다. 히브리서 기자는 이 점에 대해 '낱낱이 말할 수 없을' 정도로 그 속죄의 확대된 징후가 농후함을 암시한다. 그리고 나서 시편 40:6~8을 인용하여 "전체로 번제함과 속죄제는 기뻐하지 아니하시나니"히10:6라는 율법 제사의 부정적인 시각을 제시한다.573) 그동안 동물 제사의 형식적이고 불완전한 허점을 지적하는 것이다. 제사의 율법은 어디까지나 장차 나타날 좋은 것들의 그림자일 뿐 실체가 아니므로 그것 자체로는 불완전할 수밖에 없다는 것이다. 해마다 계속해서 드리는 똑같은 희생제사로는 하나님께로 나오는 사람들을 완전하게 할 수 없었다. 그렇지 않다고 하면 제사 드리는 사람들이 한 번 깨끗해진 다음에

---

571) 신득일, "법궤위의 그룹에 대한 주석적 고찰"『고신신학』7 (2005), 231-48; Ellingworth, The Epistle to the Hebrews, 429-31.
572) 앞에서 일부 밝혀졌지만 히브리서가 언급하는 "속죄소(단)"는 헬라어로 "죄가 용서받는 장소" 혹은 "우리의 죄가 용서 받다"는 뜻의 "ἱλαστηριον"을 사용하고 있다. 이를 '개역성경'은 롬 3:25에서 "화목제물"(a sacrifice of atonement)로 번역하였다. 그러므로 구약의 속죄소(단)를 나타내는 "כפרת"는 신약에서 "ἱλαστηριον"으로 사용하여 "화목제물" 혹은 "속죄소"로 혼용하고 있다.
573) 이는 형식적인 제사를 꾸짖는 일종의 변증법적 부인이다. 가끔씩 구약 성경에는 매우 엄격하게 보이는 제의비판구절들이 있다(시 40:6; 50:7-15; 51:16-17; 암 5:21-25; 사 1:10-17; 66:1-4; 렘 7:1-15, 21-22). 이 제의비판 구절들은 제의와 윤리간의 문제도 다룬다(미 6:8; 호 6:6). 이는 제의가 하나님과의 인격적인 관계라는 점을 강하게 의미한다. 성경의 제의비판 구절은 "헛된 제물"(meaningless offering, 사 1:13)을 가져오는 예배자들의 잘못을 지적하는 것이다. 비평학자들이 지적하는 것처럼 Skinner의 선지자 종교와 제사장 종교의 간격 주장(Skinner, Prophesy and Religion, Cambridge : Cambridge University Press, 1992, 182)이나, Pfeiffer의 제사의 가나안 유입설과 이에 대한 선지자들의 공격(Pfeiffer, Religion in the Old Testament, London: A & C. Black, 1961, 191)과 같은 제의 자체 비판은 아니다. 또한 연대차에서 오는 제의 제도에 대한 기록적인 모순을 비판하는 것도 아니다. 제의비판 구절은 일종의 '변증법적인 부인'으로 그것 자체를 완전히 부인 하는 것이 아니라 '내가 좋아하는 것은 이런 것이 아니라 저런 것'이라는 의미를 담고 있다.

는 그들은 더는 죄의식을 가지지 않을 것이다. 따라서 제사 드리는 일을 중단하지 않았겠느냐고 히브리서 기자는 질문한다.히10:3제사는 해마다 죄를 회상시키는 효력이 있지만, 황소와 염소의 피가 죄를 없애 줄 수는 없다. 그러므로 그리스도께서 세상에 오셨을 때에 하나님에게 이렇게 말씀하셨다. "제사와 예물을 원하지 않으셨다. 나를 위해서 어떤 한 몸a body을 마련하셨다"히10:5 574) 하나님께서는 불완전한 번제와 속죄제를 영원히 기뻐하실 수 없어서 그리스도의 몸이 제물이 되어야 하는 것이다. "하나님께서 제사와 예물과 전체로 번제함과 속죄제는 원치도 아니하고 기뻐하지도 아니하신 이유는 다 그림자인 율법을 따라 드리는 것 이였기 때문이다"히10:8 시편의 구절들40:6; 50:7~15; 51:16~17은 온전한 제사를 위해 왜 지금의 제사를 폐지하는지를 암시하거나 그 이유를 설명한다. 하나님께서 제사와 예물과 이제까지의 모든 번제물과 속죄제를 원하지도 기뻐하지도 않으신다. 원인은 이것들이 전부 그림자인 율법을 따라 행해진 것이기 때문이다. 율법은 장차 오는 좋은 일의 그림자이며 참 형상이 아니기 때문이었다.히10:1

그동안 구약 제사를 드리면서도 인간에게는 많은 문제가 있었지만, 시점상 가장 심각한 것은 진리를 아는 지식성령을 받은 후 짓는 의도적인 죄 문제이다. 우리에게는 이제 다시 속죄하는 제도적인 제사가 없다는 사실을 모르는 문제가 심각하게 제기되었다. 그래서 "우리가 진리를 아는 지식을 받은 후 짐짓 죄를 범한즉 다시 속죄하는 제사가 없고"라고 지적한다.히10:26 의도적인 죄의 결과를 어떻게 처리해야 하는지에 대해 제시하여 주는 것이다. 우리가 진리의 지식을 얻고 나서 일부러짐짓 죄를 지으면 그때에는 속죄를 위한 율법 제사가 남아 있지 않는다. 보혜사 곧 하나님께로부터 나오시는 진리의 성령이 오시면 그

---

574) 이 "몸"은 영원한 화목제물이 되신 예수 그리스도 자신의 육체를 가리킨다.

리스도를 증거 하실 것요15:26이기 때문에 진리의 성령이 우리 가운데 거하시는 시점에서는 속죄를 위한 별도의 제사가 없고 또 효력도 없게 된다. 이는 성령께서 진리 되시는 그리스도요14:17를 알게 하심으로 구약제사제도의 효력이 종결됨을 나타내는 것이다. 그래서 이 시점에서 그리스도의 속죄제사가 필연적으로 요청되는 것이다. "염소와 송아지의 피로 아니 하고 오직 자기 피로 영원한 속죄를 이루사 단번에 성소에 들어 가셨느니라"히9:12는 기록이 구약제사의 종결과 함께 그리스도의 속죄제사의 새로운 시작을 선언한다. 이로써 그리스도는 하늘의 장막으로 들어가는 길을 열어 놓으셨다는 선포가 이루어지는 것이다.[575]

레위기의 대속죄일에 대제사장이 지성소에 들어가야 이스라엘 백성의 죄를 사할 수 있었다. 그때 지성소에 송아지와 염소의 피를 들고 들어가 속죄소 위에 뿌린다. 나와서는 제단에 송아지와 염소의 피를 바르고 뿌린다. 이렇게 해야 속죄가 이루어진다. 그런데 이것은 매년 시행해야 한다. 이것이 레위기 제사의 약점이다.[576] 완전하고 최종적인 죄의 용서와 제거가 불충분한 것이다. 대제사장이 매년 지성소에 들어가야 하므로 속죄의 행위는 제한적이고 한계적이고 일시적이었다. 그러나 "그리스도이시며 살아계신 하나님의 아들"마16:16이신 예수께서 대제사장으로 오셔서 자신의 피로 한 번 만에 지성소에 들어가심으로 영원한 구속을 얻게 해 주셨다는 핵심적 사실을 히브리서는 밝힌다.

구약제사제도의 속죄는 일시적이지만 그리스도의 속죄는 '영원한

---

575) Cf. Ellingworth, *The Epistle to the Hebrews*, 451-453.
576) "One of the weaknesses of the levitical sacrificial system was that it could make no provision for full and final forgiveness of the sinner" Harrison, *Leviticus*, 176.

속죄' 라는 사실이 확정되었다. Goppelt는 구약에 나타난 피의 속죄사상은 제사의 중심원리이며 예수의 죽음에 대한 예표론적인 접근임을 상세하게 논하였다.[577] Morris는 그리스도의 죽음은 모든 구약의 제사에서 암시되었으나 성취할 수 없었던 것을 성취한 제사였다는 견해를 피력했다.[578] 이런 점에서 대제사장 아론과 예수님의 관계를 하나의 도표로 만든다면 다음처럼 비교될 것이다.

〈아론과 예수의 비교〉

아론	예수
대속죄일	무교절 둘째 날
지성소	십자가
피 뿌림	피 쏟음 [579]

위의 도표에서 보는 것처럼 지성소속죄소는 십자가와 같은 의미의 언어적 암시를 하고 있다. Mason은 "십자가의 달리셨던 그리스도는 지성소 안의 시은소와 같이 하나님의 긍휼이 사람들에게 나타나셨던 장소이다"라고 말한다.[580] 레위기제사에서 불완전한 제사장도 "속죄한즉"레4:20 죄가 사함을 받는데 하물며 영원하신 대제사장이 죄를 사할 때는 속죄의 완전성과 영원성이 획득될 것이다. 이것이 히브리서가 밝힌 속죄론의 핵심이자 선언이다. 구약제사를 통해 볼 때 속죄의 대행代行은 대제사장이 죄인인 나를 위해 죽어 줄 때 그의 직분상 가장 효과적인 제사가 됨을 충분히 유추해 볼 수 있다. 그러나 실제로 사람인 대제사장이 그렇게 죽을 수 없었다. 그리스도의 죽음 전까지는 동

---

577) Goppelt, *Typos*, 163-70.
578) Morris, *The Atonement*, 203.
579) 그러나 벧전 1:2에는 "예수의 피 뿌림"이라는 표현을 하고 있다.
580) T. W. Manson, 'ΙΛΑΣΤΗΡΙΝ', *JTS* 46 (1945), 4.

물이 대신 죽어줌으로[581] 일시적이고 한정적이고 반복적이지만 그때 죄가 사해졌다. 그러나 그것은 불완전 죄사함이었다. 그래서 영원하신 대제사장이 죽으심으로 '영원한 속죄'를 이룬 것이다. 이것이 구속(사)의 정점이다. 이러한 정점에는 그동안 본 논문에서 논의했던 속죄개념들이 구속개념들로 진전되고 있다.

2.3.2.5.2. 구속의 정점

2.3.2.5.2.1. 구속의 바탕으로서의 속죄개념들

2.3.2.5.2.1.1. 정결의식儀式

한 사람의 경우이지만 Hengel은 일평생 죄 사함의 은혜와 원리를 알기 위해 속죄연구에 관심을 가졌다.[582] 그만큼 속죄는 구속사에서 핵심적인 교리일 것이다. "속죄는 우리의 모든 죄에서 여호와 앞에 정결하게 되는 것이다"레16:30라는 말에서 속죄는 정결이라는 도식을 우선 만들 수 있다. 그래서 속죄에서 제사를 위한 '정결의식'이 먼저 수반되는 것이다.[583] 다시 말하면 하나님에게 나아오는 자는 반드시 피와 물로 정결의식을 치러야 한다는 것이다. 이는 요한복음 19:34의 그리스도의 십자가 수난과 연관성을 가진다고 볼 수 있다. 그리스도가

---

[581] 하나님을 위하여 질투하여 죄지은 사람을 죽임으로 이스라엘 자손을 속죄하였다(민 25:13). 이는 사람이 죽을 때는 따로 제사가 필요 없다는 것을 시사한다. 이것은 동물이 사람의 죽음을 대신한다는 하나의 증거이다. Wenham, *The Book of Leviticus*, 27.

[582] Martin Hengel,『신약 교리의 기원으로서의 속죄』(*The Atonement: The Origins of the Doctrine in the New Testament*, 1980). 저자는 이 책에서 신약학자 Joachim Jeremias를 추모하는 헌정사를 통해 Jeremias 필생의 핵심 연구 주제는 '속죄' (Sühne)신앙이었다고 회고했다.

[583] 정결의식에는 피와 물이 매체로 사용된다. 피와 물은 십자가에서 그리스도의 몸에서도 흘려 내렸다(요 19:34).

흘린 십자가 피는 속죄를, 옆구리에서 흘러내린 물은 정결함을 주는 새 생명을 뜻한다고 보는 것이다.[584]

2.3.2.5.2.1.2. 소유의식意識

그리고 속죄는 하나님께서 자신의 것을 도로 찾으시는 행위라는 유추가 생긴다. 시내산 언약의 첫 번째 약속은 이스라엘 백성에 대한 'סְגֻלָּה' 내 소유, my treasured possession, 출19:5라는 언급이다. 하나님의 이스라엘 백성을 구원하신 궁극적인 목적은 자기의 'סְגֻלָּה'로 삼으시는 것이다. 이 소유의 형태가 정리된 것이 창세기 17:7부터 나타나기 시작한, 언약양식 문구인 "나는 너희의 하나님이 되고 너희는 나의 백성이 되리라"렘7:23는 것이다. 제사제도는 시내산 언약에서 비롯되었음을 볼 때 특히 속죄제는 죄를 해결함으로 언약으로 맺은 자신의 소유물을 도로 찾으시는 하나님의 제도적인 은혜의 방편이라는 유추해석이 가능하다. 그러므로 속죄는 그리스도를 통해 하나님이 자기의 것을 도로 찾으시는 일종의 '소유의식'이라는 등식이 만들어진다.

2.3.2.5.2.1.3. 생명의식意識

또 한 가지는 레위기 14장의 문둥병 환자의 정결의식에서 '살아 있는 새'와 '흐르는 물' 그리고 '생명의 피'가 사용된다. 모두 다 생명적인 것이다. 문둥병 환자는 진 바깥에 있다가 속죄의식을 통해 진 안으로 들어온다. 이때 진 바깥이 죽음이라면 진 안은 생명을 나타낸다. '속죄'를 통해 죽음의 영역에서 생명의 영역으로 옮긴다는 사실을 알

---

584) Everett F. Harrison, *A Short Life of Christ* (Grand Rapids, Michigan: WM. B. Eerdmans Publishing Company, 1968), 226. 이런 측면에서 예수께서 행하신 세족식도 일종의 정결의식으로 보여진다(요 13:5).

게 된다. 이런 점에서 속죄는 그리스도를 통해 생명을 살리는 '생명의
식'이라고 할 수 있다. 이러한 '소유의식'과 '생명의식'들은 십자가
사건을 통해 더욱 구체화하였음을 확인할 수 있다.

2.3.2.5.2.2. 속죄의 결과로서의 구속개념들

2.3.2.5.2.2.1. 피의 실재화

십자가 사건의 핵심은 그리스도가 죽으실 때 흘리신 피다. 그리스도
의 피는 죄를 씻고 인간을 정결케 하는 능력을 갖췄기 때문에 죽음에
처한 생명을 살릴 수 있다. "예수의 피가 우리를 모든 죄에서 깨끗하
게 하실 것"이라고 했다.요일1:7 생명의 근원 되시는 예수 그리스도의
피는 피조 된 모든 사람을 정결케 한다.딛2:14; 히9:14 성경의 역사를 보면
구약시대의 피는 제사에서 그 의미를 결정화하였다. 피의 제사가 사
람의 죄를 정결케 하였다. 그 후로 하나님께 바쳐지는 모든 피는 정결
케 하는 모형적 상징이거나 한시적 효력을 지녔다. 인간의 몸을 입고
오신 하나님의 임재가 예수 그리스도의 성육신으로 가시화[585]되면서
그리스도의 피는 구속을 실재화하였다.[586]

2.3.2.5.2.2.2. '십자가 제사'

이스라엘 백성이 애굽 땅에서 처음 맞이했던 유월절[587]의 핵심은

---

585) "말씀이 육신이 되어 우리 가운데 거하시매(장막을 치시매) 우리가 그 영광을 보니 아버
지의 독생자의 영광이요"(요 1:14)라는 이 기록은 성막에 대한 구약성경의 묘사를 연상시
킨다. 그리스도의 몸과 성막 사이에 "거하시는"라는 하나님의 임재표현이 시간과 장소와
상황을 일치화시켰다.
586) 바울의 글에 의하면 그리스도인은 모두 걸어 다니는 성소, 즉 하나님의 임재로 인해 그를
영화롭게 하는 성령의 전(고전 6:19-20)으로 확대된다.
587) 유월절은 할례 받은 자만 참여할 수 있다(출 12:48).

재앙의 표적을 비켜가는 것이었다. 애굽 땅을 심판하던 그날 밤에 "내가 그 피를 볼 때에 너희를 넘어가리니 재앙이 너희에게 내려 멸하지 아니하리라"출12:13b고 했다. 죽음의 재앙이 흠 없고 일 년 된 수컷 어린 양(혹은 염소)의 피 때문에 지나갔다.588) 분명히 이때 사용된 어린 양의 피는 초태생의 죽음을 예방하는 데 중요한 역할을 했다. 어린 양의 피가 없었다면 그들은 사망했을 것이다. 'חסֶפֶ'(πάρεσιν, passing by)라는 간과看過가 유월절 사건의 구출구속, 방어이 되었다. 그리고 이때 흠 없는 제물이 되기 위해 유월절 양의 뼈를 꺾지 말라는 규정출12:46; 시34:20은 십자가에서도 지켜졌다.요19:36 589) 유월절 양590)의 피가 사람들의 죄를 속하고 문에 뿌려짐으로 그 안에 있는 사람들을 정결케 하였을 것이다.591) 구속사의 핵심은 십자가의 피다. 구속사에서 대표적인 모형과 상징은 출애굽 사건이다.592) 출애굽 사건은 구속사적 측면에서 유월절의 양으로 해석되는 예수님을 가리키며, 이분은 곧 "이스라엘을 구속할 자"눅24:21인 것이다. 출애굽의 구속구원사상은 출애굽기 6:6~7에서 처음 나타났다가593) 출애굽기 13:14~16에서 회상594)되는

---

588) 히브리어 "שֶׂה"는 어린 양이나 어린 염소를 의미한다. 사람의 남성처럼 동물도 수컷이 의식적으로 더 깨끗하다. 어린 동물이 또한 그 희생의 정결함이 보장되었을 것이다. Alexander, "The Passover Sacrifice", 7.
589) 유월절 양의 뼈를 꺾지 말라는 예언의 성취는 그리스도의 육체의 부활을 약속한 것이라고 해석한다. C. H. Dodd, *Historical Tradition in the Fourth Gospel* (New York: Scribners, 1963), 131.
590) "유월절 양 곧 그리스도"에서 "유월절 양"을 *NIV*는 "우리들의 유월절 양"(our Passover lamb)이라고 번역한다(고전 5:7).
591) 이런 측면에서 바울은 구속을 예수의 피로 인한 죄의 간과(πάρεσιν)로 보고 있다(롬 3:25).
592) 변화산에서 모세와 엘리아가 나타나서 장차 예수께서 별세하실 것을 말하였다(눅 9:31). 여기에 나타난 "별세"가 "ἔξοδος"다. 즉, "떠남"과 "죽음"의 의미를 담고 있다.
593) "그러므로 이스라엘 자손에게 말하기를 나는 여호와라 내가 애굽 사람의 무거운 짐 밑에서 너희를 빼어 내며 그 고역에서 너희를 건지며 편 팔과 큰 재앙으로 너희를 구속하여 너희로 내 백성을 삼고 나는 너희 하나님이 되리니 나는 애굽 사람의 무거운 짐 밑에서 너희를 빼어낸 너희 하나님 씨호와인 줄 너희가 알지라" (출 6:6-7).
594) "장래에 네 아들이 네게 묻기를 이것이 어쩜이냐 하거든 너는 그에게 이르기를 여호와께

데 그 이유는 야훼께서 이 일을 행하셨음을 밝히기 위함이다. 이 유월절에 대한 가장 상세한 묘사는 출애굽기 12:1~13:16에 기록되었는데 특히 12:25의 '예식', 12:27의 '제사' 와 '구원' 과 '경배' 라는 단어가 사용되었다. 이것은 유월절이 제사라는 사실과 이 제사 안에 구원이 있으며, 이 구원으로 말미암아 이스라엘 백성이 하나님을 경배하는 예배가 있음을 보여주고 있다. 유월절 제사가 종국적으로 십자가 제사라고 말할 때 여기에는 어린양의 피 흘림 인한 죄의 간과가 그 핵심에 있다. 다시 살펴본다면 유월절은 제사다.출12:27 유월절 행사는 야훼의 절기출12:14a로서 영원한 규례로 지키라고 하셨다.출12:14b 유월절은 야훼께서 애굽 사람을 치실 때에 애굽에 있는 이스라엘 자손의 집을 넘어감으로 이스라엘 백성의 집을 구원하신 사건이다.출12:27 595) 유월절 사건으로 이스라엘 백성은 생축 가운데 초태생의 수컷은 다 야훼

서 그 손의 권능으로 우리를 애굽에서 곧 종이 되었던 집에서 인도하여 내실새 그때에 바로가 강퍅하여 우리를 보내지 아니하매 여호와께서 애굽 나라 가운데 처음 낳은 것을 사람의 장자로부터 생축의 처음 낳은 것까지 다 죽이신 고로 초태생의 수컷은 다 여호와께 희생으로 드리고 우리 장자는 다 대속하나니 이것으로 네 손의 기호와 네 미간의 표를 삼으라 여호와께서 그 손의 권능으로 우리를 애굽에서 인도하여 내셨음이니라 할지니라" (출 13:14-16)
595) 구약에서 유월절을 다루는 역사적 본문은 다음과 같다. 출 12; 민 9:4-6; 수 5:10-12; 왕상 9:25; 대하 8:12-13; 대하 30; 왕하 21-23; 대하 35:1-19; 스 6:19-22; 겔 45:21-24. 특히 유월절은 역사적으로 지키는 자와 그렇지 못한 자의 정반대의 상호관계를 나타내었다. 출애굽에서는 죽음과 생명, 그리고 노예생활과 자유, 가나안에서는 부족함과 풍부, 시내산에서는 율법수여 이전과 이후, 히스기야와 요시아 시대에는 임시성소와 영구한 성소, 그리고 다신숭배와 유일신 숭배, 포로후기에는 포로기와 귀환이라는 상이적인 조건이 그것이다. Tamara Prosic, "Passover in Biblical Narratives", *JSOP* 82(1999), 45, 51; 특히 역대하 30장의 유월절 기사는 좀 색다르다. 히스기야 왕은 개혁의 일환으로 2월에 유월절을 지켰다(대하 30장). 원래 유월절은 1월 아빕월에 지키도록 명령되었다(출 12:1-13:16). 그런데 왜 히스기야는 2월에 유월절을 지켰으며, 취지가 좋으면 명령을 어겨도 그 정당성이 허용되는가하는 물음이 제기된다. 관련 본문의 설명에 의하면 그 당시 유월절을 지키려고 하니까 제사장이 부족하였고, 오랫동안 유월절을 지키지 못하였기 때문에 명(命)을 반포하여 브엘세바에서부터 단에까지 북남의 백성을 예루살렘에 모이도록 하기에는 시간이 촉박하였기 때문에 부득불 2월이 되어서야 유월절을 지킬 수 있었다는 것이다. 그러나 쉽게 납득이 가지 않는 것은 그러면 왜 미리 서둘지 않았는가 하는 것이다. 이 점에 대해 추측해 볼 수 있는 가능성은 유다 왕국은 2월에 유월절을 지키더라도 북쪽 주민들을 초대해서 원래 규정된 1월에 유월절을 지키도록 했을 것이라는 것이다. Talmon은 유다 달력의 둘째 달 제 14일이 이스라엘

께 희생 제사를 드림으로 장자를 대속하였다.출13:15 유월절의 식사는 초태생의 구속을 기념함으로써 먹는 사람을 거룩하게 하였다. 유월절로 말미암아 이스라엘 백성은 거룩하게 구별되었다.출13:2 596) 이때부터 모든 제사제도는 대속에 대한 감사 희생레7:13과 대속을 상징하는 제물의 피가 속죄 희생레4:25의 근간이 되었다. 특별히 유월절 제사의 공동 식사는 'שְׁלָמִים'의 근거가 된다. 이유는 출애굽기 12:5~10까지의 유월절 제사와 레위기 3:1~17; 7:11~18 597)의 화목제 규례598)가 유사

달력의 첫째 달력 14일과 동일하다는 것을 발견하였다. 이 두 달력이 한 달씩 차이가 나는 것은 여로보암 1세가 시작한 것으로 말했다. S. Talmon, "Divergence in Calendar-Reckoning in Ephraim and Judah" VT, VIII, (1958), 61; 張一善,『歷代記史家의 神學』- 歷代記書 硏究, (서울: 韓國神學硏究所 出版部, 1981), 208-209. 이 사건과 관련하여 나라의 전체적인 회복을 위해 북왕국 사람들을 포용하려고 유월절 절기의 법규의 문자적인 고수를 철회한 히스기야의 행동과 사죄에 대해 하나님은 "히스기야의 기도를 들으시고 백성을 고치셨더라"고 유월절 절기를 지키려는 동기에 대해 긍정적인 반응을 보이셨다.

596) 유월절 의의에 대하여 von Rad는 Rost의 말을 인용(L. Rost, ZDPV, (1943), 205 ff.)하여 유월절은 아마 오랜 모세 전에 소 가축을 치던 유목민들이 불행을 막고 가축을 악마의 영향에서 보호하려는 의도에서 피의 의식을 행한 것이었다고 주장한다. 그 뒤 출애굽기 12장과 신명기 16장에 나타난 유월절 기사를 구원사적으로 해석하게 된 것은 이 의식에서 야훼 구원의 역사행위의 현재화를 보았기 때문으로 설명한다. von Rad,『舊約聖書神學』(THEOLGIE DES ALTEN TESTAMENT BAND 1, 허역 옮김, 경북: 분도출판사, 2002), 256-57. 본인은 이러한 유월절 사건에 대한 전승사적인 해석은 마치 출애굽사건의 역사성을 부인 것과 같은 맥락임으로 객관적인 근거를 획득하기는 어렵다고 생각한다. 학자들의 견해는 무시하지 않으나 하나님 말씀의 권위는 완전하다는 것을 지지할 때 전승사 비평은 성경에 나타난 역사적 사건과 하나님의 계시를 정당하게 다루지 않기 때문에 기본적으로 성경주석의 방법으로 사용하는데 적합하지 않다는 입장(신득일, "전승사 비평에 대한 평가",『고신신학』5, (부산: 고신신학회, 2003), 199-223)에 동의한다.

597) 이 본문에 의하면 화목제는 세 가지의 동기로 인해 시행되고 있다. 첫째는 "감사"(תּוֹדָה, thanksgiving, 레 7:12. Kiuchi는 히브리어 תּוֹדָה가 죄를 고백하는 "confessional"의 뜻이 있음을 지적한다. 수 7:19; 스 10:11), 둘째는 "서원"(נֶדֶר, vow, 레 7:16. 역시 Kiuchi는 이 '서원'함이 '자원'함과 어떻게 그 의미가 연결될 수 있는지를 고민하면서 서원은 조건적(conditional self-dedication)이고, 자원은 비조건적(unconditional self-dedication)인 것으로 구별한다), 셋째는 "자원"(נְדָבָה, voluntariness, freewill, 레 7:16)이다. 이에 비해 레위기 3장에 기술된 화목제는 의식의 규례만을 언급하고 있다. 특별히 레위기 3장에서 강조점은 "야훼 앞"(1,3,12)과 "야훼께"(3,5,6,9,11,14,16)라는 문구인데 이는 헌제자의 심적인 태도와 자세를 나타내는 것으로 레위기 17:4-5에 나타난 "들에서 잡던 희생"(우상숭배)과 관련이 있기 때문이다. Kiuchi, "Spirituality in Offerring a Peace Offering", Tyn.B, 50, no1 (1999), 23, 25-27.

598) 참고. 레 19:5-8.

하기 때문이다. 비교하면 이렇다.

〈유월절 제사와 화목제 규례의 유사성〉

유월절(출 12:5~10)	화목제(레 3:1~17)
흠 없고 일 년 된 수컷 어린양	흠 없는 소, 양, 염소
염소	암컷이나 수컷
피[599]를 설주와 인방에 바름[600]	피를 제단에 뿌림[601]
고기를 불에 구워 먹음	불살라 바침
머리, 정강이, 내장 불에 구워 먹음	내장, 콩팥기름 등 사름
아침까지 고기 남기지 말 것[602]	그날에 먹음(레 7:15)[603]
남은 고기는 불에 태움	3일 내에는 태움(레 7:17)

또한, 유월절 제사의 '제사' 라는 'זֶבַח'와 화목제 희생의 '희생' 이라는 단어가 동일하다. 즉 'זֶבַח־פֶּסַח' 유월절 제바흐, 출12:27와 'זֶבַח שְׁלָמִים' 화목제 제바흐, 레3:1로 부르는 것이다. 레위기 1~7장까지 나타난 다른 번제나 소제나 속죄제나 속건제는 '희생' 을 뜻하는 이 'זֶבַח'를 사용하지 않는다. 화목제에만 '화목제 희생(제바흐)' 이라는 두 단어를 함께 사용함으로써 유월절 제사의 공동 식사를 재연하고 하고 있음을 나타낸다.[604] 그래서 이스라엘 백성이 야훼께 드리는 제사의 시초는 유월절

---

599) 피는 역설적으로 이스라엘인에게는 생명이지만 애굽인에게는 죽음을 상징한다. Dianne Bergant, "An Anthropological Approach to Biblical Interpretation: The Passover Supper in Exodus 12:1-20 as a Case Study", *Semeia*, no 67 (1994), 54.
600) 피를 설주와 인방에 바르되 다른 정화제사처럼(예를 들면 레 14:7,14,25) 사람에게 하지 바르지 않는 것은 초태생 뿐만 아니라 아직 태어나지 않은 각 가족의 초태생까지 확대하여 취한 보호조치임을 주장한다. Bergant, "An Anthropological Approach to Biblical Interpretation", 52.
601) 화목제에서 피를 뿌리는 것은 제사자의 일반적인 죄를 제거하여 하나님께 나아갈 수 있는 자격을 갖기 위해서다(참조. 출 19:12; 20:19). Kiuchi, "Spirituality in Offering a Peace Offering", 27-28.
602) 참고. 출 16:19.
603) Kiuchi는 화목제의 주된 본문은 희생의 고기를 먹는 것(레 7:15)이라고 밝혔다. Kiuchi, "Spirituality in Offering a Peace Offering", 25(각주 4번).
604) 하나님 앞에서의 식사는 광야의 만나처럼 인간은 하나님(말씀)에 의해 살아감을 뜻한다 (참고. 신 8:3). Kiuchi, "Spirituality in Offering a Peace Offering", 27.

출12:27이며, 유월절의 제사는 화목제와 동질성을 갖고 있다. 그러므로 구약의 모든 제사는 유월절의 어린양을 기념하기 위한 화목제가 바탕을 이루고 있음을 볼 수 있다.[605] 이 화목의 제물을 통해 인간은 하나님과의 조화로운 관계를 맺는다.출24:9~11 [606] 이런 점에서 화목제를 제사의 완성제completion offering라고 부르기도 한다.[607] 이처럼 화목제가 화목제물이 되신 유월절 어린양을 기념하는 '십자가의 제사'라면 출애굽은 이제 '새 출애굽'을 통해 하나님과의 영원한 화목을 내다보게 된다.

2.3.2.5.2.2.3. '새 출애굽'

구약 제사의 불충분성은 실제로 예수 그리스도의 희생제사에서 극복되었다.히7:27 대속의 제물이 된 어린양[608]은 예수 그리스도를 지칭요1:29하며 유월절에 사용하던 양이었다.고전5:7 그 양을 잡아먹을 집 문에 양의 피를 발랐다. 그 피 바름이 이스라엘 사람이 사는 집의 표적이 되어 그날 밤 죽음의 재앙에서 그들이 구원받았다. 예수님의 죽음은 곧 '많은 사람의 대속물' λύτρον ἀντί πολλων, a ransom for many, 막10:45이 되었다.[609] 유월절 제사의 두 가지 특징은 양의 피를 바르고 양을 먹는 것이다. 예수님께서 가졌던 마지막 유월절(πάσχα) 식사에서 제자들

---

605) Cf. Modeus Martin, *Sacrifice and Symbol: Biblical* שלמים *in a Ritual Perspective*, ConBOT, 52 (Stockholm: Almqvist & Wiksell International, 2005); Revew, P. P. Jenson, *JOST*, 30, no 5 Je. (2006), 46.
606) Jenson, "The Levitical Sacrifice System", 31.
607) R. Rendtorff, *Studien zur Geschichte des Opfer im alten Israel*, WMANT 24 (Neukirchen-Vluyn: Neukirchener Verlag, 1967), 133.
608) "생축"도 하나님을 섬기는 제물로서 함께 출애굽하였다(출 10:24-26).
609) 그리스도의 죽음은 대리적(vicarious, substitution) 측면(막 10:45; 사 53장; 고후 5:21)과 대표적(representative) 측면(고후 5:14; 요1 2:1)이 있다. 대속물은 대리적 측면이다. 즉 '인간은 죽어야 한다 그리스도께서 죽으셨다. 인간은 더 이상 죽지 않는다'라는 도식이다. 원래 "대속물"이라는 단어는 전쟁포로나 노예를 석방시키기 위하여 지불된 돈에 대해 사용하는 전문용어이다. 이 대속의 제물로 인해 제의적 정결함이 그리스도 안에서 이루어진 것

에게 자신의 몸인 떡과 피인 포도주를 마시게 했다.마26:26~28 화목을 상징한 것이었다. 이 화목은 하나님 자신의 사역으로 그 주도권이 하나님에게 있었다.610) 예수 그리스도는 이런 신적 주도권에 의해 화목 제물이 되심을 신약 기자들은 증거한다.요일2:2; 롬3:25 화목의 목적은 하나님과 원수 된 것을 소멸하기 위한 것이다.엡2:16b 하나님과의 원수는 육신의 생각롬8:7과 세상과 벗된 것약4:4이다. 육신의 생각과 세상과 벗된 것은 애굽의 생활이다. 애굽의 종노릇이 아니라 죄와 죽음의 종노릇을 나타낸다. '애굽에서' 라는 표현은 구약에서 약 135번 출애굽을 가리키는 데 사용되었다. 애굽은 영적으로 소돔이라고도 한다.계10:8 소돔은 죄악이 심히 무거운 성城이다.창18:20 애굽은 예수께서 십자가에 못 박히신 곳이다.계11:8 애굽에서 가졌던 첫 유월절 제사의 어린 양은 곧 십자가의 예수다. 예수의 애굽으로의 피난 기록은 호세아 11:1의 예언을 성취한 것이다.611) 예수를 애굽에서 불러내심으로써 출애굽 사건의 완성을 이루었다. 구속사에서 구원의 모형은 출애굽이며, 속죄의 모형은 유월절 제사의 어린양이다. 그래서 예수님의 십자가 사건이 제의적 언약에서 '새 언약' 눅22:20; 고전11:25이 된 것처럼 '새 유월절' 612)이 되었으며, 부활로 말미암아 '새 출애굽' new exodus이 되었다.613) '새 출애굽' 의 목적지는 하나님의 안식이다.

이다. 제의적 정결함을 다루는 레위기 율법에 대한 예수님의 태도에 대해서는 다음의 글을 참고하라. Alan Watson, "Leviticus in Mark: Jesus' Attitude to the Law", *Reading Leviticus* (Sheffield: Sheffield Academic Press, 1996), 263-71.
610) "하나님이 우리를 사랑하사 우리 죄를 위하여 화목제로 그 아들을 보내셨음이니라"(요1 4:10b).
611) "애굽에서 내 아들을 불렀다함을 이루려 하심이니라"(마 2:15b).
612) "새 유월절" 제사는 성찬식(Holy Communion)으로 상징된다(마 26: 26-28). 성찬식은 그리스도 사역의 완성을 기념하여(in remembrance) 지킨다.
613) Cf. Joel B. Green, *Salvation* (St. Louis, Missouri: Chalice Press, 2003), 110-11.

2.3.2.5.2.2.4. 하나님의 안식

구원의 모형이 되는 출애굽의 목적은 가나안 땅에 들어가서 안식일을 지키는 것이었다.신5:15 614) 구속의 궁극적인 목표(완성)도 안식을 누리는 데 있다. 속죄의 결과가 구원의 축복이라면 축복의 근원은 안식에 있다. 안식은 창조-타락-구속 과정의 종결적이며, 완전한 회복의 상태에 이름을 의미한다. 구속개념을 통해 살펴보았듯이 속죄의 모형은 유월절이며, 이 유월절 어린양의 피 흘림에 대한 의미는 대속죄일의 의식 속에서 상징화되었다. 속죄일이 있는 이유는 야훼 앞에서의 속죄를 위한 것이었고, 이 속죄일은 야훼의 절기가 된다.레23:27,44 즉 속죄의 큰 날인 속죄일23:27이 안식일23:32이 되었다. 그래서 모든 하나님나라의 축제를 상징하는 절기의 기본구조는 야훼의 안식에서 비롯되어 야훼의 안식으로 귀착된다. 도표로 정리하면 다음과 같다.

〈구원과 안식의 관계〉

죄 →	속죄제 →	대속죄일(절기) ⇒	안식일(절기) →	안식
		구원 ⇒	안식	

이처럼 속죄를 통한 구원이 지향하는 최종적 단계는 하나님의 안식에 있다. "이미 믿는 우리들은 저 안식에 들어갔도다"히4:3라는 표현이 하나님이 주체가 되시는 안식의 의미를 집약한다.615) 이렇게 구약의 제사와 정결의식과 제도의 속죄개념은 그리스도의 구속개념을 통해 종국에는 안식 자체가 되시는 하나님의 주체적 개념으로 넘어간다.

---

614) 신 5:15는 십계명의 4번째인 안식일 준수의 목적을 출애굽을 기념하여 지키는 것으로 밝혔으며, 출 20:11에는 십계명의 4째 계명인 안식일 준수의 이유를 창조교리에 역점을 두었다. Dumbrell은 이 점에 대해 안식일이 6일간 이루어진 창조의 완성이며, 출애굽의 목적도 궁극적으로 안식에 있음으로 상호교차적인 목적이 있음을 주장한다. Dumbrell, 『언약신약과 종말론』(*The Search for Order: Biblical Eschatology In Focus*, 장세훈역, 서울: 기독교문서서교회, 2000), 53-66.
615) Ellingworth, *The Epistle to the Hebrews*, 224-47; 한정건, "창조에서의 안식의 의미"『개혁신학과 교회』6호 (고신대학교 신학대학원, 1996), 27-66.

3. 결론

　구약제사제도에서 시작된 속죄제는 십자가 제사로 끝마쳤다. 정결의식과 대속죄일을 통해, 그리고 희년과 도피성을 통해서 속죄와 구속의 개념을 살펴보았다. 속죄제 이전에 있었던 유월절 제사도 십자가 제사로 완성되었다. 이 제사의 완성은 곧 그리스도 사역의 완성이기 때문에 요한은 "그 아들 예수의 피가 우리를 모든 죄에서 깨끗하게 하실 것"요일1:7이라고 죄의 완전한 소멸을 지적했다. 이 십자가는 하나님과 원수 된 모든 죄를 소멸하였다.엡2:16 죄가 소멸 되는 것이 속죄다. 속죄는 우리를 야훼 앞에서 정결하게 한다.레16:30 모든 속죄의식에는 일정한 정결의식이 수반된다. 하나님에게 나아오는 자는 반드시 피와 물로 정결의식을 치러야 하는데,616) 그 결과가 정화의 상태다. 히브리서 기자는 "자기를 하나님께 드린 그리스도의 피가 어찌 너희 양심으로 죽은 행실에서 깨끗하게 하지 않겠느냐"히9:14고 그리스도가 흘린

---

616) 이러한 모습은 요한복음 19:34의 십자가의 사건에 앞서 가진 유월절 절기를 지키는 상황과도 연관을 가진다. 예수님께서 제자들의 발을 씻긴 세족식은 일종의 물에 의한 정결의식의 연장선상에 있다고 볼 수 있다(요 13:5).

피의 능력을 강조하였다.

예수님의 육신은 하나의 '속죄제' 롬8:3였다는 사실은 제사와 십자가 사이의 구속사 고리를 연결해주는 주된 개념이다. 죄는 하나님과의 영원한 교제를 방해하였다.창3:8 그 죄는 하나님께 충격이 되었다.창 6:5~7 죄가 증가함으로 속죄의 필요성도 함께 증가하였다. 그 해결책이 하나님이 자신의 아들을 속죄제로 내어주어 공의와 사랑을 동시에 실행한 구속사건이다. 십자가의 속죄제사는 구속사의 개념이면서 효력을 발생하는 실재이다. 구약의 상징적인 동물의 속죄가 지나고 실제적인 주님의 속죄가 이루어졌다. 속죄에 항상 피가 필요한 것은 피가 생명(הַדָּם הוּא הַנֶּפֶשׁ, blood is the life)이기 때문이다.신12:23 그래서 생명인 피를 먹지 못하도록 금하였다.[617] 피 안에 생명이 있고 생명 안에 피가 있음(דָּם is in the נֶפֶשׁ and that נֶפֶשׁ is in the דָּם)[618]으로 피가 생명을 살린다.레17:11 즉 피는 생명을 살린다는 측면에서 생명과 죽음이라는 이중개념을 갖는다. 피에 의해 죽음이 생명으로 바뀌는 것이 속죄의 의미이다. 그리스도의 죽음은 속죄를 위한 하나의 제사였다[619]는 설명이 이를 뒷받침한다. 성경은 "우리가 그의 피로 말미암아 구속 곧 죄사함을 받았다"엡1:7고 정의한다. 인간이 죄를 지음으로 "정녕 죽으리라"창2:17라는 선고의 결과가 죗값인 사망이다.롬6:23 이 사망의 값을 면제해 준 것이 그리스도의 속죄이다. 이 속죄는 시내산 언약이 맺

---

617) 레 3:17; 7:26-27; 17:10,12,14; 신 12:16,23-24; Cf. Milgrom, "Critical Notes-The Modus Operandi of the Hatta't: A Rejonder", *JBL* 109/1 (1990), 111.
618) "נֶפֶשׁ"는 사람과 동물의 생명에 해당한다(창 9:4-5). 그러므로 속죄제사에 드려지는 짐승의 "נֶפֶשׁ"가 사람의 "נֶפֶשׁ"를 대신 살릴 수 있다. 그리고 이 "נֶפֶשׁ"에 대한 개념이해를 위해서는 다음의 책을 참고하라. Hans Walter Wolff, 『舊約聖書의 人間學』(*Anthropologie des Alten Testaments*, Chr. Kaiser Verlag, München, 문희석 옮김, 분도출판사, 1976〔1973〕), 28-56; N. Zohar, "Repentance and Purification: The Significance and Semantics of Hattat in the Pentateuch", 613, 617.
619) 히 9:26 ("do away with sin by the sacrifice of himself"); Wenham, *The Book of Leviticus*, 28.

어진 후 제사제도를 통해 열리게 되었다.출29:36 620) 이런 측면에서 구약의 '속죄제'를 '정화제'로만 부르는 것은 이런 구속사의 긴장되고 본질적인 일차적 의미를 제한하거나 축소하는 느낌이 있다.

'속죄'는 결과적으로 하나님과 화목propitiation하게 한다. 롬5:10; 고후5:18~20; 골1:20 화목의 실행적 의미는 우리의 모든 죄가 그리스도에게 전가 되고, 그리스도께서 우리를 위하여 죄로 삼으신 바 되셨기 때문에 하나님께서 우리의 모든 죄를 우리에게 돌리지 않음으로써 실현되는 조화로운 관계를 말한다. 고후5:18,21 621) 그렇게 됨으로 하나님의 진노를 진정시키고롬5:9 그리스도의 죽음을 통해 하나님의 분노로부터 죄인을 구속하는 결과를 가져온다. 622) 그리고 화목에 대한 실체적 의미는 죄가 제사의 어떤 효능으로 제거되는 것이 아니라 간절히 용서하고 싶어 하시는 하나님 자비에서 비롯된다는 חֶסֶד 헤세드다. 이 חֶסֶד로 인해 속죄는 화목의 단계를 거쳐 하나님께 되돌아오는 것이다. 이는 속죄의 주체를 이해하는데 직접적인 개념이 된다. 이것은 죗값을 보상하기 위해 그리스도의 고난과 죽음은 죄의 값을 지불하는 '속건제물' 사53:10 623)이며, 야훼께서 이를 열납하심으로써 그리스도가 '화목제물'이 되셨다는 사실에서 확인된다. 요일2:2; 롬3:25 624) 이 같은 속죄와 화목의 연결점은 화목제에서 그 고리를 발견한다.

---

620) 출 29:36의 "속죄하기 위하여 속죄제를 드리며"라는 말은 속죄제가 속죄를 하기 위한 것이라는 최초의 표현이다. 이 시점은 시내산 언약이후 성막에 관한 규례들이 주어지는 가운데 나타난다.
621) Turrettin, 『개혁주의 속죄론』, 67.
622) Jacqueline DE ROO, "Was the Goat for Azazel Destined for the Wrath of God", 240.
623) 속건제는 그리스도의 죽음으로 인해 구속하셨다는 대속을 상징한다. 우리가 알지 못하고 지은 죄까지 대속한다(레 5:15,17). 그리스도는 속건제물이 되어 완전한 배상을 해주셨다(사 53:10-12).
624) "ίλασμός"는 '속죄를 통한 화목'의 뜻에 가깝고 "καταλλαγή" '하나님의 섭리에 의한 화목'의 뜻에 가깝다(고후 5:18-20, 롬 5:11,15) '개역성경'은 롬 3:25에서 하나님이 이 화목제물을 통해 우리의 죄를 "간과"하셨다고 번역하였다. 일반적으로 죄를 용서한다는

속죄제는 화목제의 방법에 따라 드리도록 지시되었다. 또 속죄제의 피 뿌림도 화목제의 피 뿌림출24:6~8; 레7:14에서 비롯되었다. 레위기 4장의 속죄제 규례 앞에 3장에서 화목제를 먼저 다루고, 4장의 속죄제 절차를 다루면서 "화목제 희생의 소에게서 취함같이 할 것이요"레4:10라고 말함으로 속죄제는 화목제의 유형 속에 들어 있음을 시사했다.[625] 유월절 양의 피가 속죄를 나타내는 속죄제라면 그 고기를 먹는 것은 화목제이다. 속죄는 죄를 없애는 것이고 죄를 없애는 목적은 화목을 위해서라고 할 때 속죄제는 화목제가 지니는 목적에 예속된다. 화목제는 속죄제보다 시내산 언약에서 먼저 시행되었다.출24:5 화목제는 제사제도가 들어 있는 성막의 규례출25~31; 35~40장가 주어지기 전에 이스라엘 백성이 드렸던 제사였다. 이 제사는 시내산 언약을 맺은 후출19장 언약 비준식을 가질 때출24장 번제와 함께 드렸다. 이때 제물의 피를 제단과 사람에게 뿌리면서 '언약의 피'를 세웠다.출24:6~8 그리고 그들은 하나님을 보고 먹고 마셨다.출24:11 장로 칠십 인이 하나님을 보면서 먹고 마셨다는 사실은 매우 독특한 광경이다. 이는 후기 구약성경 이사야 25:6~8의 종말론적 잔치 광경을 예시하며, 앞으로 이루어질 어린 양의 혼인잔치계19:7~9와도 연결된다.[626] 'שְׁלָמִים' 화목제의 특징은 하나님과 인간, 인간과 인간과의 공동식사로 상징되는 'שָׁלוֹם' 평화의 모습이다. 특히 거룩한 삶의 규례를 다루는 레위기 19장에서 화목제만 언

"ἄφεσις"(골 1:14; 엡 1:7) 대신에 "간과"를 뜻하는 헬라어 "πάρεσις"를 사용하였다. NASB, NKJV, 그리고 NRSV도 이 "πάρεσις"를 "passs over"로 번역하였다. 이는 화목의 의미를 담고 있는 속죄가 "간과"의 뜻이 주요하게 자리 잡고 있음을 알 수 있다. Cf. Terry Briley, "The Old Testament "Sin Offering" and Christ's Atonement", SCJ 3 (Spring, 2000), 91; 특히 롬 3:21-26의 내용은 대속죄일의 바탕으로 쓰여 진 바울의 '십자가 화목사상'으로 주장된다. Gregory J. Polan, "The Rituals of Leviticus 16 and 23", BT 36 (1998), 9.
625) Noth도 그의 레위기 주석에서 유형상으로 보아서 "속죄제"는 거듭해서 관련되고 있는 "화목제 희생"의 범주에 속한다(레 4:10,26,31,35)고 밝혔다. Leviticus, 37.
626) Noth, Leviticus, 94.

급되었다. '십계명의 재해석'이라고 말할 수 있는 레위기 19장에서 이렇게 화목제만 제시된 것은 속죄의 목적을 이해하는데 주목할 만하다.5~8 레위기 19장은 하나님과의 화목경외과 인간과의 화목사랑이 강조되고 있다. 여기서 화목제를 부각시키는 것은 구약의 5대 제사는 모두 속죄사상을 담고 있지만, 궁극적인 목적은 하나님과 인간의 화목인 상호친교에 있다는 점을 집약하는 한 증거가 될 것이다.627) 이것은 예수님이 강조하신 율법의 최고봉인 하나님에 대한 사랑과 이웃에 대한 사랑의 두 계명과도 같은 평형을 이룬다.마22:37~40 즉 거룩한 하나님을 본받아imitatio Dei, 레11:44~45; 19:2; 20:7,26 사는 삶이 가장 소중한 가치임을 제시한 것이다.

우리는 구약제사제도에서 얻어지는 제의적 핵심 이해를 기독론628) 이해로 응축해서 말해야 한다. 왜냐하면, 제사제도의 곳곳에서 그리스도 사역의 모형과 상징을 보기 때문이다. Gese는 "신약은 그리스도의 죽음에 대해 다양하게 말하고 있으며 속죄는 우리의 죄와 온 인류의 죄를 위한 우주적인 화해를 이루는데, 의롭게 되는 칭의 교리는 바로 속죄 교리에서 비롯된다"고 표현하였다.629) 속죄교리는 그리스도의 사역에서 그의 죽음, 곧 피 흘림으로 인해 죄를 사하며, 죄 사함을 통해 잃었던 생명을 찾는 것으로 요약된다.630) 구약제사제도의 대표

---

627) Vriezen은 하나님과 인간사이의 교제로서 계시, 제사, 경건이 있는데 특히 제사는 속죄를 통한 하나님의 교제가 있음을 강조한다. An outline of Old Testament theology, 280.
628) 기독론의 제사장직에서는 속죄의 원인과 필요성, 속죄의 성질, 속죄의 이론들, 속죄의 목적과 범위, 중보사역으로 세분된다. 기독론은 그리스도의 위격, 그리스도의 신분, 그리스도의 직분으로 나누어진다. 그리스도의 직분은 선지자직, 제사장직, 왕직으로 다시 나뉘어 진다. 제사장직에서는 속죄의 원인과 필요성, 속죄의 성질, 속죄의 이론들, 속죄의 목적과 범위, 중보사역으로 세분된다. Berkhof, Systematic Theology, 356-412.
629) Hartmut Gese, Essays on Biblical Theology, trans. Keith Crim, (Minneapolis: Augsburg Publishing House, 1981), 93.
630) 속죄교리의 다른 한 가지 핵심은 하나님과의 교제를 회복하기 위한 그리스도의 보상이다. 이 '속죄와 보상'이 속죄 속에 함께 있는 것은 '속죄제와 속건제'가 일례가 되는 이유(레 7:7)에서 유추해 볼 수 있다.

적 형태는 속죄의 희생제사이기 때문에 상징과 모형이었던 피의 제사가 그리스도의 흘리신 피로 인해 죄 사함의 실제적인 효력을 지니게 되었음을 보았다. 특히 속죄제를 드릴 때 제사장의 사죄하는 행위레4:20,26,31,35는 매우 가시적인 그리스도 속죄론을 제시한다. 이 같은 사실은 십자가 사건 이후 그리스도를 통하지 않고는 인간은 하나님에게 나아갈 수 없음을 뜻한다. 요14:6

언약의 관점에서도 속죄론은 변화를 가져왔다. 율법과 함께 시작된 속죄제의 제물 형태는 동물에서 그리스도의 몸으로 이동되었다. 구약의 제의는 구약의 율법과 신약의 복음을 연결한다. 왜냐하면, 제의는 시내산 언약과 예수의 마지막 유월절 절기 사이에 중심이 되는 언약의 피출24:8; 마26:28가 축으로 연결되었기 때문이다. 구약의 제사제도 가운데 속죄제는 특히 율법과 복음을 연결하는 신학적인 중심점을 가지고 있다. 그것은 그리스도의 십자가가 구약의 거룩과 신약의 사랑을 연결했기 때문이다. 그의 죽음 안에서 옛 언약은 새 언약으로 바뀌고 예수님의 죽음은 새 언약의 제사가 되었다. 구약제사제도는 성막에서 드리는 제사였으며 성막 제사의 핵심은 대속죄일의 제사였다. 대부분의 학자는 대속죄일은 용서를 위한 예수님의 십자가 죽음을 설명하기 위한 모형론으로서 제사가 사용되었다고 한다. 대속죄일 날의 핵심은 속죄소에 뿌리는 제물의 피였다. 이 피는 곧 그리스도의 십자가 피를 의미하였다. 이 속죄소는 언약궤 위에 놓여 있었다. 이 위에 피를 뿌린다는 것은 율법 위에 뿌리는 것이며, 옛 언약 위에 뿌린다는 것이다. 이 피가 십자가 위에서 뿌려짐으로 곧 새 언약이 되었으며, 새 언약의 피 뿌림이 되었다. 그리스도 안에서 누구든지 '새로운 피조물'이 될 수 있는 조건의 법적인 근거는 하나님께서 그리스도를 속죄일의 속죄제로 받아들인 화해에 있는 것이다.[631] 이런 점에서 예수님은 새 언약의 중보자로서,히7:22; 8:6; 9:15 그의 희생은 '새 언약의 피'히10:29; 12:24; 13:20로서 주요하게 다뤄지는 것이다.632)

이제 '십자가의 제사' 개념은 성경에 나타난 속죄 사상의 모든 흐름을 모아둔 '최종 저수지' 같은 역할을 담당하고 있다. 구약신학의 주제선정 방법론 가운데 가장 받아들일 만한 것은 '지속적인 신학적인 가치'를 찾는 것이다. 이 가치는 "나는 너희 하나님이 되고 너희는 내 백성이 되리라"라는 언약양식을 떠나서는 무의미하다. 이 언약양식이 하나님 나라의 슬로건이라고 생각할 때 성경을 통해 구속사적인 측면에서 지속적인 가치를 찾는 연구는 지속적으로 활성화되어야 한다. 이런 점에서 구약의 '속죄' 연구는 피로 세운 언약의 구속사적 성경해석의 관점에서 폭넓게 진척되어야 한다. '십자가의 제사' 개념이 속죄사상의 '최종 저수지'가 되어야 하는 것도 속죄개념이 구속사의 핵심이자 도달해야 할 지속적인 가치를 지녔기 때문이다. 그러나 그리스도를 통해 성취된 십자가의 속죄제는 아직 종말론적인 완성을 이루지 못했다. "그가 우리의 죄를 담당하셨다"벧전2:24는 사실이 하나님에 의해 확증롬5:8되었기 때문에 새 언약은 이제 다시 오실 주님의 종말론적인 완성을 내다본다. 그리스도에 의해 성취된 속죄제는 구약적 언약의 실제적 확대이며, 안식을 내다보는 포괄적인 집행이며, 종말론적인 성취가 되었다. 그래서 지금의 제사예배는 '찬미의 제사'($\theta v \sigma (\alpha v$ $\alpha \iota \nu \varepsilon \sigma \varepsilon \omega \varsigma$,633) 히 13:15)와 '영적인 제사'($\pi v \varepsilon v \mu \alpha \tau \iota \kappa \alpha \varsigma$ $\theta v \sigma (\alpha \varsigma$, 벧전 2:5)로 드려져야 한다는 표현은 시점상 적절하다.

이 시점에서 우리는 여러 가지 물음들에 대해 적절한 속죄의 개념을

---

631) George Wesley Buchanan, "The Day of Atonement and Paul's Doctrine of Redemption", *NovT XXXII*, 3 (1990), 243-45.
632) Cortez, "From the Holy to the Most Holy Place", 529.
633) Cf. Hampel, "The Morning and Evening Sacrifice, 3.

가진다 해도 제사 그 자체는 속죄의 능동적인 수단이 될 수 없을 것이다. 왜냐하면, 하나님 자신이 모든 죄 사함의 원천이시기 때문이다. 죄 사함은 그 제사를 받으시는(열납하시는) 하나님의 'חֶסֶד' [634])에 초점이 맞춰져 있다. 하나님의 주권적 의지가 죄 사함의 최종적이고 궁극적인 효력을 발생하는 것이다. 야훼가 구속의 최종적인 시여자라는 관점에서 속죄의 개념을 이해하여야 한다. 이런 점에서 구약에서 제사제도와 정결의식과 구속적인 사회제도와 관련된 본문들을 읽을 때(들을 때) 주체자로 말씀하시는 야훼의 모습에 항상 주목해야 한다. 속죄는 수단이며, 속죄는 하나님의 주관적인 은혜와 긍휼이다. 이렇게 볼 때 속죄는 죄를 사한다는 사법적 의미보다 죄의 결과인 죽음을 되살리는 시혜적 의미가 더 나은 표현이 될 것이다. 죄를 없애는 것보다 목숨을 살리는 것이다. 이렇게 말하는 이유는 하나님께서 죗값의 형벌과 죗값의 보상을 동시에 그리스도의 피를 통해 화해조건으로 받아들이셨기 때문이다. 그러므로 구약의 '속죄' 개념은 창조주가 죄로 말미암아 잃어버린 원래 '자기소유'[635])인 피조물을 피 값인 속전을 내고 도로 찾으시는 본의적本意的인 야훼 사상[636])에 근착根着한다. 이것은 Berkhof가 말한 "속죄의 필요성이 하나님의 본성으로부터 유래되었다"는 말과 통한다.[637]) 그래서 우리는 구약의 속죄 개념 이해는 항상

---

634) 다윗은 "주의 인자가 생명보다 낫다(כִּי־טוֹב חַסְדְּךָ מֵחַיִּים)"고 노래했다(시 63:3). Cf. Gordon R. Clark, *The Word 'Hesed' in the Hebrew Bible*, JSOPSup 157, (Sheffield: JSOP press, 1993), 256-68.
635) 유월절 이후 이스라엘의 맏아들은 하나님의 소유가 되었다(출 4:22; 13:1-2). 따라서 유월절 어린양의 피 흘림은 하나님의 소유가 되는 과정이다.
636) "야훼 사상"이라고 말할 때 "사상"은 인간들의 관념 속에서 야훼의 존재가 인식됨으로 곧 야훼의 존재, 그 자체를 뜻한다. "야훼 사상"에 대한 함축적 의미는 '제사제도의 궁극적 목적 혹은 주체적 목적은 하나님 자신으로부터 시작해서 하나님 자신에게 그 최종적이고 궁극적인 의미가 있음'을 말한다. 이 주권적인 의지는 곧 하나님의 자비(חֶסֶד)와 동의어로 사용할 수 있다.
637) Berkhof, *Systematic Theology*, 370.

'야훼께서'라는 그 언저리를 떠날 수 없다. 이 주체적인 인칭에 집중해야 하는 것은 속죄의 희생이 되신 하나님의 아들이 바로 야훼 자신이기 때문에 하나님께서 우리의 속죄자가 되지 아니하시면 다른 속죄자가 없음을 뜻한다. 하나님 자신만이 유일한, 자격 있는 속죄자가 되시기 때문에 속죄의 주체는 야훼이시다. 그러므로 속죄는 하나님의 행위이다. 따라서 구약의 속죄는 제사장의 대리적 행위이다.

|약어표| Abbreviations

AAOT	Anthropological Approaches to the O. T.
AB	The Anchor Bible
ABC	The Anchor Bible Commentary
ABD	The Anchor Bible Dictionary
ABR	Australian Biblical Review
AHW	Akkadisches Handwörterbuch
ANET	Ancient Near Eastern Texts, Relating to the O. T.
AOAT	Alte Orient und Altes Testament
ATJ	Ashland Theological Journal
IVP-BBC	The IVP Bible Background Commentary
BBC	The Broadman Bible Commentary
BBR	Bulletin for Biblical Research
BCOT	Biblical Commentary on the Old Testament
BDB	The Brown-Driver-Briggs Hebrew & English Lexicon
BHK	Biblia Hebraica Kittel
BHS	Biblia Hebraica Stuttgartensia
BI	Biblical Interpretation
Bib	Biblica
BR	Biblical Research
Bs	Bibliotheca sacra
BSC	Bible Student's Commentary
BT	Bible Today
CAD	Chicago Assyrian Dictionary
CC	The Communicator's Commentary
CGEDNT	A Concise Greek-English Dictionary of the New Testament
CGT	A Commentary on the Greek Text
CJS	Classics in Judaic Studies
ConBOT	Coniectanea biblica, Old Testament
CR	Currents in Research
Die Bible	Die Gute Nachricht des Alten und Neuen Testaments
DTIB	Dictionary for Theological Interpretation of the Bible
EBC	The Expositor's Bible Commentary
ECF	Early Christian Fathers
EDB	Eerdmans Dictionary of the Bible
EJ	Encyclopaedia Judaica
EOHR	Essays on Old testament History and Religion
FRLANT	Forschungen zur Religion und Literatur des

	Altenund Neuen Testament
Gesenius	Gesenius' Hebrew-Chaldee Lexicon to the Old Testament
HALOT	A Concise Hebrew and Aramaic Lexicon of the O. T.
HAT	Handbuch zum Alten Testament
HBM	Hebrew Bible Monographs
HSM	Harvard Semitic Monographs
HTR	Harvard Theological Review
ICC	International Critical Commentary
IDB	The Interpreter's Dictionary of the Bible
ISBE	The International Standard Bible Encyclopedia
JB	The Jerusalem Bible
JBL	Journal of Biblical Literature
JBS	Jerusalem Biblical Studies
JCCHS	Journal of the Canadian Church Historical Society
JPC	The Journal of Pastoral Care
JPS	The Jewish Publication Society
JSOT	Journal for the Study of the Old Testament
JSOPSup	JSOT Supplement Series
JTS	Journal of Theological Studies
KJV	King James Version
La Bible	La Sainte Bible
LCC	The Library of Christian Classics
LM	Liturgical Ministry
LXX	Septuagiant
MT	Masoretic Text
NABPR	National Association of Baptist Professors of Religion
NAC	The New American Commentary
NASB	New American Standard Bible
NCBC	The New Century Bible Commentary
NEB	The New Encyclopaedia Britannica
NIB	The New Interpreter's Bible
NICOT	The New International Commentary on the O. T.
NIDOTTE	New International Dict. of O.T.Theology and Exegesis
NIV	New International Version
NIV-AC	The NIV Application Commentary
NJPSV	New the Jewish Publication Society Version
NKJV	New King James Version
NRSV	The New Revised Standard Version
NovT	Novum Testamentum

NovTsup	Novum Testamentum Supplements
NPOT	New Perspectives on the Old Testament
OBS	Oriental and Biblical Studies
OTL	The Old Testament Library
PCSR	Presbyterion: Covenant Seminary Review
RB	Revue Biblique
REB	Revised English Bible
RevExp	Review and Expositor
RSR	Religious Studies Review
RSV	Revised Standard Version
RT	Religion and Theology
SBL	Studies in Biblical Literature
SBLDS	Studies in Biblical Literature Dissertation Series
SCJ	Stone-Campbell Joural
SFSHJ	South Florida Studies in the History of Judaism
SJLA	Studies in Judaism and Late Antiquity
SP	Jewish Version and Samaritan Version of Pentateuch
Tyn.B	Tyndale Bulletin
TDOT	Theological Dictionary of the Old Testament
THAT	Theologisches Handwörterbuch zum Alten Testament
TLOT	Theological Lexicon of the Old Testament
TMSJ	The Master's Seminary Journal
TOTC	Tyndale Old Testament Commentaries
TWAT	Theologisches Wörterbuch zum Alten Testament
UBS	United Bible Societies
VT	Vetus Testamentun
VTSup	Supplements Vetus Testamentum
Vulgata	Biblia Sacra Vulgata
WBC	Word Biblical Commentary
WMANT	Wissenschaftliche Monographien zum Alten und N.T.
ZAW	Zeitschrift für die alttestamentlische Wissensachft

참고문헌

논문

강사문, "구약에 나타난 칠일단위의 문학구조에 대한 연구", 『長神論壇』 5 (1989), 7-31.
김의원, "레위기의 속죄제 연구", 『광신논단』 11 (2002), 7-32.
_____, "제사장 위임식에 관한 연구", 『神學指南』 가을호 (1999), 44-72.
김중은, '성서연구/레위기 1-7회', 『기독교사상』 5-12월호, 서울: 대한기독교서회, 1989.
노세영, "죽이는 속죄제물에서 כפר (kipper) 의미의 연구: 제사장 신학을 중심으로", 『구약논단』 19 (2005), 31-52.
변종길, "로마서 3장 25절의 hilasterion", 『신약신학저날』 창간호 (2000년 여름), 57-76
신득일, "구약 중심주제의 논쟁점과 신학적 주석관점으로서의 구속사" 『고신신학』 4 (2002), 39-64.
_____, "전승사 비평에 대한 평가", 『고신신학』 5 (2003), 199-223.
_____, "구약에 나타난 야웨 / 경외의 삶" 『고신신학』 3, 13-48.
_____, "희년의 윤리", 『高麗神學報』 제25 (1994), 28-42.
_____, "법궤위의 그룹에 대한 주석적 고찰" 『고신신학』 7 (2005), 231-248;
왕대일, "레위기 17:10-12 해석의 재고", 『구약신학저널』 1 (2000), 34-50.
장미자, "언약의 규정들(토라), 안식일 계명", 『Hermeneia Today』 33.1. Winter (2006), 94-104.
조병수, "처음부터 끝까지" - 히브리서의 신학과 설교, 『교회와 문화』 8 (2002), 47-83.
_____, "히브리서에서 사용된 레위기" 『신약신학 열두 논문』 수원: 합동신학대학원 출판부, 1999, 177-190.
한정건, "창조에서의 안식의 의미", 『개혁신학과 교회』 6 (1996), 27-66.
_____, "멜기세덱: 11QMEL과 히브리서의 비교연구", 『聖經과 改革主義神學』 서울: 개혁주의신행협회, 1986: 145-171.

Auld, A. Graeme, "Cities of Refuge in Israelite Tradition" *JSOT* 10 (1978), 26-40.
Baab, Otto J., "The God of Redeeming Grace: Atonement in the Old Testament", *Interpretation*, 10 no2 Ap (1956), 131-43.
Barrick, William D., "The Mosaic Covenant", *TMSJ* 10/2(Fall 1999), 213-32.
Baumgarten, Albert I., "The Paradox of the Red Heifer", *VT* XLII, 4 (1993), 442-51.
Bellinger, W. H. Jr., "Leviticus and Ambiguity", Perspectives in Religious Studies, *Journal of the NABPR* (1997), 217-25.
Bergant, Dianne, "An Anthropological Approach to Biblical Interpretation: The Passover Supper in Exodus 12:1-20 as a Case Study", *Semeia*, no 67 (1994), 43-62.
Blau, Joseph L., "The Red Heifer: A Biblical Purification Rite in Rabbinic Literature", *Numen*. 14 no 1 Mr. (1967), 70-78.
Briley, Terry, "The Old Testament "Sin Offering" and Christ's Atonement", *SCJ* 3

(Spring, 2000), 89-101.

Brooks, Walter Edward, "The Perpetuity of Christ's Sacrifice in the Epistle to the Hebrews", *JBL* 89. no 2. Je. (1970), 205-14.

Buchanan, George Wesley, "The Day of Atonement and Paul's Doctrine of Redemption", *NT* XXXII, 3 (1990), 236-49.

Burnside, Johathan P., "The Signs of Sin: Seriousness of Offence in Biblical Law", *JSOPSup* 364; Sheffield Academic Press, 2003.

Carmichael, Calum, "The origin of the scapegoat ritual" *VT* 50 (2000), 167-82.

Charry, Dana, M.D., "The High Priest, the Day of Atonement and the Preparation for Psychotherapy", *JPC* (1982), Vol. XXXVI, No. 2, 87-91.

Clark, Gordon R., *"The Word 'Hesed' in the Hebrew Bible"*, *JSOPSup* 157, Sheffield: *JSOP* press (1993), 256-68.

Cortez, Felix H., "From the Holy to the Most Holy Place: The Period of Hebrews 9:6-10 and the Day of Atonement as a Metaphor", *JBL* 125, no 3 (2006), 527-47.

Davies, Douglas, "An Interpretation of Sacrifice in Leviticus", *AAOT* edited by Bernhard Lang, issue in Religion and Theology 8. Philadelphia: Fortress Press, 1985: 151-162.

Dion, Paul E., "Early Evidence for the Ritual Significance of the "Base of the Alter" *JBL* 106/4 (1987), 487-92.

Eberhart, Christian A., "A Neglected Feature of Sacrifice in the Hebrew Bible: Remarks on the Burning Rite on the Altar, *HTR* 97 (2004), 485-93.

Elliot, Ralph H., "Atonement in the Old Testament", *RevExp*, 59 no1 Ja (1962), 9-26.

Essex, Keith H., "The Abrahamic Covenant", *TMSJ* 10/2 (Fall 1999), 191-212

Feinberg, Charles Lee, "The Cities of Refuge", *Bibliotheca sacra*, 103, no 412 (1946), 411-17.

Gese, Hartmut "Die Sühne", *Zur biblischen Thelogie. Alttestamentliche Vortäge* (2d ed.; Tübingen: Mohr Siebeck 1983, reprinted), 85-106.

Grabbe, Lester L., "The Book of Leviticus" *CR* 5 (1997), 91-110.

Grisanti, Michael A., "The Davidic Covenant", *TMSJ* 10/2 (Fall 1999), 233-50.

Guthrie, George H., "The Structure of Hebrews: A Text-linguistic Analysis", *NovTsup* 73 (1994), 144.

Hampel, Walter, "The Morning and Evening Sacrifice: A Sacrifice of Praise through the Psalms, *ATJ* 34 (2002), 1-11.

Hayes, John H., "Atonement in the Book of Leviticus", *Interpretation* 52 (1998), 5-15.

Henderson, J. Frank, "Justice and the Jubilee Year" *LM* 7 (Fall, 1988), 190-95.

Hubbard, R. Jr., "The Go'el in Ancient Israel: Theological Reflections on an Israelite Institution, *BBR* 1 (1991), 3-19.

Hurvitz, A., *"The Evidence of Language in Dating the Priestly Code,"* *RB* 81 (1974).

Jackson, Bernard, "Talion and Purity", *Reading Leviticus: A conversation with Mary Douglas,* edited by John F. A. Sawyer, *JSOTSup* 227, Sheffield Academic Press, 1996: 105-123.

Janowski, Bernd, *Sühne als Heilsgeschehen: Studien zur Sühnetheologie der Priesterschrift und zur Wurzel KPR im Alten Orient und im Alten Testament,* *WMANT* 55, Neukirchen-Vluyn: Neukirchener, 1982.

Jenson, Philip P., "The Levitical Sacrificial System", *Sacrifice In the Bible*, edited by

Beckwith, Roger T. and Selman, Martin J., Carlisle United Kingdom: Paternoster Press and Grand Rapids, Michigan: Baker Book House, 1995.
Kidner, Derek, "Sacrifice-Metaphors and Meaning" *Tyn.B.* 33 (1982), 119-36.
Kiuchi, N., "Spirituality in Offering a Peace Offering", *Tyn.B*, 50, no 1 (1999), 23-31.
Klawans, Jonathan, "Ritual Purity, Moral Purity, and Sacrifice in Jacob Milgrom", *RSR* 29 (2003), 19-28.
_____, "Pure Violence: Sacrifice and Difilement in Ancient Israel", *HTR* 94 (2001), 133-56.
Kristolaitis, Cheryl, "From Purification to Celebration: The History of the Service for Women after Childbirth", *JCCHS* 28, no 2 (October 1986), 53-62.
Knohl, Israel, "The Guilt Offering Law of the Holiness School (Num. V 5-8)", *VT* 54, no 4 (2004).
Leach, Edmund, "The Logic of Sacrifice", *AAOT* edited by Bernhard Lang, issue in Religion and Theology 8. Philadelphia: Fortress Press, 1985: 136-50.
Lemardelè, Christophe, "Une solution pour le asam du lépreux", *VT* 54 (2004), 208-15.
_____, "Le sacrifice de purification: Un sacrifice ambigu?, *VT* 52 (2002), 284-89.
Levine, Baruch A., *"In the presence of the Lord"*, *SJLA*, Vol 5, Leiden: E. J. Brill (1974).
Manson, T. W., "*ΙΛΑΕΤΗΡΙΝ*", *JTS* 46 (1945).
Martin, Modeus, *Sacrifice and Symbol Biblical* שְׁלָמִים *in a Ritual Perspective*, ConBOT, 52; Stockholm: Almqvist & Wiksell International, (2005).
Marx, A., "Sacrifice pour les peches ou de passage? Quelques reflexions ou la fonction du hattat" *RB* (1989), 29-48.
McCarthy, Dennis J., "The Symbolism of Blood and Sacrifice" *JBL* Vol. Lxxviii (1969), 166-76.
Milgrom, Jacob, "Sin-Offering or Purification-Offering?", *Studies in Cultic Theology and Terminology*, *SJLA* 36, Leiden: E. J. Brill (1983), 67-69.
_____, "Two Kinds of Hattat", *Studies in Cultic Theology and Terminology*, *SJLA* 36, Leiden: E. J. Brill (1983), 70-84.
_____, "Israel's Sanctuary: The Priestly 'Picture of Dorian Gray'," *Studies in Cultic Theology and Terminology*, *SJLA* 36, Leiden: E. J. Brill (1983), 75-84.
_____, "The Paradox of the Red Cow," *Studies in Cultic Theology and Terminology*, *SJLA* 36, Leiden: E. J. Brill (1983), 87-95.
_____, "Critical Notes- The Modus Operandi of the Hatta't: A Rejonder", *JBL* 109/1 (1990), 111-17.
_____, "The Function of the Hattat Sacrifice," *Tarbiz* 40 (1970), 1-8.
Moser, Maureen Beyer, *ABR* 54:3-SEPT (2003), 298-311.
Organ, Barbara, "The Sabbath in Leviticus", *BT* 36 (1998), 11-16.
Payne, J. Barton "The B'rith of Yahweh", *NPOT*, Waco, Texas. London, England: Word Books, Publisher's, (1970), 240-64.
Pettegrew, Larry D., "The New Covenant", *TMSJ* 10/2 (Fall 1999), 251-70.
Phillips, Morgan L., "Divine Self-Predication in Deutero-Isaiah", *BR* 16 (1971), 31-51.
Polan, Gregory J., "The Rituals of Leviticus 16 and 23", *BT* 36 (1998), 5-10.
Prosic, Tamara, "Passover in Biblical Narratives", *JSOP* 82 (1999), 45-55.

Rainey, A. F., "The Order of Sacrifices in the Old Testament Ritual Texts", *Bib* 51 (1970), 485-98.

Rendtorff, Rolf, *Studien zur Geschichte des Opfer im alten Israel*, WMANT 24, Neukirchen-Vluyn: Neukirchener Verlag, 1967.

_____, "Leviticus 16 als Mitte der Tora", *BI* 11 (2003), 252-58.

Roo, C. R. J. de "Was the Goat for Azazel Destined for the Wrath of God", *Bib* 81 (2000), 233-42.

Sarna, N., "Zedikiah's Emancipation of Slaves and Sabbatical Year." *Orient and Occident*, Ed. H. Hoffner, Jr. AOAT 22 (Kevelaer: Bucker & Becker, 1973), 143-49.

Schenker, "Koper at expiation", *Bibel* 63 (1982), 32-46.

Snaith, N. H., "The Sin-Offering and the Guilt-Offering", *VT*, 15, no 1 Ja (1965), 73-80.

Spero, Shubert, "From Tabernacle(*Mishkan*) and Temple(*Mikdash*) to Synagogue(*Bet Keneset*), *Tradition*, 38 no 3 Fall (2004), 60-85.

Stackert, Jeffrey, "Why Does Deuteronomy Legislate Cities of Refuge? Asylum in the Covenant Collection (Exodus 21:12-14) and Deuterronomy (19:1-13)", *JBL* 125, no, 1 (2006), 23-49.

Staubli, Thomas, "Die Symbolik des Vogelrituals bei der Reinigung von Aussätzigen (Lev 14: 4-7)", *Bib* 83 (2002) 230-37.

Sun, Henry T. C., "Holiness Code", *ABD* (1992), 254-57.

Talmon, S., "Divergence in Calendar-Reckoning in Ephraim and Judah" *VT*, VIII, (1958).

Toomes, L. E., "Clean and Unclean", *IDB* Vol. 1 (Nashville: Abingdon Press, 1993), 641-48.

Vasholz, Robert I., "Short Contribution: Israel's Cities of Refuge", *PCSR* 19/2 (1993), 116-18.

Watson, Alan, "Leviticus in Mark: Jesus' Attitude to the Law", *Reading Leviticus*, Sheffield: Sheffield Academic Press, 1996, 263-71.

Wright, David. P., "Unclean and Clean(OT)", *ABD* Vol. 6 (New York: Doubleday, 1992), 729-41.

_____, "Purification from Corpse-Contamination in Numbers XXXI 19-24", *VT* XXXV, 2 (1985), 213-23.

Yaffe, Martin D., "Liturgy and Ethics: Hermann Cohen and Franz Rosenzweig", *JRE* 7/2 (1979), 215-28.

Zohar, N., "Repentance and Purification: The Significance and Semantics of Hattat in the Pentateuch", *JBL* 107 (1988), 609-18.

학위논문

이상란, "핫타트(הטאת)의 機能에 關한 硏究" (박사학위 논문), 계명대학교, 1999.

Ki, Dong youn, *The Temple, Holy war, and Kingship in Haggai: A Text-Linguistic and Inner-Biblical Study*, Ph. D. diss., Deerfield, Illinois: Trinity Evangelical Divinity School, 2001.

Schaefer Harry, *Doctrine of the Atonement in the Writing of Luther and Calvin*,

American Doctoral Dissertation (BD), The University of Chicago, 1920.
Shin, D. I., *The Ark of Yahweh in the Old Testament: An Exegetical-Theological Study*, Ph. D. diss., North West University: Potchefstroom, 2004.
Wang, Tai IL, *Leviticus 11-15: A Form Critical Study*, Ph. D. diss., Claremont, California, 1991.

단행본

곽안련, 『레위기강의』(서울: 대한기독교서회), 단기 4287.
기동연, 『구약성경에 나타난 제의 제도-성전과 제사에서 그리스도를 만나다』(서울: UCN), 2006.
김의환, 『現代神學槪說』(서울: 개혁주의신행협회), 2001.
노세영·박종수, 『고대근동의 역사와 종교』(서울: 대한기독교서회), 2000.
신득일, 『구약 히브리어』(서울: 기독교문서선교회), 2007.
엄원식, 『히브리성서와 고대 근동문학의 비교연구』(서울: 한들출판사), 2000.
張一善, 『歷代記史家의 神學』- 歷代記書 硏究, (서울: 韓國神學硏究所 出版部), 1981.
전정진, 『레위기, 어떻게 읽을 것인가?』(서울: 성서유니온선교회), 2004.
정중호, 『레위기, 만남과 나눔의 장』(서울: 한들출판사), 2004.
한정건, 『구약성경신학』강의안 (천안: 고려신학대학원), 2005.
_____, 『모세오경』강의안 (천안: 고려신학대학원), 2005.

Alexander, T. D., "The Passover Sacrifice" *Sacrifice in the Bible*, edited by Beckwith, Roger T. and Selman, Martin J., Carlisle United Kingdom: Paternoster Press and Grand Rapids, Michigan: Baker Book House, 1995.
Alt, A., "The Origins of Israelite Law" in *EOHR*, Oxford, 1966.
Ackroyd, Peter. R., *Exile and Restoration-A Study of Hebrew Thought of the Sixth Centry B. C.*, London: SCM Press, 1980.
Anderson, Bernhard W., *Understanding the Old Testament*, Upper saddle River, New Jersey: Prentice Hall, 1998.
Anderson, Gary A., *Scrifices and Offerings in Ancient Israel: Studies in their Social and Political Importance-Harvard Semitic Museum*, HSM Number 41, Atlanta, Geogia: Scholars Press, 1987.
Anderson, J. N. D.(edited), *The World's Religions*, Grand Rapids, Michigan: WM. B. Eerdmans Publishing Company, 1953.
Aquinas Thomas, *Aquinas on nature and Grace*, Selections from the Summa Theologica of Thomas Aquinas, Translated and Edited by A. M. Fairweather, LCC: Ichthus Edition, Philadelphia: The Westminster Press, n.d.
Archer, Gleason L. Jr., *A Survey of Old Testament Introduction*, Chicago: Moody Press, 1985.
_____, *Encyclopedia of Bible Difficulties*, "Leviticus", Grand Rapids, Michigan: Zondervan Publishing House, 1982.
Ashley, Timothy R., *The Book of Numbers*, NICOT, Grand Rapids, Michigan / Cambridge ,U.K.: William B. Eerdmans Publishing Company, 1993
Barr, J., "Sacrifice and offering", *Dictionary of the Bible*, ed. F. C. Grant and H. H.

Rowley, Edinburgh: T & T. Clark, 1963.
Barth Karl, *The Theology of Schleiermacher,* Lectures at Göttingen, Winter Semester of 1923/24, Edited by Dietrich Ritschl, Translated by Geoffrey W. Bromiley, Edinburgh: T.&T. Clark, 1982.
_____, *Church Dogmatics,* IV.1-3, Translator, G. W. Bromiley, Editors, G. W. Bromiley, T. F. Torrance, "The Doctrine of Reconciliation", IV.1. Edinburgh: T&T Clark, 1994.
Beckwith, Roger T. and Selman Martin J. ed. *Sacrifice in the Bible,* Carlisle United Kingdom: Paternoster Press and Grand Rapids, Michigan: Baker Book House, 1995.
Ben Ezra, Daniel Stökl, *The Impact of Yom Kippur on Early Christianity: The Day of Atonement from Second Temple Judaism to the Fifth Century,* WUNT 163; Tübingen: Mohr Siebeck, 2003.
Berkhof, Louis, *Introduction to the Systematic Theology,* Grand Rapids, Mi: Baker, 1988.
_____, *Systematic Theology,* Grand Rapids, Michigan: WM. B. Eerdmans Publishing Co, 1981.
Blocher, Henri A. G., "Atonement", *DTIB,* ed. Kevin J. Vanhoozer, Grand Rapids, Michigan: Baker Academic, 2005.
Boecker, Hans Jochem., *Law and The Administration of Justice in the Old Testament and Ancient East,* trans., Jeremy Moiser, Minneapolis: Augsburg Publishing House, 1980.
Boyd, Eleanor Herr, *The Gospel in Leviticus,* New York City: The Book Stall, 1920.
Bright, John., *The Anchor Bible, Jeremiah,* Garden City, New York: Doubleday & Company, Inc, 1965.
Bromiley, G. W., "Atone, Atonement", *ISBE,* Grand Rapids, Michigan: William B. Eerdmans Publishing Company, 1979.
_____, "Athnasius", *Historical Theology: An Introduction,* Edinburgh: T&T Clark, 1994.
Bruce, F. F., *The Epistle to the Hebrews, NICOT,* Michigan: Grand Raids, 1964.
Brueggemann, Walter., *The Land: Place as Gift, Promise, and Challenge in Biblical Faith,* Philadelphia: Fortress Press, 1977.
Buchanan, George Wesley, *To the Hebrews AB,* Garden city, New York: Doubleday & Company, Inc., 1972.
Budd, Philip J., *Leviticus, NCBC,* Grand Rapids: William B. Eerdmans Publishing Company, 1996.
_____, *Numbers, WBC,* Waco, Texas: Word Books, Publisher, 1984.
Cassuto, U., *A Commentary on the Book of Exodus,* trans., Israel Abrahams, Jerusalem: The Magnes Press, The Hebrew University, 1997
Childs, Brevard S., *Old Testament Theology in A Canonical Context,* Philadelphia: Fortress Press, 1985.
Chomsky, Noam, *Syntactic Structures,* The Hague: Mouton, 1978.
Christensen, Duane L., *Deuteronomy,* vol 6A, *WBC,* Nashville: Thomas Nelson Publishers, 2001.
Clements, R. E., *A Century of Old Testament Study 100,* Cambridge: The Lutterworth Press, 1992.

_____, *Leviticus, BBC* II, London: Morgan and Scott, 1970.

Cole, R. Alan, *Exodus, An Introduction and Commentary, TOTC*, London: The Tyndale Press, 1973.

Courtman, Nigel B., "Sacrifice in the psalms", *Scrifice in the Bible*, edited by Beckwith, Roger T. and Selman, Martin J., Carlisle United Kingdom: Paternoster Press and Grand Rapids, Michigan: Baker Book House, 1995.

Cotterell, Peter and Turner, Max, *Linguistics and Biblical Interpretation*, Downers Grove, IL: InterVarsity, 1989.

Cranfield, C. E. B., *The Epistle to the Romans, ICC*, Edinburgh: T & T Clark, 1979.

Creach, Jerome F. D., *Yahweh as Refuge and the Editing of the Hebrew Psalter*, JSOTSup 217, Sheffield Academic Press, 1996.

Cross, Frank Moore., *Canaanite Myth and Hebrew Epic, Essays in the History of the religion of Israel*, Cambridge, Massachusetts and London, England: Harvard University Press, 1997.

Cullmann, Oscar, *The Christology of the New Testament*, SCM press, 1988.

Cyprian, *Early Latin Theology*, Selections from Tertullian, Cyprian, Ambrose and Jerome, Translated and edited by S. L. Greenslade, The Library of Christian Classics, Philadelphia: The Westminster Press, n.d.

Davies, D. J., "An Interpretation of Sacrifice in Leviticus," *ZAW* 89, 1977.

Davies, G. Henton, "Leviticus" *IDB* Vol. 3, *An Illustrated Encyclopedia*, Nashvill: Abingdon, 1981

_____, "Tabernacle", *IDB*, Vol. 4, *An Illustrated Encyclopedia*, Nashvill: Abingdon, 1993.

Demarest, Gary W., *Leviticus, CC*, Dallas, Texas: Word Books, Publisher, 1990

Dillard, Raymond B., Longman III, Tremper, *An Introduction to the Old Testament*, Grand Rapids, Michigan: Zondervan, 1994.

Dodd, C. H., *Historical Tradition in the Fourth Gospel*, New York: Scribners, 1963.

Douglas, Mary, *Purity and Danger: An analysis of concept of pollution and taboo*, London: Routledge and kegan Paul & New York: West 35th Street, 2002.

_____, *Leviticus as Literature*, Oxford: University Press, 1999.

Drive, S. R., "Leviticus", *An Introduction to the Literature of Old Testament*, Cleveland and New York: The World Publishing Company, 1967.

Drazin, Israel, *Targum Onkelos to Leviticus: An English Translation of the Text with Analysis and Commentary*, Center for Judaic Studies University of Denver/Society for Targumic Studies, Ins./Ktav Publishing House, Ins., 1994.

Dumbrell, W. J., *Covenant and Creation: A Theology of the Old Covenants*, Paternoster Press, 2002.

Durham, John I., *Exodus, WBC*, Waco, Texas: Word Books, Publisher, 1987.

Dyrness, William., *Themes in Old Testament Theology*, Downers Grove, IL.: InterVarsity Press, 1977.

Eichrodt, Walter,. *Theology of the Old Testament 1*, Bloombury Street, London: SCM Press Ltd, 1975.

Eissfeldt, Otto, *The Old Testament: Introduction*, New York: Haper & Row, Publishers, 1965.

Ellinger, K., *Leviticus, HAT* 4, Tübingen: J.C.B. Mohr(P. Siebeck), 1966.

Ellingworth, Paul, *The Epistle to the Hebrews, CGT,* Grand Rapids, Michigan: William B. Eerdmans Publishing Company & Carlisle: The Paternoster Press, 1993.

Erickson, Millard J., *Christian Theology,* Grand Rapids, Michigan: Baker Book House, 1985.

Eveson, Philip H., *The Beauty of Holiness,* Evangelical Press, 2007.

Fohror, George., *Introduction to the Old Testament,* trans. David E. Green, Nashville: Abingdon Press, 1978.

Foley, George Cadwalader, *Anselm's Theory of The Atonement,* New York: Longmans, Green, and Co, 1908.

Fuller, P. Daniel, *The Unity of the Bible; Unfolding God's Plan for Humanity,* Grand Rapids, Michigan: Zondervan Publishing House, 1992.

Gammie, John G., *Holiness in Israel,* Minneapolis: Fortress Press, 1989

Gane, Roy, *Cult Character: Purification Offerings, Day of Atonement, and Theodicy,* Winona Lake, Indiana: Eisenbrauns, 2005.

_____, *The NIV Application Commentary,* Grand Rapids, Michigan: Zondervan, 2004.

Gaster, T. H., "Sacrifice and Offerings, OT." *IDB* Vol.4, Nashvill: Abingdon, 1993.

Gee, J. P., *An Introduction to Discourse Analysis: Theory and Method,* London: Routledge, 1999.

Gerstenberger, Erhard S., *Leviticus A Commentary;* trans., Douglas W. Stott, Louisville, Kentucky: Westminster John Knox Press, 1996.

Gese, Hartmut, *Essays on Biblical Theology,* trans. Keitb Crim, Minneapolis: Augsburg Publishing House, 1981.

Girdlestone, Robert Baker, *Synonyms of the Old Testament: Their Bearing on Christian Doctrine,* Grand Rapids, Michigan: William B. Eerdmans Publishing Company, 1951.

Gooder, Paula, *The Pentateuch: A Story of Beginnings,* London and New York: Continuum, 2000.

Goppelt, Leonhard, *Typos: die typologische Deutung des Alten Testaments im Neuen,* Darmstadt, 1939, reprinted 1969: *Typos: The Typologicall Interpretation of the Old Testament in the New,* Grand Rapids, Michigan, 1982.

Gorman, Frank. H. Jr., *The Ideology of Ritual: Space, Time, and Status in the Priestly Theology, JSOTSup.* 91, Sheffield: Sheffield JSOP Press, 1990.

_____, *Divine Presence and Community, A Commentary on the Book of Leviticus,* Grand Rapids: WM. B. Eerdmans Publishing Co. Edinburgh: The Handsel Press Ltd, 1997.

Grabbe, Lester L., *Leviticus, JSOT,* England: Sheffeild Academiic Press, 1993.

Gray, G. B., *Sacrifice in the Old Testament: Its Theory and Practice,* Oxford: Clarendon Press, 1925.

Greidanus, Sidney, *Preaching Christ from the Old Testament: A Contemporary Hermeneutical Method,* Grand Rapids, Michigan: W. B. Eerdmans Publishing Co., 2004

Green, Joel B., *Salvation,* St. Louis, Missouri: Chalice Press, 2003.

Gregory of Nyssa, *The Later Christian Fathers,* A selection from the writings of the Fathers from St. Cyril of Jerusalem to St. Leo the Great, Edited and translated by Henry Bettenson, Oxford University Press, 1977.

Greidanus, Sidney, *Preaching Christ from the Old Testament*, Grand Rapids, Michigan: Wm. B. Eerdmans Publishing Company, 1999.

Gunkel, Hermann, *Genesis*, trans., Mark E. Biddle, foreword by Ernest W. Nicholson, Macon, Georgia: Mercer University Press, 1997.

De Hann, M. R., *The Chemistry of Blood and Other Stirring Message*, Grand Rapids, Michigan: The Zondervan Publishing House, 1943.

Harris, R. Laird, *Leviticus, The EBC with The NIV of The Holy Bible*, Grand Rapidis, Michigan: Zondervan Publishing House, 1996.

Harrison, Everett F., *A Short Life of Christ*, Grand Rapids, Michigan: WM. B. Eerdmans Publishing Company, 1968.

Harrison, Roland Kenneth., *Introduction to the Old Testament*, Grand Rapids, Michigan, W. B. Eerdmans Publishing Company, 1969.

_____, *Leviticus, An Introduction and Commentary*, Downers Grove, IL: Inter-Varsity Press, 1980.

Harrison, Waltke, Guthrie, Fee, *Biblical Criticism: Historical, Literary and Textual*, Grand Rapids, Michigan: Zondervan Publishing House, 1978.

Hartley, John E., *Leviticus, WBC* Vol. 4. Dallas, Texas: Word Books, Publisher, 1992.

Hasel, Gerhard., *Old Testament Theology: Basic Issues in the Current Debate*, Grand Rapids, Michigan: W. B. Eerdmans Publishing Company, 1972.

Hays, Richard B., *Echoes of Scripture in the Letters of Paul*, New Haven: Yale University Press, 1988.

Hebrew-English Edition of The Babylonian Talmud, Yoma(יומא), London · Jerusalem · New York, 1989.

Hengstenberg, E. W., *Christology of the Old Testament and a Commentary on the Messianic Predicitions*, Grand Rapids, Michigan: Kregel Publications, 1976.

Herr, Moshe David, "Day of Atonement", *EJ*, Second Edition, Vol. 5, Thomson Gale, 2007.

Hertz, J., *Leviticus*, London: Oxford University Press, 1932.

Heyer, C. J. den, *Jesus and Doctrine of the Atonement*, Harrisburg, Pennsylvania: Trinity Press International, 1998.

Hoffman, L. A., "The Jewish Lectionary, the Great Sabbath, and the Lenten Calendar" in *Time and Community*, Washington D. C.: The Pastoral Press, 1990.

Hostetter, Edwin C., *An Elementary Grammar of Biblical Hebrew*, England: Sheffield Academic Press, 2000.

Ignatius, "The Letter of Ignatius, Bishop of Antioch, To the Smyrnaeans", *ECF*, Edited by Cyril C. Richardson, Vol. 1. The Library of Christian Classics, Philadelphia: The Westminster Press, n.d.

_____, "To the Smyrnaeans", *Early Christian Fathers, LCC*. Vol. 1, Newly translated and edited by Cyril C. Richardson, Philadelphia: The Westminster Press, n.d.

Jackson, Bernard, "Talion and Purity", *Reading Leviticus: A conversation with Mary Douglas*, edited by John F. A. Sawyer, *JSOTSup* 227, Sheffield Academic Press, 1996.

Jacob, Edmond., *Theology of the Old Testament*, New York and Evanston: Harper & Row, Publishers, 1958.

James, E. O., *Origins of Sacrifice: A Study in Comparative Religion*, London: John

Murray, Albemarle Street, W., 1933. reprint. Kessinger Publishing's, 2003.

Janowski, B., *Sühne als Heilsgeschehen*. Studien zur Sühne-thelogie der Priesterschrift und zur Wurzel *KPR* im Alten Orient und im Alten Testament WMANT 55, neukrichen-Vluyn: Neurkirchener Verlag, 1982.

Janowski B., and G. Wilhelm, 'Der Bock, der die Sünden hinausträgt: Zur Religionsgeschichte des Azazel-Ritus Lev 16,10,21f', in Janowski, Koch and Wilhelm, (eds.), 1993.

Jenni, Ernst & Westermann, Claus, trans., Mark E. Biddle, *Theological Lexicon of the Old Testament*, Vol. 2, Peabody, Massachusetts, Hendrickson Publishers, Inc, 1997, original, *Theologisches Handwörterbuch zum Alten Testament*, Chr. Kaiser Verlag München, Theologischer Verlag Zürich, 1971.

Jenson, Philip Peter., *Graded Holiness: A Key to the Priestly Conception of the World*, Sheffield: JSOTSup 106, England: Sheffield Academic Press, 1992.

_____, "The Levitical Sacrificial System", *Sacrifice In the Bible*, edited by Beckwith, Roger T. and Selman, Martin J., Carlisle United Kingdom: Paternoster Press and Grand Rapids, Michigan: Baker Book House, 1995.

The Jerusalem Bible, Doubleday, 1996.

Jewish Version and Samaritan Version of Pentateuch, "Leviticus", eds., Avraham & Ratson Sadaqa, Tel Aviv, April, 1964.

Jones, O. R. *The Concept of Holiness*, Ruskin House Museum street, London: George Allen & Unwin Ltd, 1961.

Jukes, Andrew, *The Law of the Offerings*, Grand Rapids, Michigan: Kregel Publications, 17th edition.

Kadushin, Max, *A Conceptual Commentary on Midrash Leviticus Rabbah*, CJS, Global Publications, Binghamton University, 2001.

Kaiser, Walter C. Jr., *The Book of Leviticus*, NIB, Vol. 1, Nashvill: Abingdon Press, 1994.

_____, *Toward an Old Testament Theology*, Grand Rapids, Michigan: Zondervan Publishing House, 1978.

_____, *Toward Old Testament Ethics*, Grand Rapids, Michigan: Zondervan Publishing House, 1991.

Kaufmann, Yehezkel, *The Religion of Israel*, Moshe Greenberg, trans., Chicago: The University of Chicago Press, 1969.

Keil, C. F., *Manual of Biblical Archaeology 1*, Edinburgh: Clark, 1887-1888.

Keil, C. F. and Delitzsch, F., *The Pentateuch*, Vol II, "Exodus", "Leviticus", Vol III, "Numbers", "Deuteronomy" BCOT, Grand Rapids, Michigan: WM. B. Eerdmans Publishing Company, 1959.

Kiuchi, Nobuyoshi, *The Purification Offering in the Priestly Literature*, JSOTSup 56, Sheffield: JSOT Press, 1987.

Klostermann, A., *Ezechiel und das Heiligkeit sgesetzes in Der Pentateuch: Beiträge zu seinem Verständnis und seiner Entstehungsgeschichte*. Leipzig, ABD, 1893.

Knight, Douglas A., Tucker, Gene M. (edited), *Hebrew Bible and Its Modern Interpreters*, Minneapolis, MN: Society of Biblical Literature, 1985.

Knohl, Israel, *The Sanctuary of Silence: The Priestly Torah and the Holiness School*, Minneapolis: Fortress Press, 1995.

Koch, K., *Die Priesterschrift von Exodus 25 bis Leviticus 16: FRLANT* 71, Göttingen:

Vandenhoeck and Ruprecht, 1959.
Kohlenberger, John R. III(edited)., *The Interlinear Hebrew-English Old Testament*, Vol 1/ Genesis-Deuteronomy, Grand Rapids, Michigan: Zondervan Publishing House, 1979.
Kohler, L., *Old Testament Theology*, trans., A. S. Todd, London: Lutterworth, 1957.
Kuenen, A., An *Hisrorico-Critical Inquiry into the Origin and the Composition of the Hexateuch*, trans., P. H. Wicksteed. London: Macmillan, 1886.
Külling, S. R., *Zur Datierung der "Genesis-P-Stucke"*, Kampen: Kok, 1964.
Kurtz, J. H., *Offerings, Sacrifices and Worship in the Old Testament*, trans. James Martin, Hendrickson Publishers, 1998.
Lacocque, Andre, *The Book of Daniel*, Atlanta: John Knox Press, 1979.
Lasor, William Sanford and Hubbard, David Allan and Bush, Frederic WM., *Old Testament Survey: The Message, Form, and Background of the Old Testament*, Grand Rapids, Michigan: William B. Eerdmans Publishing Company, 1992,
Lehman, Chester K., *Biblical Theology Old Testament*, Vol. 1, Scottdale, Pennsylvania / Kitchener, Ontario: Herald Press, 1971.
Levine, Baruch A., *Leviticus*, The *JPS* Torah Commentary, Philadelphia: The Jewish Publication Society, 1989.
Linnemann, Eta, *Historical Criticism of the Bible: methodology or Ideology*, Grand Rapids, Mi: kregel Publications, 1990.
Maier, Gerhard, *Biblical Hermeneutics*, Wheaton, IL: Crossway Books, 1994.
Martens, Elmer A., *God's Design: A Focus on Old Testament Theology* (Second Edition), Grand Rapids, Michigan: A Division of Baker Book House Co / Apollos, 1994. (Third Edition), N. Richland Hills, Texas: BIBAL Press, 1998.
McComiskey, Thomas Edward, *The Covenants of Promise*, Grand Rapids, Michigan: Baker Books, 1985.
Mckenzie, John L., *A Theology of the Old Testament*, Garden City, New York: Doubleday & Company, Inc, 1974.
Milgrom, Jacob., *Leviticus 1-16, 17-22, 23-27, AB* A New Translation with Introduction and Commentary, New York: Doubleday, 1991, 2000, 2001.
_____, "Kipper"(Heb.כפר), *EJ*. Vol. 12., Thomson & Gale, 2007.
_____, *Studies in Priestly Theology and Terminology*, Leiden: Brill, 1982.
Morris, Leon., *The Atonement: Its meaning and significance*, Dowers Grove, IL: Inter-Varsity Press, 1983.
Needham, George C., *Shadow & Substance: An Exposition of the Tabernacle Types*, Chicago: The Bible Institute Colportage Ass'n, 1940.
Niehaus, Jeffrey J., *God at Sinai: Covenant & Theophany in the Bible and Ancient Near East*, Grand Rapids, Michigan: Zondervan Publishing House, 1995.
Nissen, Hans J., *The Early History of the Ancient Near East 9000-2000 B.C.* trans., Elizabeth Lutzeier, with Kenneth J. Nortcott, Chicago and London: The University of Chicago Press, 1988.
Noordtzij, A., *Leviticus, BSC*, trans., Raymond Togtman, Grand Rapids: Zondervan Publishing House, Regency Reference Library, 1982
Noth, Martin, *The Laws in the Pentateuch and Other Studies*, Edinburgh: Oliver and

Boyd, 1966.
_____, *Leviticus*, Old Testament Library, A Commentary, Bloomsbury Street, London: *SCM* Press Ltd, 1962.
_____, *Exodus*, A Commentary, *OTL*, Philadelphia: The Westminster Press, 1962.
Oesterley, W. O. E., *Sacrifices in Anicient Israel: Their Origin, Proposes, and Development*, London: Lutterworth, 1937.
Ollenburger, Ben C., Martens, Elmer A., Hasel Gerhard F.(edited)., *The Flowering of Old Testament Theology*, Winona Lake, Indiana: Eisenbrauns, 1992.
Origen, "On Prayer", *Alexandrian Christianity*, Selected Translations of Clement and Origen with Introductions and Notes by John Ernest Leonard Oulton and Henry Chadwick, The Library of Christian Classics, Philadelphia: The Westminster Press, n.d.
Pedersen, Johannes., *Israel: Its Life and Culture* Vol. II, *SFSHJ* 29, Atlanta, Georgia: Scholars Press, 1991.
Pfeiffer, R. H., *Religion in the Old Testament*, London: A & C. Black, 1961.
Porter, J. R., *Leviticus*, London: Cambridge University Press, 1976.
Poythress, Vern S., *The Shadow of Christ in the law of Moses*, Phillipsburg, New Jersey: P & R Publishing, 1991.
Pritchard, James B.(edited)., *Ancient Near Eastern Texts, Relating to the Old Testament*, Third Edition with Supplement, Princeton, New Jersey: Princeton University Press, 1969.
Rendtorff, Rolf, *Leviticus, Biblischer Kommentar Altes Testament*, Neukirchener Verlag, 1992
Richardson, M. E. J., *Hammurabi's Law: Translation and Glossary*, London: T&T Clark, 2000.
Ritschl, Albrecht, *Die christliche Lehre von der Rechtfertigung und Versöhnung* III, 1874
Robertson, O. Palmer, *The Christ of the Covenants*, Phillipsburg, New Jersey: Presbyterian and Reformed Publishing Co, 1980.
Rooker, Mark F., *Leviticus, NIV NAC*, Nashville, Tennessee, 2000.
Scanlin, Harold P., "The Study of Semantics in General Linguistics," - *Linguistics and Biblical Hebrew*, (edited), Walter R. Bodine, Winona Lake: Eisenbrauns, 1992.
Schmidt, Werner H., *The Faith of the Old Testament A History*, Philadelphia, Pennsylvania: The Westminster Press, 1983.
_____, *Old Testament Introduction*, trans. Matthew J. O'connell, Louisville: Westminster John Knox Press, 1995.
Schweizer, Harald, *"Metaphorische Grammatik," Wege zur Intergration von Grammatik und Textinterpretation in der Exegese,"* St. Ottilien: Eos Verlag, 1981.
Sellin, E. and Fohrer, G., *Introduction to the Old Testament*, Nashville: Abingdon, 1968.
Skinner, J., *Prophesy and Religion*, Cambridge: Cambridge University Press, 1992.
_____, *Genesis, ICC*, Edinburgh: T & T. Clark, 1930.
Sklar, Jay, *Sin, Impurity, Sacrifice, Atonement: The Priestly Conceptions, HBM*, 2.

Sheffield Phoenix Press, 2005.
Smith, William Robertson, *Lectures on the Religion of the Semites*, New York: Meridian, 1927, 1956.
Speiser, E. A., "Leviticus and the Critics," *OBS*, Philadelphia: University of Pennsylvania, 1976.
Strack, H. L. & Stemberger, G., *Introduction to the Talmud and Midrash*, trans., Markus Bockmuehl, Minneapolis: Fortress Press, 1992.
Terrien, Samuel L., *The Elusive Presence: Toward a New Biblical Theology*, San Francisco: Harper & Row, 1978.
Tertullian, "The Prescriptions against the Heretics", *Early Latin Theology*, Selections from Tertullian, Cyprian, Ambrose and Jerome, Translated and edited by S. L. Greenslade, *LCC*: Ichthus Edition, Vol. V, Philadelphia: The Westminster Press, n.d.
תורה *The Torah*, "*Leviticus*", *A Mordern Commentary* III, New York: Union of American Hebrew Congregations, 1979.
Tov, Emanuel., *A Computerized Date Base for Septuagint. Studies The Parallel Aligned Text of the Greek and Hebrew Bible*, Stellenbasch: Journal of Northwest Semiltic Languages, 1986.
_____, *The Text-Critical Use of the Septuagint in Biblical Research JBS*, Jerusalem, Simor Ltd, 1997.
VanGemeren, Willem, *The Progress of Redemption: The Story of Salvation from Creation to the New Jerusalem*, Zondervan Publishing House, 1998.
Vaux, R. de, *Ancient Israel: Its Life and Institutions*, Grand Rapids, Michigan: W. B. Eerdmans Publishing Company and Livonia, Michigan: Dove Booksellers, 1997.
_____, *Studies in OT Sacrifice*, Cardiff: University of Wales Press, 1964,
Vermes, G., *Scripture and Tradition in Judaism*, Studia Post-Biblica 4, Leiden: Brill, 1961.
Von Rad, G., *Genesis*, London: SCM, 1972.
_____, *Theologie des Alten Testaments Band 1: Die Theologie der geschichtlichen Überlieferungen Israels*, Mücnhen: Chr. Kaiser Verlag, 1969.
Vos, Greehardus, *The Teaching of the Epistle to the Hebrews*, Grand Rapids, Michigan, 1956. 2nd ed. edited and rewritten by J. G. Vos, Nutley, New Jersey, 1974.
_____, *Redemptive History and Biblical Interpretation*, Phillipsburg, New Jersey: Presbyterian and Reformed Publishing Co, 1980.
_____, *Biblical Theology: Old and New Testament*, Wm. B. Eerdmans Publishing Company, 1948.
Vriezen, Theodor C., *An outline of Old Testament theology*, Boston 59, Massachusetts: Charles T. Branford company, 1958.
Walton, John H. & Matthews, V. H., *The IVP-BBC Genesis-Deuteronomy*, Dowers Grove, IL: IVP, 1977.
Walton, John H., *Ancient Israelite Literature in its Cultural Context*, Grand Rapids, Michigan: Zondervan Publishing House, 1989.
Weinfeld, M., *Getting at the Roots of Wellhausen's Understanding of the Law of Israel on the 100th Anniversary of the Prolegomena*, Jerusalem: The Hebrew

University, 1979.
_____, *Deuteronomy and the Deuteronomic School*, Oxford: Clarendon, 1972.
Westermann, Claus, *What does the Old Testament say about God*, Atlanta: John Knox, 1979.
Wenham, Gordon J., *The Book of Leviticus, NICOT*, Grand Rapids, Michigan: W. B. Eerdmans Publishing Company, 1979.
_____, "The Theology of Old Testament Sacrifice", *Sacrifice in the Bible* edited by Beckwith, Roger T. and Selman, Martin J., Carlisle United Kingdom: Paternoster Press and Grand Rapids, Michigan: Baker Book House, 1995.
_____, *Genesis 16-50, WBC 2*, Dallas, Texas: Word Books Publisher, 1994.
_____, *Numbers, TOTC*, Downers Grove, IL: Inter-Varsity Press, 1981.
Wellhausen, Julius., *Prolegomena to the History of Ancient Israel*, Gloucester, Mass: Peter Smith, 1973.
_____, *Die Komposition des Hexateuchs und der Historischen Bücher des Alten Testaments*, Berlin: Walter de Gruyter, 1963.
Westermann, C., *The Praise of God in the Psalms*, trans. K. R. Crim, Richmond, 1961.
Wevers, John William, *Notes on the Greek Text of Leviticus, Septuagint and Cognate Studies 44*, Atlanta, Georgia: Society of Biblical Literature Scholars Press, 1997.
Wilson, Monica., *American Anthropologist*, 56, 1954.
Wolf, H. W. *Joel and Amos, Hermeneia*, Philadelphia: Fortress, 1977.
Wright, David. P., *The Disposal of Impurity: Elimination Rites in the Bible and in Hittite and Mesopotamian. SBLDS 101*, Atlanta, Georgia: Society for Biblical Theology, 1987.
Young, Edward J., *An Introduction to the Old Testament*, Grand Rapids, Michigan: William B. Eerdmans Publishing Co, 1964.
Zimmerli, Walther., *Old Testament Theology in Outline*, Edinburgh, Scotland: T & T Clark, 1994.
_____, "Ezekiel", *IDB, Supplementary volume*, Nashville: Abingdon Press, 1976.
Zohar, Noam J., "Repentance and Purification: The Significance and Semantic of חטאת in the Pentateuch" *JBL* 107, 1988.

번역단행본

Aulen, Gustaf, 『贖罪論研究-勝利者 그리스도』(*Christus Victor: An Historical Study of the three Types of the Idea of the Atonement*, 福音主義 神學叢書(第4卷), 全景淵 編著), 서울: 韓神大學出版部, 1989〔1945〕.
Cazelles, Par Henri, 『모세의 율법-오경의 비판적 입문서』(*De la Torah au Messie: Etudes d'exegese et d'hermeneutique bibliques offertes*, 서인석 역), 서울: 성 바오로 출판사, 1980〔1979〕.
Dumbrell, William J., 『언약신약과 종말론』(*The Search for Order: Biblical Eschatology In Focus*, 장세훈 역), 서울: 기독교문서선교회, 2000.
Janowski, Bernd, 『대속』(*Stellvertretung: Alttestamentliche Studien zum einem theolo-*

gischen Grundbegriff, 김충호 역), 서울: 한국신학연구소, 2005〔1997/1998〕.
Kim, Seyoon, 『바울복음의 기원』(The Origin of Paul's Gospel, 홍성희 역), 서울: 엠마오, 1994〔1984〕.
Lamprecht, S. P., 『西洋哲學史』(Our Philosophical Traditions: A Brief History of Philosophy in Western Civilization, 김태길·윤명노·최명관 역), 서울: 을유문화사, 1989.
Otto, Rudolf, 『聖스러움의 意味』(Das Heilige, 길희성 옮김), 왜관: 분도출판사, 1991.
Schmid, P. Bernhard, 『교부학개론』(Grundlinien der Patrologie, 정기환 역), 서울: 컨콜디아사, 1989.
Sellin-Fohrer, 『舊約聖書槪論』(Introduction to the Old Testament, 金二坤·文熹錫·閔泳珍 共譯), 서울: 大韓基督敎出版社, 1995.
Turrettin, Francis, 『개혁주의 속죄론』(Turrettin on The Atonement, 이태복 역), 서울: 개혁된신앙사, 2002.
von Rad, Gerhard, 『舊約聖書神學』(THEOLGIE DES ALTEN TESTAMENT BAND 1, 허역 옮김), 경북: 분도출판사, 2002.
Westermann, Clause, 『聖書入門』(Handbook to the Old and New Testament, 金二坤·黃成奎 共譯), 서울: 韓國神學硏究所, 1981.
Wolff, Hans Walter, 『舊約聖書의 人間學』(Anthropologie des Alten Testaments, 문희석 옮김), 경북 칠곡: 분도출판사, 1976〔1973〕.

사전·잡지

『동아 새국어사전』(서울: 동아출판사, 1997)
『哲學大辭典』 Dictionary of Phiosophy, (서울: 學園社), 1972.
A Concise Greek-English Dictionary of the New Testament, UBS.
A Concise Hebrew and Aramaic Lexicon of the Old Testament, By William L. Holladay (Editor), Grand Rapids, Michigan: William B. Eerdmans Publishing Company, 1988.
Baker Theological Dictionary of the Bible edited by Walter A. Elwell, Grand Rapids, Michigan: Baker Books, 1996.
Dictionary of the Bible, eds. F. C. Grant and H. H. Rowley, Edinburgh: T & T. Clark, 1963.
Eerdmans Dictionary of the Bible edited by David Noel Freedman, Grand Rapids, Michigan / Cambridge, U. K., 2000.
Encylopedia Judaica, Second Edition. Thomson Gale, 2007.
Gesenius' Hebrew-Chaldee Lexicon to the Old Testament, trans. Samuel P. Tregelles, Grand Rapids, Michigan: WM. B. Eerdmans Publishing Company, 1978.
Israel Today, Jerusalem
New International Dictionary of Old Testament Theology and Exegesis, Willem A. VanGemeren(General Editor), Grand Rapids, Michigan: Zondervan Publishing House, 1997.
The Anchor Bible Dictionary, New York: Doubleday, 1992.
The Assyrian Dictionary of the Oriental Institute of the University of Chicago, Chicago: The Oriental Institute, 1971.

The Brown-Driver-Briggs Hebrew and English Lexicon, Hendrickson Publishers, 1997.

The International Standard Bible Encyclopedia, Grand Rapids, Michigan: William B. Eerdmans Publishing Company, 1979.

The Interpreter's Dictionary of the Bible, Supplementary volume, Nashville: Abingdon Press, 1976.

The Interpreter's Dictionary of the Bible, An Illustrated Encyclopedia, Nashvill: Abingdon Press, 1993.

The New Encyclopaedia Britannica, 15 Edition, Chicago, 2007.

The Oxford English Dictionary, Second Edition, Vol.1. Clarendon Press · Oxford, 2000.

Theological Dictionary of the Old Testament, Edited by G. Johannes Botterweck and Helmer Ringgren, Translater David E. Green(Graduate Theological Union), Grand Rapids, Michigan: W. Eerdmans Publishing Company, 1980.

Theological Lexicon of the Old Testament, Ernst Jenni & Claus Westermann, trans., Mark E. Biddle, Hendrickson Publishers, Inc, 1997.

Woleran von soden bearbeited von *Akkadisches Handwörterbuch*, Band II, Otto Harrassowitz · wiesbaden, 1972.

Xavier Leon-Dufour, *Dictionary of the New Testament*, Sanfrancisco: Happer & Row, Publishers, 1980.

Abstract

A Study of the Concept of 'Atonement' in the Old Testament

Ho Kwan Kim
Department of Theology
Kosin University Graduate School

The purpose of this dissertation is to examine the concept of 'atonement' in the Old Testament. The introduction contains my motive and aim as well as a detailed establishment of my survey, methodology and a summary history of scholarship of the study on this topic.

The writer made short of its contents. The main discourse, because of its complexity and limited space, is divided into the following: First, it is about a study for the sacrificial system in the Old Testament. It contains the character of the sacrificial system, the relations between sacrificial and covenant, limitations of the sacrifical system in Old Testament times, and scholars' opinions of atonement theory.

Second, the writer examined the meaning of the term 'atonement' and of *'kipper'* used within the Hebrew Bible.

Third, the writer continued to seek for the elements of sacrifice. The nature of sacrifice is concerned with simultaneousness, distinction, compensation, medium, and representation.

Fourth, the writer studied the function of sin offering through the exegesis of the pericopes of Leviticus 4:1-35; 5:1-13.

Fifth, the writer looked into the rites of *yom kippurim* (the great day of atonement) which progressed into a day with the rite of *kapporet*, *mizbah, Azazel, and sabbat sabbaton.*

Sixth, the writer dealt with purity and impurity. For example, uncleanness of childbirth, leprosy(Hansen's disease), and various unclean discharges. What is the rite of purity? My answer is to remove impurity. Generally speaking, when the offerer is doing the rites of purity, there are three fashion forms used with blood, oil and water.

Seventh, the writer saw the relationship between atonement and holiness. That is, anyone or anything given to God becomes holy. Its context refers to tithe's atonement, eating atonement, burning atonement, and laying hands upon atonement.

Eighth from here, the writer's view is expressed more widely because the concept of atonement is advanced through the redemptive history. And then the writer divided his view into two sections - the year of Jubilee and the system of the cities for refuge. The writer especially concentrated on the meaning of the high priest's death and the cities for refuge.

Ninth, the writer dealt with a survey related to the Epistle to the Hebrews and atonement. The author of Hebrews found the redemptive history in Leviticus, especially chapter 16. It is written concentrically upon in Hebrews chapter 9. The reason for the Hebrews' author found its function is the high priesthood of Christ on the great day of atonement in Leviticus for the author of the Epistle expressed the word of "the eternal redemption".

Tenth, finally the writer considered the atonement in relation to its connection with the redemptive history. The writer mentioned that the following concepts are connected it, such as the passover, fellowship offering, 'new Exodus' motif, and God's rest.

And the writer reached his conclusions in the form of synthetic concepts followed by the final pages summarizing his findings and conclusions.

Here are his conclusions: Jesus Christ is a sin-offering. "Atonement" can be reconciled with God through purity. Propitiation comes not from man's act but God's *hesed* ('loving kindness'). He wants to forgive our sins first. This is His faithfulness and grace. Peace with God is the goal of sacrifice. In this point, the fellowship offering is focused on by the sin offering from which it originated(Lev. 4:10,31,35). Thus, we should understand the two offerings from the above facts. Sin offering was finished with the cross sacrifice. Therefore, the writer can say this cultic understanding is based on Christological idea.

The death of Christ is a sacrifice for the new covenant. In his death, the old covenant was fulfilled by the new covenant. The sacrificial theology of the Cross is one of the most important theological ideas in the Old Testament. The most important and best method of the theme set in Old Testament theology is looking for continuous theological value. I think this value is in the covenant formula- "I will be your God and you will be my people". This meaning of the covenant formula is called the kingdom of God. The complete sin offering at the Cross is looking for eschatological fulfillment of rest. Finally the writer's desirous expression is which Yahweh is the subject of atonement. At this point, we ask what is the concept of atonement? Is it to cover over a sin, to wipe it away, to cleanse or transfer from impurity to purity, or pass by a sin? Even though we accept these four concepts, sacrifice itself cannot do a spontaneous method of atonement. Because of its origin, to expiation is an act of God himself. Forgiving sins is based on God's *hesed*. He accepts each sacrifice by his faithfulness. God's sovereign will can make lastly and ultimately effective forgiveness of sins. Therefore we have to always concentrate on God's action as described in the subject of the sentence word "Yahweh" in the Old Testament.

In such a sense, the writer suggests that we have to concentrate at the name of LORD, while we are reading(listening to) Leviticus. Also, we have to understand the fact that Yahweh is really and ultimately the giver of redemption. Atonement is a method of the salvation, not purpose in itself. It is God's subjective grace. He accepted the blood of Christ as a condition of reconciliation to forgive transgression. Accordingly, a general notion of "atonement" is reached on the voluntary "Yahweh idea".[638]

The systemic theologian Louis Berkhof said in his "Christology", "the necessity of the atonement follows from the divine nature", it is almost the same flowing idea as the concept of "Yahweh idea".

Last and foremost, I thank God for his *hesed* which I am gaining from this atonement concept research and for the opportunity to learn from it.

---

[638] A comprehensive meaning of "Yahweh idea" is ultimately purpose or subjectively purpose of the sacrificial system. It begins from God himself and meaning be in himself lastly and ultimately.